近代日本の地域発展と鉄道

秩父鉄道の経営史的研究

恩田 睦

日本経済評論社

目次

序　章　課題と方法 …………………………………………………………… 1

　1　秩父（上武）鉄道の経営動向　1
　2　秩父地域の産業動向　4
　3　先行研究の検討　10
　4　本書の構成　17

第1章　上武鉄道の設立活動と鉄道実務者
　　　　──地域の利害調整を中心に ……………………………………… 23

　はじめに　23
　第1節　上武鉄道の設立構想　24
　　1　秩父郡有志者による敷設構想　24
　　2　村上彰一の目論見　26
　　3　発起人の募集　28
　第2節　両毛鉄道連絡線（第二区線）の出願を巡る議論　32
　　1　足利－熊谷間の実地踏査　32
　　2　館林の発起人による第二区線の出願要求　34
　　3　第二区線出願の否決　36
　　4　第二区線の却下と仮免許状の下付　37
　おわりに　40

第2章　上武鉄道の経営展開と地方零細株主 ……………………… 47

　はじめに　47
　第1節　上武鉄道の設立と熊谷－波久礼間の開業　50

1　設立時の株主　50
　　　2　建設費不足への対応　55
　　　3　寄居以遠の延伸に関する議論　58
　　　4　零細株主の建議による波久礼延伸　59
　第2節　資金難と未払込株式の整理　62
　　　1　資金難の要因　62
　　　2　未払込株式の整理と零細株主　64
　第3節　資金調達案の否決と地方株主　67
　　　1　敷設免許状の失効と資金調達案　67
　　　2　議案の否決とその理由　70
　　　3　「ワッショヨ連」と柿原定吉の社長就任　73
　第4節　熊谷－秩父大宮間の開業と地域産業　75
　　　1　2度目の未払込株式の整理と渋沢栄一からの資金援助　75
　　　2　延伸工事の再開　78
　　　3　地域産業の展開　81
　おわりに　83

第3章　戦前期秩父鉄道にみる資金調達と企業者活動
　　　──借入金調達を中心に………………………………………95

はじめに　95
第1節　設立期における借入金調達　99
　　　1　地元銀行からの借入金調達　101
　　　2　地元銀行間の支払保証ネットワーク　105
　　　3　浦和商業銀行からの借入金調達　108
第2節　他人資本の調達経路の転換　110
　　　1　渋沢栄一からの融資　110
　　　2　第一銀行と浪速銀行からの資金調達　112
第3節　秩父－影森間延伸後の経営と自己資本調達　114

         1　影森延伸後の輸送状況　114
         2　自己資本の調達先　116
    第4節　東京からの借入金調達の展開　120
         1　反動不況期の資金調達　120
         2　武州銀行への経営参加　121
         3　電化事業費の調達　124
         4　輸送設備改良費の調達　126
         5　資金拠出者との関係　128
    おわりに　132

第4章　北武鉄道の成立と秩父鉄道……………………………139

    はじめに　139
    第1節　北武鉄道の設立と建設着工　141
         1　敷設目的と発起人　141
         2　建設の開始と頓挫　145
         3　増資株に対する忍町の反応　148
         4　敷設免許状の失効　150
    第2節　北武鉄道の再出願と開業　153
         1　指田義雄の取締役社長就任　154
         2　秩父鉄道への吸収合併　156
         3　羽生－熊谷間の開業と貨物輸送　158
    おわりに　160

第5章　戦間期秩父鉄道の貨物輸送と地方株主
　　　　――秩父地域を中心に……………………………………165

    はじめに　165
    第1節　諸井恒平の社長就任と秩父セメントの設立　166
         1　諸井恒平によるセメント工業のための人脈形成　166

2　秩父セメントの設立　168

　　　3　秩父セメントと秩父鉄道の株主構成　170

　　　4　諸井恒平の社長就任と増資　173

　第2節　秩父セメントの生産開始と秩父鉄道の貨物輸送　176

　　　1　セメント輸送の開始　177

　　　2　特約運賃の設定　181

　　　3　秩父セメントによる石灰石採掘権確保のための延伸計画　182

　第3節　秩父鉄道の業績悪化と地方株主による経営批判　185

　　　1　地元産品に対する運賃割引　185

　　　2　セメント製品中心の貨物輸送　187

　　　3　地方株主による地元産品への運賃割引要求　189

　第4節　地元産品に対する貨物運賃の低減　193

　　　1　貨物自動車との競合状況　193

　　　2　「秩父地方生産工業奨励」による地元産品の運賃割引　195

　　　3　運輸収入の回復　197

　おわりに　197

第6章　戦間期秩父鉄道の経営と三峰神社への路線延伸…………205

　はじめに　205

　第1節　奥秩父地域への延伸計画と道路改良　208

　　　1　影森－白久間の延伸計画　208

　　　2　道路改良と乗合自動車の運行　210

　　　3　乗合自動車を利用した集客策　211

　第2節　影森－三峰口間の延伸と経営状況の悪化　212

　　　1　三峰神社への登山鉄道計画　213

　　　2　三峰架空索道計画の断念　214

　　　3　「極力簡易主義」による影森－三峰口の延伸開業　216

　　　4　従業員の待遇改善と株主配当の抑制　219

第3節　東京－秩父間の最短ルートの整備と武蔵野鉄道の秩父進出　222
 1　正丸峠の新道工事　222
 2　武蔵野鉄道による秩父自動車の経営支配　223
 3　三峰架空索道建設の具体化　224
第4節　三峰架空索道の開業と旅客輸送の伸長　226
 1　1930年代前半の輸送状況　226
 2　三峰架空索道の着工　227
 3　三峰架空索道開業以後の秩父鉄道の経営　229
おわりに　231

終章　要約と総括 ……………………………………………… 237

 1　要約と総括　237
 2　今後の展望　244

あとがき　247

索引　253

図表一覧

序章
表序-1　秩父鉄道沿線（秩父郡・北埼玉郡）における工場の設立年別・業種別分布
表序-2　秩父郡工業生産額に占める織物生産と蚕糸生産の比率（1902～35年）
図序-1　秩父鉄道とその周辺鉄道路線図（1939年5月）
図序-2　秩父鉄道の運輸収入および払込資本金利益率（1901～35年）
図序-3　埼玉県各郡生産額の産業別比率（1907年・1927年）

第1章
図1-1　上武鉄道の発起人と引受株数の推移

第2章

表2-1　株主・株式分布（1899年12月末）
表2-2　上武鉄道の経営状況（1901〜15年）
表2-3　運賃の比較（鉄道・荷馬車）
表2-4　波久礼－金崎間の収支概算
表2-5　「ワッショ連」主要メンバーとその持株数の推移
表2-6　大株主の推移（上位10位）
表2-7　秩父郡大宮町の主要2社の重役構成
図2-1　上武鉄道と周辺主要道路の概略図（1914年10月）
図2-2　重役の推移（1900年上期〜13年下期）
図2-3　上武鉄道株主（埼玉県在住）の持株数の推移
図2-4　貨客別・数量収入別の変化率（1901〜17年）
図2-5　秩父郡産業の産額推移（1902〜18年）

第3章

表3-1　資本構成の推移（1901〜22年）
表3-2　借入金の貸借明細（1900〜07年）
表3-3　秩父銀行・寄居銀行の経営状況（1902年下期・1913年下期）
表3-4　寄居銀行への担保品明細（1901年）
表3-5　浦和商業銀行からの借入金と担保品
表3-6　借入金受払の推移（1910〜26年）
表3-7　熊谷－秩父間開業後の輸送・利益金処分状況（1916〜26年）
表3-8　秩父鉄道の持ち株数1,000株以上の大株主（1925年6月末）
表3-9　武州銀行設立時の重役（1919年）
表3-10　借入金償還計画（第一銀行・武州銀行）
表3-11　借入金拠出者と拠出額（1924年）
表3-12　借入金償還計画（第一生命ほか13社）
図3-1　営業費の内訳と推移（1915〜26年）

第4章

表4-1　北武鉄道の発起人
表4-2　北武鉄道の大株主一覧
表4-3　北武鉄道の経営状況（1911〜21年）
表4-4　北武鉄道の予想貨物輸送量（年間）
図4-1　北武鉄道の周辺図（1922年7月）

図 4-2　北武鉄道の重役推移

　第 5 章
表 5-1　秩父鉄道と秩父セメントの持ち株数 1,000 株以上の株主（1926 年 11 月末）
表 5-2　秩父鉄道の資本金増額の明細（1926 年 8 月）
表 5-3　秩父鉄道の主要発着貨物（1923 年・1927 年）
表 5-4　経営状況の推移（1920〜43 年）
表 5-5　秩父セメントの 1 樽あたり生産費・販売利益
表 5-6　主要貨物の前年同期比較（1928 年 6〜10 月、1929 年 6〜10 月）
表 5-7　秩父鉄道と秩父セメントの持ち株数 1,000 株以上の株主（1933 年 5 月末）
表 5-8　秩父鉄道の株主分布（1933 年 5 月末）
図 5-1　秩父鉄道と秩父セメントの重役（1922〜36 年）
図 5-2　貨物数量・乗客数の推移（1920〜43 年）

　第 6 章
表 6-1　従業員数と 1 人 1 カ月あたり平均賃金の推移（1920〜43 年）
表 6-2　三峰架空索道の収支予測
図 6-1　秩父鉄道と周辺鉄道網（1939 年 5 月）
図 6-2　当期利益金・配当金・職員積立金の推移（1920〜40 年）

序章
課題と方法

　本書の課題は、近代日本の地域発展と鉄道の関連について、戦前期における秩父（上武）鉄道株式会社の経営展開を、同社所蔵の一次史料などの検討を通じて明らかにすることである。具体的には、経営者や株主といった利害関係者の動向に目を配りながら、同社の経営展開を跡付けることで、1890年代から1940年代初頭にかけての企業経営と地域発展のあり方を示すことである。ここではまず、秩父（上武）鉄道株式会社の経営動向と秩父地域の産業動向を概観したうえで、上述の課題設定が研究史上いかなる意義をもつのかについて述べることにしたい。

1　秩父（上武）鉄道の経営動向

　本書では、地方鉄道会社の事例として秩父鉄道株式会社（1916年2月に上武鉄道から改称。以下、社名の「株式会社」を略）を選定した。ここでは秩父（上武）鉄道の運輸収入と経営状況の推移を把握するとともに、秩父地域の工業生産の展開について統計書を用いることで概観することにしたい。

　秩父（上武）鉄道は、日本鉄道第一区線熊谷駅から埼玉県秩父郡への鉄道敷設を目的として設立された会社である。1901年10月に熊谷（同県大里郡）－寄居間が部分開業したのを皮切りに、1903年4月に寄居－波久礼間、1911年9月に波久礼－秩父金崎間へと順次延伸し、1914年10月に熊谷－秩父大宮（秩父として開業）間が開業したことで当初の目的を達成した。その後も1917年9月における秩父－影森間の延伸、1922年に熊谷－羽生間の鉄

道敷設免許を得ていた北武鉄道の吸収合併を経て、1930年3月に影森－白久（三峰口として開業）間が開業した時点において、羽生－三峰口間の71.7キロメートルと貨物専用の影森－武甲・三輪間の1.4キロメートルの路線を有した（図序-1）。また、1922年1月には熊谷－影森間、同年8月には羽生－熊谷間を電化するなど積極的な経営を展開し、1939年5月には三峰神社へのアクセスを簡便にした三峰架空索道（三峰ロープウェイ）を開業した。

図序-2で示すように、秩父（上武）鉄道の運輸収入は、熊谷－秩父（秩父大宮）間が開業した翌年の1915年を境にして旅客と貨物収入がともに急増し、1927年頃にピークに達したあと1930年代初頭に減少したが、その後は漸増傾向にあった。もう少し細かく観察すると、1930年頃を除いて旅客収入が貨物収入を上回っていたこと、そして旅客収入の増加は1917年頃からであるのに対して、貨物収入のそれは1925年頃であることが分かる。こ

図序-1　秩父鉄道とその周辺鉄道路線図（1939年5月）

出所）「埼玉県管内図」『埼玉県統計書』（1940年版）埼玉県総務部統計課、1942年などから作成。

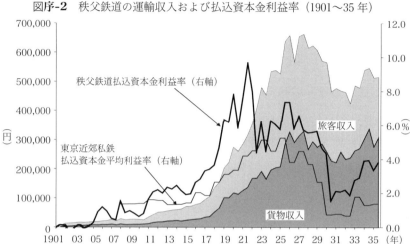

図序-2 秩父鉄道の運輸収入および払込資本金利益率（1901～35年）

出所）上武鉄道株式会社・秩父鉄道株式会社『営業報告書』（第2～74回）および『鉄道院年報』（1908～15年）、『鉄道院鉄道統計資料』（1916～19年）、『鉄道省鉄道統計資料』（1920～27年）、『鉄道統計資料』（1928～35年）から作成（『鉄道院年報』以下は、野田正穂・原田勝正・青木栄一編、日本経済評論社刊行の復刻版を利用）。

注）東京近郊私鉄払込資本金利益率は、東武鉄道、武蔵野鉄道、青梅鉄道、秩父鉄道、相模鉄道、西武鉄道、南武鉄道、五日市鉄道、小田原急行電鉄、京成電気軌道、京浜電気軌道、目黒蒲田電鉄、京王電気軌道のうち当該年版にデータ掲出があるものを対象に各社各年ごとに算出した結果の平均値。

のうち、旅客収入は行楽客・遊覧客の増加、また貨物収入の増加は、後述する秩父セメント株式会社に関連した輸送が開始されたことによる。1925年以降の貨物輸送はおおむね安定した収入をあげており、1920年代末から1930年代初頭にかけての恐慌に端を発する財界混乱の影響を蒙り運輸収入全体が大きく減少したときも、旅客収入と比較して減少幅が小さかった。

　それでは、東京近郊私鉄の平均と比較したとき、秩父（上武）鉄道の経営状況はいかなるものであったのであろうか。払込資本金に対する当期利益金の占める割合、いわゆる払込資本金利益率の推移に注目すると、1914年の2.0％から1921年には10.0％の最高値を記録する好業績をあげたことが確認できる。その後、1922年と1930年に大きく下落したのであるが、全線の電化工事と影森－白久間の延伸工事の資金調達にともなう増資で、払込資本金

が増加したことに起因するものであった。1930年代初頭には、ふたたび2.0％を割り込んだものの、秩父（上武）鉄道は、1911年の秩父金崎までの延伸以前と1922、23年頃を除けば、総じて東京近郊私鉄の平均を上回る払込資本金利益率をあげていたのである。1920年代末から30年代初頭にかけての恐慌期における秩父鉄道は、貨物輸送を収入の支えとすることで比較的良好な払込資本金利益率を維持したのであった。

次に、秩父（上武）鉄道の経営に関わる先行研究を検討することにしたい。老川慶喜によると、秩父（上武）鉄道は、設立直後から建設資金の不足に直面していたが、渋沢栄一の支援を得て優先株を発行したことなどによって資金調達の道筋をつけることができ、熊谷ー秩父（秩父大宮）間を開業することができた[1]。老川は、1901年から1914年にかけての秩父（上武）鉄道の経営状況と払込資本金の推移を示したうえで、その延伸には渋沢栄一を介した中央、いわゆる東京などの大都市部からの資金調達が不可欠であったことを明らかにした。ただし、図序-2で示したように、1915年以降に秩父（上武）鉄道の本格的な経営発展がみられたことを考えれば、老川が検討した後の時期についても分析の対象にする必要がある。

秩父（上武）鉄道の経営は決して単調なものではなく、1901年から1915年までの低収益・低収入の期間を経て、1917年以降には一転して高収益・高収入をあげるようになった。地方鉄道会社の経営者と株主は、経営の節目にあたる意思決定の際に、いかなる認識のもとで行動をおこしたのであろうか。これを明らかにすることが本書の課題である。

2　秩父地域の産業動向

次に、秩父鉄道沿線における産業動向を概観することにしたい。先行研究によって埼玉県は、1898年から1907年にかけて企業数と公称資本金額が急増した府県のひとつであることが知られている[2]。そこで表序-1から秩父郡と北埼玉郡における年別・業種別の工場設立数を確認する。1887年から1912年までの秩父郡では絹織物業を中心におおむね年間で10工場程度が設

立されていた。上武鉄道の熊谷－秩父大宮間が開業した1914年を境にして工場設立数は大きく上昇し、昭和初期には年間で50工場以上が設立された。しかも、単に工場数が増えただけでなく、絹織物業に関連する織物整理、生糸製糸、無地染などの諸工場に加えて製材、石灰、セメントといった秩父の天然資源を利用する諸工場が設立されたことで地域産業の多様化がみられた。一方、北埼玉郡に目を転じると、忍町や羽生町を中心とした足袋生産に関わる裁縫工場とその関連産業の諸工場の設立がみられたのであるが、1921年に北武鉄道の羽生－行田間、翌22年に行田－熊谷間の開業（同年、秩父鉄道に吸収合併される）を境にして工場設立数が急増したことが分かる。新井

表序-1 秩父鉄道沿線（秩父郡・北埼玉郡）おける工場の設立年別・業種別分布
①秩父郡

	～1887	1888～92	1893～97	1898～02	1903～07	1908～12	1913～17	1918～22	1923～27	1928～32	1933～36	合計
絹織物	6	1	8	5	11	10	19	40	37	35	53	225
製材					2		3	2	4	4	12	27
織物整理							1	1	2	4	3	11
生糸製糸				1		2	3			1		7
無地染							1	1	2	3	2	9
絹織物・人造絹織物							1		3	2		6
人造絹織物										2	2	4
電気							1	1	2			4
その他の撚糸									1		2	3
絹撚糸										1	2	3
その他の製品製造							1			2		3
機械捺染								1			1	2
石灰製造							1			1		2
セメント製造									1			1
その他の機械器具									1			1
包装用樽製造									1			1
和酒醸造		1										1
その他の捺染							1					1
織物業機械器具製造									1			1
菓子製造									1			1
玉糸製造										1		1
鉄精錬									1			1
合計	7	1	8	6	13	12	33	46	55	56	78	

表序-2 （続）

②北埼玉郡

	～1887	1888～92	1893～97	1898～02	1903～07	1908～12	1913～17	1918～22	1923～27	1928～32	1933～35	合計
裁縫	14	6	4	7	9	5	14	40	18	21	35	173
和酒醸造	8			1							1	10
屋根瓦製造	3	1		1		1					2	8
綿織物							2	1	2	1	1	7
紙製品製造								1	2	2		5
印刷	1			1			1				1	4
精錬漂白整理				1				1		2		4
護謨製品製造								1		3		4
綿撚糸						1			2			3
莫大小製品製造											3	3
その他の機械器具製造	1			1					1			3
製綿	1						1					2
無地染							1			1		2
その他の製造加工用機械器具製造						1				1		2
包装用木箱製造								1		1		2
鋳物以外の金属製品								1			1	2
無地染業	1			1								2
糸染業	2											2
生糸製糸						1			1			2
醤油醸造	1											1
みそ醸造									1			1
医療用材料製造							1					1
その他の食品製造				1								1
その他の塗料								1				1
その他の捺染			1									1
織物整理								1				1
農業用機械器具製造									1			1
製麺業						1						1
その他の製品製造									1			1
発火物製造				1								1
その他の紡織工業										1		1
その他の車両製造									1			1
製材										1		1
合計	32	7	6	13	12	8	20	50	28	29	49	

出所）埼玉県総務部統計課編『埼玉県工場通覧』昭和12年度版、埼玉県総務部統計課から作成。

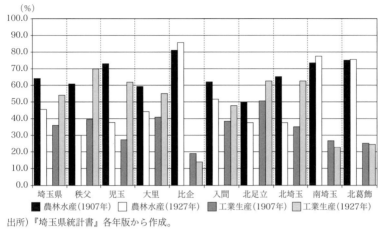

図序-3　埼玉県各郡生産額の産業別比率（1907年・1927年）

出所）『埼玉県統計書』各年版から作成。
注）農林水産は、農産、畜産、林産、水産を含む。

壽郎が指摘したように、秩父（上武）鉄道の開業は、沿線地域の産業発展を促す一因になったと言えよう[3]。

　図序-3は、埼玉県各郡の総生産額に占める産業別生産額の比率を示したものである。1907年と27年の2時点について、埼玉県および県内各郡における産業を農林水産と工業生産に分けて、それぞれの産業の生産額が、各郡の総生産額に占める割合を図示すると、埼玉県では20年間で農林水産額の比率が低下して、工業生産額の比率が向上したことが分かる。同様の傾向は、秩父郡のほかに児玉郡、大里郡、北埼玉郡、北足立郡そして入間郡で確認することができる。なかでも秩父郡は、総生産額に占める農林水産業の生産額が1907年の60％強から1927年の30％弱へと半減する一方、工業生産額の比率が1907年の40％弱から1927年には70％を占めるまでに増加し、埼玉県のなかで最も工業生産額の比率を高めた地域となった。

　秩父郡における企業数と公称資本金額の推移を『埼玉県統計書』から確認すると、1907年時点で企業数が11社、公称資本金額が99万円であったのが、上武鉄道の熊谷－秩父大宮間が開業した1914年には17社、118万円、さら

に1926年には33社、549万円へとそれぞれ増加した。注目すべきは、1914年から1926年に至る企業数の増加率について、秩父郡の194％は、埼玉県全体の183％を上回る数値であったことである。他方の公称資本金額の増加率では、秩父郡の463％は、埼玉県全体の608％に及ばないものの、秩父地域は企業の設立が活発だったと言うことができる[4]。

秩父郡の工業生産額の内訳を示した表序-2によると、工業生産額は1920年に大きく低下したものの、その後は1935年にかけて上昇したことが確認できる。工業生産額の大部分を占めたのが織物——その多くは絹織物——と蚕糸であり、とりわけ織物生産額は、1905年に蚕糸生産額を上回って以降、生産額では秩父郡の工業製品の筆頭の位置にあった[5]。1923年に織物の生産額は、1,300万円を超えて秩父郡の工業生産総額の85.3％を占め、蚕糸とあわせれば実に94.5％と、秩父郡の工業生産額において圧倒的なシェアを有した。

ところが、1925年を境にして秩父郡の工業生産の動向に変化が生じた。依然として工業生産総額は増加傾向を示していたのであるが、織物と蚕糸の生産額が減少に転じたことで、両品目ともシェアを低下させたのである。とくに織物の生産額の減少は著しく、1933年には工業生産総額の30％台にまで落ち込み、蚕糸とあわせても40％台で推移するようになった。このことは、秩父地域において織物と蚕糸に取って代わる新たな工業製品が出現したことを示唆している。

それは、1925年8月に秩父セメント株式会社が、秩父においてセメント生産を開始した時期と一致する。当時の『埼玉県統計書』にはセメント生産に関する項目がないため別の資料によらざるをえないが、渋沢栄一が秩父の武甲山麓に埋蔵される石灰石資源を開発することで秩父地域の産業振興を構想し、その構想を具体化するべく武蔵国児玉郡本庄宿出身の企業家である諸井恒平によって設立された秩父セメント株式会社（以下、秩父セメントと略）は、1925年8月にセメント製品を初出荷すると[6]、1926年には363万円、1935年には728万円と、順調に販売額を伸ばした[7]。

表序-2 秩父郡工業生産額に占める織物生産と蚕糸生産の比率（1902～35年）

(単位：円・％)

年	工業生産合計 A	織物生産額 B	% B／A	蚕糸生産額 C	% C／A	% (B+C)／A
1902	4,798,555	1,590,787	33.2	2,688,175	56.0	89.2
03	4,677,292	1,498,361	32.0	2,775,659	59.3	91.4
04	3,791,328	918,340	24.2	2,514,672	66.3	90.5
05	3,684,309	1,501,033	40.7	1,767,276	48.0	88.7
06	5,202,449	2,389,462	45.9	2,417,410	46.5	92.4
07	5,874,445	2,569,155	43.7	2,934,024	49.9	93.7
08	6,029,772	3,426,378	56.8	2,211,215	36.7	93.5
09	7,030,680	4,065,819	57.8	2,377,616	33.8	91.6
10	7,634,167	4,900,435	64.2	—	—	…
11	7,703,552	5,041,421	65.4	—	—	…
12	7,511,195	5,198,458	69.2	1,708,519	22.7	92.0
13	7,597,728	5,068,818	66.7	1,887,927	24.8	91.6
14	6,483,521	4,444,560	68.6	1,519,691	23.4	92.0
15	7,535,997	5,212,949	69.2	1,711,845	22.7	91.9
16	8,198,992	5,366,767	65.5	2,279,746	27.8	93.3
17	8,441,713	5,643,301	66.9	2,133,006	25.3	92.1
18	11,520,870	8,845,185	76.8	1,893,197	16.4	93.2
19	13,959,270	10,586,281	75.8	2,249,199	16.1	91.9
20	6,629,607	4,786,892	72.2	977,086	14.7	86.9
21	9,208,214	7,094,378	77.0	1,084,715	11.8	88.8
22	14,532,336	12,118,752	83.4	1,307,780	9.0	92.4
23	15,565,013	13,271,110	85.3	1,435,366	9.2	94.5
24	10,625,913	8,252,313	77.7	1,445,069	13.6	91.3
25	13,046,341	10,719,797	82.2	1,546,762	11.9	94.0
26	13,714,072	8,395,029	61.2	1,434,914	10.5	71.7
27	13,748,924	8,656,056	63.0	1,575,066	11.5	74.4
28	14,090,791	7,044,676	50.0	1,600,864	11.4	61.4
29	11,736,424	5,870,367	50.0	1,565,936	13.3	63.4
30	12,741,620	6,316,533	49.6	1,267,823	10.0	59.5
31	14,600,386	6,521,567	44.7	1,144,521	7.8	52.5
32	13,851,553	5,617,640	40.6	1,151,510	8.3	48.9
33	13,957,261	4,738,976	34.0	1,024,801	7.3	41.3
34	15,421,123	6,446,294	41.8	793,443	5.1	46.9
35	17,723,293	8,262,347	46.6	690,721	3.9	50.5

出所）『埼玉県統計書』各年版から作成。
注1）表中の「―」は原資料に記載なし、「…」は算出不能を示す。
注2）金額の1円未満は切り捨て。
注3）各項目の金額は、企業物価指数（戦前基準指数：1934～1936年平均＝1）で除した実質値。
注4）織物は、絹織物、綿織物、絹綿交織物の各生産額の合計値。

速断することはできないが、1925年を境にして秩父地域では絹織物と蚕糸からセメントへと工業生産の中心が移り、セメント生産が同郡の工業生産総額を押し上げたのではないかと推測できる。諸井恒平は、秩父鉄道を利用してセメントの出荷を増やし、秩父郡における工業生産額を増加させた[8]。ここに秩父とセメント製品の一大消費地である東京を結ぶインフラとしての秩父（上武）鉄道の意義があったと考えることができる。そのため、本書では地域経済や地方産業の動向にも留意することにしたい。

3　先行研究の検討
①　地域経済・地方産業との関わり

本書では、鉄道会社の経営展開を明らかにする際に、地域経済や地方産業との関わりに注目する。そこで、この点に関する研究の動向を検討することにしたい。19世紀後半から20世紀初頭にかけての日本経済は、産業革命による工業化・産業化が進展し、株式会社を中心とした会社の設立が相次いだ。1880年代後半を「日本史上最初の企業勃興期」と位置づけた高村直助を中心とするメンバーは、企業勃興現象について、必ずしも東京や大阪といった大都市部における近代産業だけの現象ではなく、近世からの在来産業の展開にともなう資本蓄積がなされた各地方において広範にみられたことを明らかにした[9]。『明治七年府県物産表』を検討した石井寛治は、後進地域として扱われることの多い東北地域諸県における工業生産比率について一部例外はあるものの総じて高かったと指摘している[10]。石井はまた、19世紀中葉における地域間の経済格差の少なさについて、藩経済圏を基本単位とする経済発展の結果にほかならないと述べ、18世紀初頭までの幕藩制的市場とも、20世紀初頭の阪神・京浜を中心とした統一的国内市場とも異なる「地域格差のすくない国民的国内市場」が形成されつつあったとして、「『地方の時代』と称することがふさわしい、かぎられた時代の一つであった」と述べている[11]。

谷本雅之と阿部武司は、企業勃興を資金面から支えた地方資産家について

投資リスクの負担と経営に対する2つの指標を用いて分類し[12]、とりわけ地方企業の設立に際しては投資リスクを多く負担する「地方名望家」的な資産家の存在が重要であると指摘した。

　もっとも、「地方名望家」的な資産家は、企業経営において常に有用であったわけではなく、ときには家産を自らの政治活動の資金に充ててしまうことで、事業資金に不足を来すこともあった。また、企業勃興期に設立された地方企業には、新潟県における中埜家のビール醸造事業のように中央の大企業に吸収され、企業として長期的に存続できないものもあった。そのため、企業勃興期に設立された地方企業について、「企業発展の初期的なリスクを負担したのであり、結果的に日本における近代企業の定着を可能にした一因」と一定の評価を下しつつも[13]、地方企業がわが国の工業化に寄与したのは、1880年代後半から1900年頃までの限定された時期であったと結論づけた。

　この研究の意義は、企業勃興期という限られた期間について、ビール醸造業や酒・味噌などの醸造業といった発展した在来産業を検討対象にすることで、企業経営に対する地方資産家の投資行動パターンを4つの類型に整理した点に求められる[14]。ただ、中埜家のように、ごく短期間で消滅した事業がある一方で、日本石油会社のように多くの地元企業を吸収・合併することで発展した例もあったことを考えれば、企業勃興期以降の展開についても検討する必要がある。

　また、谷本雅之は、新潟県の地方資産家の投資行動を検討することで、企業勃興が地方的な広がりをもつに至った要因を明らかにした[15]。地方資産家には、個人的な利益よりも「名望獲得」のために、地縁のある地元会社に出資したのであり、言わば経済外的な要因によって未知の企業に出資したのであった。谷本の詳細な分析によって、投資リスクが大きい地方企業に出資する地方資産家の動機が解明された。

　これに対して花井俊介は、大阪府貝塚の米穀肥料商であった廣海惣太郎家における大正・昭和戦前期の株式投資活動を検討して、地方資産家は必ずし

も地域貢献と「名望獲得」を優先した投資行動をとるものだけではなく、投資先企業の選別と監視に強いインセンティブをもつ、きわめて経済合理的な投資行動をとる地方資産家の存在を指摘し、谷本とは異なる見解を提示した[16]。廣海家では、期待収益の高い地元企業株式が多く所有され、非地元企業株式は銀行借入の担保品とするための融通性の高い優良銘柄に限られており、投資リスクの高さゆえ頻繁に差し替えられていた。廣海家の当主である廣海惣太郎は、投資先企業のモニタリングのためにその会社の重役に就くこともあったが、会社経営における関わりについては具体的に検討されていない。そこで本書では、地方資産家が、重役あるいは株主として会社の経営展開にどのように関わったのかを明らかにすることにしたい。

　一方で中村尚史は、1889年からおよそ3年間にわたり全国的な企業数の急増が確認された第一次企業勃興期には、地方による資金面および人材面での寄与があったとした[17]。福岡県における鉄道業と紡績業では、地方官が地方資産家と手を携えることで企業勃興のオルガナイザーを果たしたことを明らかにした。ただし、日清戦争後の地方企業は、中央の企業に合併・吸収されたことで数を減らし、これにともない専門経営者と技術者が地方から中央に回帰したことで人的資源の不足を招いた。加えて地方資産家のなかには資金を消耗させたことで企業経営から手を引くものもおり、地方の工業化の担い手は相次いで姿を消していったというのである。

　もっとも中村は、個別具体的な検討を通じて、地方企業の経営は必ずしも低迷したわけではないことも指摘している[18]。1887年前後の福岡県三池郡では、地方政治家と企業家が、地主や商人を巻き込みつつ積極的な起業活動を展開し、企業設立の際には、郡内における中層以下の資産規模でなおかつ事業意欲が高い人々が出資と経営の両面で中心的な役割を果した。また、1900年代における企業の大都市圏への集中にともない企業立地の点で地方の相対的な比重の低下があったにせよ、「日露戦後期においても、依然として持続的な発展を遂げつつある地方があり、また遅れて企業勃興を開始した地方さえも存在した」と[19]、地域経済や地方産業には多様な展開がみられた

ことを指摘した。

　明治期から大正期にかけての群馬県を中心とした鉄道業と電力業の企業経営について、企業統治と資金調達の両面から検討した石井里枝の研究は、こうした研究動向を的確に捉えたものであった。石井は、地方企業の展開を地元だけでなく中央との資金面・人材面の関係にも注目することで、地方の工業化は、地方のみで成し遂げられたものではなく、中央との人的ネットワークによる資金や情報のやり取りが不可欠であったことを示した[20]。石井の研究における独自性は、1880年代から1920年代にかけての中長期的な視点をもち、個別具体的な鉄道企業と電力企業を対象にして地方と大都市部である中央との人的な関係について、実証的に明らかにした点に求められる。確かに、こうした分析視角は、従来の諸研究でも不足していた。

　だが、その一方で、本書の関心でもある個別企業の経営展開について、人的な要素に着目した研究は、必ずしも多くはない。前述の高村直助らの研究に対する石井寛治の「いかなる人物がどのように企業経営を行ったのかという問題の検討は従来も不十分である」との指摘は[21]、地方企業がいかにして経営を成り立たせてきたのかを考究する必要性を説くものであろう。そこで本書では、いかにして企業経営が地域発展をもたらしたのかを明らかにするべく、秩父（上武）鉄道の設立時から昭和戦前期にかけての経営展開と地域経済や地方産業との関わりについて、経営者や株主などの人的な要素に注目しながら検討することにしたい。

② 企業統治との関わり

　本書では、経営の意思決定の場である株主総会において、株主がいかに関与したのかを明らかにする。そこで、戦前期における企業統治に関する研究を検討することにしたい。

　岡崎哲二によれば、戦前期日本における株式会社の企業統治の特徴は株主主権であり、古典的なコーポレートガバナンス・ストラクチャが構築されていた[22]。企業の資金調達において株式が重要な源泉であったため、戦前期の

株式会社には株主による企業経営へのモニタリング（監視）制度が組み込まれていたのであった。

　もっとも、戦前期の株式会社において出資者、とくに大株主が経営の実権を掌握したことは、すでに中村隆英によって指摘されている[23]。岡崎は、戦前期の株式会社を財閥（三井・三菱・住友）系と非財閥系に分けて、データの大量観察という分析方法を用いることで、企業統治のあり方を「アングロ・サクソン的」であると結論づけた。そして、株主主権の企業統治は、第二次世界大戦期の統制経済の下での会社制度の改変にともない、従業員主権に転換されるまで継続した。このような主張は、明治末期から大正初期に企業の経営権が株主総会から専門経営者ないし取締役会に移っていたことを強調するJ．ヒルシュマイヤー・由井常彦および森川英正の見解に対して新たな見方を提示した[24]。

　しかしながら、岡崎の分析には問題点もあり、データの大量分析という方法ゆえに具体的な実証を欠いていること、第一次世界大戦以降のデータを用いているため、戦前期とはいうものの、明治期についての検討がなされていない点があげられる。前者の問題について、宮本又郎と阿部武司は、大阪紡績会社と日本生命保険会社の株主総会議事録を分析し、大株主は経営者による株主安定化工作を通じて株式を大量保有することで、20世紀初頭には資本家ではない専門経営者が経営の実権をもつ、いわゆる所有と経営の分離がみられたと指摘した[25]。また宮本は、「戦前日本の大規模会社企業にアングロ・サクソン型のコーポレート・ガバナンスが見出されると簡単に片づけてしまうのは早計であ」ると[26]、岡崎の見解に対して懐疑的な認識を示している。また後者の問題については、中村尚史が、明治期における企業統治の実態を明らかにするべく、日本鉄道会社と九州鉄道会社における経営紛争の経過を検討した[27]。明治期の大規模な鉄道会社では、大株主による企業支配の不徹底、金融機関からの借入金を利用して株式投資を続ける零細株主の存在、そして専門経営者の台頭がみられ、必ずしも「古典的な株主主権」の企業統治体制は確認されなかった。

阿部、宮本そして中村は、実証的な検討を通じて岡崎の説に対して新たな見方を提示したのであるが、いずれも当時のわが国を代表する大企業について、大株主や著名な財界人などの主要株主を分析の対象としていた。そのなかで、九州鉄道会社の経営紛争である「九鉄改革運動」をめぐり、地方の中小株主が団結して自らの利害を重役に対して主張したとする中村の指摘は、株主主権が大株主だけでなく中小株主にも当てはまるということを示唆しており、本書の関心にも近く興味深い[28]。

　すでに中村は、九州鉄道会社が設立される際に、地方の中小株主が鉄道敷設の順序や経路をめぐり、会社に対して地域の利害を主張したことを明らかにしている。そのなかで「明治期鉄道企業の経営者は、まず地域利害からの「自立」に腐心しなければならなかった」と[29]、企業経営を混乱させる存在として地方株主を捉えた。しかしながら、逆の見方をすると、「地域利害」こそが、当該地方に潜在する資本を集約させ、地方鉄道会社の設立と建設を可能にした基本的な一要素であったと捉えることも可能である。つまり、「地域利害」の代弁者である地方の中小株主を、単に経営者と対立するものとして消極的に評価するのではなく、戦前期の地方鉄道会社を成り立たせていたものとして、彼らの認識や行動を積極的に評価することも必要である。

　戦前期の地方鉄道会社では、しばしば地元在住の少数持ち株の出資者が大部分を占めたことは鉄道史研究においても指摘されている。だが、地方の中小株主については「町ぐるみ、村ぐるみの半強制的な出資割当て」による、言わば経済外的強制によって出資したこと[30]、また企業経営に関与することは稀であったことが指摘されている[31]。ただし、こうした地方の中小株主の認識や行動については、必ずしも鉄道会社の経営展開に即して明らかにされているわけではなく、実証的に検討する余地が残されている。

　そこで本書では、戦前期の秩父（上武）鉄道の経営展開に即して、企業統治における株主主権の実態を明らかにするが、その際には地方の少数持ち株の株主（以下、本書では地方在住の10株以下の出資者を地方零細株主と呼ぶ）を中心に検討することにしたい。

③ 株式会社金融との関わり

　また、本書では、秩父（上武）鉄道の経営展開に即して資金調達の実態を明らかにする。そこで、株式会社金融に関する研究動向を踏まえたうえで、本書の関心について述べることにしたい。

　戦前期の株式会社金融のあり方については、岡崎哲二によるオープンな市場で株式や社債を発行して資金を調達する直接金融を主流とする議論と[32]、石井寛治による金融機関から株主への融資を前提とする間接金融の意義を強調する議論がある[33]。

　また、石井は、「直接金融と間接金融は二者択一的に把握すべきでなく、両者の立体的な関連こそが究明されなければならない」と述べ[34]、財閥系企業、鉄道・海運（運輸）業、綿糸紡績業、製糸業、織物業の各分野における企業金融の特徴と変化を検討した。運輸業と紡績業では株式と社債が重用され、資本市場との繋がりが強いとされたが、中小規模の会社に限ると、必要な資金を満たすには銀行からの短期借入も必要であったと指摘したのであった。

　岡崎と石井の議論は、企業金融における直接金融と間接金融のいずれかを優位とするものであるが、やや異なった視角から、実際の鉄道会社の経営展開に即して、資金調達のあり方を検討することも必要であろう。本来、企業経営においては資金需要が生じた際に、借入期間や金利、担保品などの諸条件を鑑みて、いかに有利な手段で資金調達をおこなうかが重要になるのであって、株式、銀行借入、社債というのは、その手段のひとつにしか過ぎない。寺西重郎は、1893年から1910年代半ばにかけての銀行貸出のうち、およそ40％が株式担保であったことから、銀行などの「仲介型サブシステム」から「市場型サブシステム」への大きな資金の流れがあったことを重視した。そして、戦前の金融システムの性格について、直接金融か間接金融かという二分法ではなく、両者を相互依存の関係で理解する必要があることを指摘している[35]。

　もっとも、寺西は、個別事例に即して検討しているわけではない。そこで

本書では、経済状況や経営状況に即して、資金調達手段を決定する経営判断のあり方を検討することにしたい。このような視角から株式会社金融を検討した研究は、必ずしも多くない。明治期の鉄道会社金融を分析したものとして、わが国の証券市場の成立過程を明らかにした野田正穂の研究や、明治期の鉄道会社の財務分析をおこなうことで経営と資金調達の展開を明らかにした片岡豊の研究をあげることができるが、いずれも証券市場の成立と発展を明らかにすることを主眼においている[36]。そのため、本書では、1890年代半ばから1920年代の秩父（上武）鉄道の経営展開に即して、資金調達とりわけ借入金調達の実態について貸借契約条件にも留意しながら検討する。なお、個別の論点に関わる先行研究は各章において改めて検討することにしたい。

4　本書の構成

本書では、戦前期における秩父（上武）鉄道の経営展開について、以下のような順序で分析・検討作業をおこなうことにしたい。各章は必ずしも時系列的に配置しているわけではないため、画期的もしくは重要な出来事については各章の分析視角・手法に即して再三にわたり論じられることがある。

第1章「上武鉄道の設立活動と鉄道実務者――地域の利害調整を中心に」では、上武鉄道の設立活動を検討することで、敷設経路の決定をめぐる沿線地域の発起人らによる利害対立とその調整過程を明らかにする。第一次企業勃興期における鉄道会社の起業に際しては、前述のとおり地方官が設立活動の中心的な役割を果したことが知られている。それでは、第二次企業勃興期に必ずしも技術的知識や経営予測のノウハウをもたない地元有志によって設立した上武鉄道では、いかなる人物が主導的な役割を果したのであろうか。本章では、第一次企業勃興期までに設立された幹線鉄道を含む複数の鉄道会社において経験を積んだ、いわゆる鉄道実務者の行動や発言に注目することで、上武鉄道が設立に至るまでの展開を検討することにしたい。

第2章「上武鉄道の経営展開と地方零細株主」では、上武鉄道が設立され

た1896年11月から、熊谷－秩父（秩父大宮）間が開業した1914年10月までの経営展開を検討することで、経営の意思決定に対する地方零細株主の行動のあり方を明らかにする。上武鉄道の株主構成において大部分を占めた埼玉県在住で持ち株数10株以下の地方零細株主は、いかなる思惑や考えのもと出資したのであろうか。本章では、会社経営に対する地方零細株主の関心が希薄であったとする研究史上の通説を批判的に検証することで、戦前期における企業統治の特徴とされる株主主権のあり方を示すことにしたい。

第3章「戦前期秩父鉄道にみる資金調達と企業者活動――借入金調達を中心に」では、明治期から大正期にかけての秩父（上武）鉄道の資金調達の展開について、主に借入金や社債といった他人資本調達の展開を検討する。戦前期における株式担保金融の実態を明らかにするとともに、明治期から大正期にかけての経営発展にともなう資金需要の増加に対応するため、資金調達方法がいかに変化していくのかについて、秩父（上武）鉄道の経営者の行動を通じて考察することにしたい。

第4章「北武鉄道の成立と秩父鉄道」では、羽生－熊谷間の鉄道敷設計画をもっていた北武鉄道を事例に、秩父鉄道との関係を検討する。北武鉄道は、北埼玉地域の交通事情を改善することで、忍町における足袋工業の発展を促すことを目的に、東武鉄道の重役らによって設立された。当初、北武鉄道では重役らの出資によって建設費を工面したのであるが、工事方法の変更にともなう建設費の増加に対応するため、沿線住民からも出資を募ることになった。

しかし、北武鉄道は、忍町における足袋工業の従事者をはじめ沿線地域において株主を確保することができず、資金不足による建設中断によって敷設免許を失効させた。なぜ、沿線地域の人々は北武鉄道への出資を拒んだのであろうか。本章では、北埼玉地域における人々の鉄道計画に対する認識と、秩父鉄道の重役らの北武鉄道の設立活動に対する認識を示したうえで、地方において鉄道事業を起業する際に、経営者をはじめ重役らに求められる行動のあり方を明らかにする。北武鉄道は敷設免許を再出願すると、秩父鉄道の

重役らが出資し、また重役を兼務することで延伸・電化工事を進めていくことになる。そこで、秩父鉄道の思惑についても明らかにしたい。

　第5章「戦間期秩父鉄道の貨物輸送と地方株主——秩父地域を中心に」と、第6章「戦間期秩父鉄道の経営と三峰神社への路線延伸」では、戦間期における秩父鉄道の経営展開と株主行動のあり方を検討する。まず、第5章では、秩父セメントの設立過程について概観し、セメント製品の輸送が秩父鉄道の収益に与えたインパクトを明らかにする。また、秩父セメントが生産活動を開始した時期は、東京市場でのセメント市価の低落を問題視したセメント業界においてカルテル組織であるセメント連合会が設立し、生産制限を各社に課していたことが知られている[37]。そこで、秩父セメントが旺盛なセメント生産と出荷を行うために秩父鉄道が果たした役割についても明らかにする。

　秩父セメントで生産されたセメント製品輸送に特化しようとする秩父鉄道について、同鉄道の株主はどのような認識をもっていたのであろうか。戦間期には秩父地域においても貨物自動車の台頭がみられ、さらに1920年代末から1930年代初頭にかけては恐慌に端を発する財界混乱期であり、木材や石灰製品といった地元産品の荷主や沿線地域で貨物の集配に従事する指定運送店にとっては死活問題であった。このような荷主と指定運送店を含む秩父鉄道の株主が、秩父鉄道の経営者である諸井恒平に対して起こした行動を跡付けることで、地元産品を対象とした運賃割引による出荷奨励策が実施されるまでの経緯を明らかにしたい。

　次いで、第6章では、秩父鉄道が奥秩父地域に延伸し、三峰架空索道を建設するに至るまでの経営展開について、株主であった三峰神社と経営者の思惑を中心に検討する。三峰神社社司（神職の職名で、1946年以降は宮司と呼ばれる）の薗田稲太郎は、登山を要する同神社へのアクセスを簡便にするための延伸と交通機関の建設を秩父鉄道に求めたのであるが、ほぼ三峰神社だけの利益になる三峰架空索道の建設は昭和初期の恐慌期と重なったことでなかなか実現しなかった。本章では、恐慌期における鉄道経営についてとくに従業員の行動に注目することで、経営者は株主だけでなく従業員の待遇改

善にも留意する必要が生じたことを示す。また、武蔵野鉄道による秩父地域への進出について検討することで、秩父鉄道が三峰架空索道の建設を決める要因を明らかにしたい。

そして終章では、各章の検討結果を要約したうえで総括し、今後の展望について述べることにする。

注
1) 老川慶喜「明治期地方的中小鉄道の建設と資金調達――上武（秩父）鉄道会社を事例として」『関東学園大学紀要』経済学部編、第11集、1986年（のち、老川慶喜『産業革命期の地域交通と輸送』第4章第1節、「上武（秩父）鉄道会社の建設と資金調達」日本経済評論社、1992年、305-342頁に収録）。
2) 1898年と1907年の間における企業の増加率で、埼玉県は、栃木、山口、北海道、岩手、台湾、山形、千葉に続く第8位であった。鈴木恒夫・小早川洋一・和田一夫「明治期の会社および経営者の研究――『全国諸会社役員録』（明治40年版）の分析」『学習院大学経済論集』第36巻第3号、1999年、279-288頁。
3) 新井壽郎「秩父鉄道100年の歩み」新井壽郎監修『秩父鉄道の100年――鉄道とともに歩む人びとの1世紀のドラマ』郷土出版社、1999年、23-24頁。
4) 埼玉県全体と秩父郡の企業数および公称資本金額は、『埼玉県統計書』（各年版）に掲載されているデータを利用した。企業数は、株式会社、合資会社、合名会社そして株式合資会社の合計である。なお、本書では、雄松堂フィルム出版『明治年間府県統計書集成』および『大正・昭和年間府県統計書集成』収録版を利用。
5) 当時の絹織物の大部分は、1897年頃から生産が本格化した輸出不適の太糸や玉糸を用いた太織（縞物）と呼ばれたものであった（秩父市誌編纂委員会『秩父市誌』1962年、551-552頁）。
6) 秩父セメント株式会社『秩父セメント五十年史』1974年、17-45頁。
7) 同上、386-387頁。
8) 同上、17-45頁。
9) 高村直助編著『企業勃興――日本資本主義の形成』ミネルヴァ書房、1992年、325頁（あとがき：高村直助執筆部分）。
10) 石井寛治「国内市場の形成と展開」山口和雄・石井寛治編『近代日本の商品流通』東京大学出版会、1986年、1-74頁（のち、石井寛治『資本主義日本の地域構造』東京大学出版会、2018年、第3章、61-137頁に収録）。
11) 石井寛治『大系日本の歴史12 開国と維新』小学館、1989年、56頁。
12) 谷本雅之・阿部武司「企業勃興と近代経営・在来経営」宮本又郎・阿部武司編

『経営革新と工業化』（日本経営史2）岩波書店、1995年、112頁（図3-2）。
13) 同上、120頁。
14) 地方資産家の類型については、個別事例研究を通じた評価が進んでいる。中村尚史は、明治期の大阪府貝塚の米穀肥料商廣海惣太郎家の有価証券投資の検討を通じて地方名望家的資産家ではなく「地方投資家」の重要性を指摘した（中村尚史「明治期の有価証券投資」石井寛治・中西聡『産業化と商家経営——米穀肥料商廣海家の近世・近代』名古屋大学出版会、2006年、164-202頁、中村尚史『地方からの産業革命——日本における企業勃興の原動力』名古屋大学出版会、2010年、316頁）。中西聡・井奥成彦らによる愛知県知多郡半田の萬三商店小栗三郎家の共同研究では、企業家でも投資家でもなく家業の継承と地域貢献の両方を担う歴史的存在として「地方事業家」の重要性が提起され（中西聡・井奥成彦編著『近代日本の地方事業家——萬三商店小栗家と地域の工業化』日本経済評論社、2015年、484頁）、髙梨本家・井奥成彦・中西聡らによる醬油醸造業髙梨兵左衛門家の共同研究においても「地方事業家的資産家」の存在が指摘された（公益財団法人髙梨本家（上花輪歴史館）監修・井奥成彦・中西聡編著『醬油醸造業と地域の工業化——髙梨兵左衛門家の研究』慶應義塾大学出版会、2016年）。
15) 谷本雅之「日本における"地域工業化"と投資活動——企業勃興期——地方資産家の行動をめぐって」『社会経済史学』第64巻第1号、1998年5月、88-114頁。
16) 花井俊介「大正・昭和戦前期の有価証券投資」石井寛治・中西聡編『産業化と商家経営——米穀肥料商廣海家の近世・近代』名古屋大学出版会、2006年、203-239頁。
17) 中村尚史「後発国工業化の中央・地方——明治日本の体験」東京大学社会科学研究所編『開発主義』（20世紀システム4）東京大学出版会、1998年、241-275頁。
18) 中村尚史「地方の企業勃興——福岡県三池郡を中心として」武田晴人編『地域の社会経済史——産業化と地域社会のダイナミズム』有斐閣、2003年、102-145頁（のち、前掲中村『地方からの産業革命』109-145頁に収録）。
19) 前掲中村『地方からの産業革命』320頁。
20) 石井里枝『戦前日本の地方企業——地域における産業化と近代経営』日本経済評論社、2013年。
21) 石井寛治「書評・髙村直助編著『企業勃興——日本資本主義の形成』」『史学雑誌』第103巻第3号、1994年3月、113頁。
22) 岡崎哲二「企業システム」岡崎哲二・奥野正寛編『現代日本経済システムの源流』（シリーズ・現代経済研究6）日本経済新聞社、1993年（1997年：1版6刷）、97-144頁、岡崎哲二「日本におけるコーポレート・ガバナンスの発展——歴史的パースペクティブ」青木昌彦、ロナルド・ドーア編『国際・学際研究 システムとしての日本企業』NTT出版、1995年（1996年：初版第3刷）、437-484頁。
23) 中村隆英「概説1937-54年」同編『「計画化」と「民主化」』（日本経済史7）岩波書店、1989年、37頁。

24) J. ヒルシュマイヤー、由井常彦『日本の経営発展』東洋経済新報社、1977年（1996年：第14刷）第3章、森川英正『日本経営史』日本経済新聞社、1981年、89-124頁。森川によると専門経営者（Salaried Manager）とは、大企業の経営に当たるために、その企業の持ち主、つまり資本家に雇われた経営者であり、由井は、専門経営者を「ビジネス・エリート」として、高等教育機関を卒業した高い教育水準をその条件のひとつとしている。
25) 宮本又郎・阿部武司「明治の企業家と会社制度」前掲『経営革新と工業化』277-302頁。
26) 宮本又郎「株式会社制度成立期のコーポレート・ガバナンス――大阪紡績と日本生命保険」同『日本企業経営史研究――人と制度と戦略と』有斐閣、2010年、270頁。
27) 中村尚史「所有と経営――戦前期の日本企業」工藤章・橘川武郎・グレン・D.フック編『企業体制（上）――内部構造と組織間関係』（現代日本企業1）有斐閣、2005年、24-54頁。
28) 同上、34-38頁。
29) 中村尚史『日本鉄道業の形成――1869～1894年』日本経済評論社、1998年、5頁。
30) 青木栄一「軽便鉄道の盛衰」原田勝正・青木栄一『日本の鉄道――100年の歩みから』三省堂、1973年、158-159頁。
31) 三木理史『地域交通体系と局地鉄道――その史的展開』日本経済評論社、2000年、71-77頁。
32) 岡崎哲二・奥野（藤原）正寛「現代日本の経済システムとその歴史的源流」前掲岡崎・奥野編『現代日本経済システムの源流』1-34頁。
33) 石井寛治『近代日本金融史序説』東京大学出版会、1999年、序章、1-11頁。
34) 同上、258頁。
35) 寺西重郎『戦前期日本の金融システム』岩波書店、2011年、669-676、899-902頁。
36) 野田正穂『日本証券市場成立史――明治期の鉄道と株式会社金融』有斐閣、1980年、片岡豊『鉄道企業と証券市場』（近代日本の社会と交通 第7巻）日本経済評論社、2006年。
37) 橋本寿朗「セメント連合会」橋本寿朗・武田晴人編著『両大戦間期日本のカルテル』御茶の水書房、1985年、127-168頁（のち橋本寿朗『戦間期の産業発展と産業組織Ⅱ――重化学工業化と独占』東京大学出版会、2004年、第4章、223-258頁に収録）。

第1章
上武鉄道の設立活動と鉄道実務者
―地域の利害調整を中心に―

はじめに

　本章の目的は、上武鉄道の設立過程において敷設区間の決定に至るまでの発起人の議論を検討することによって、地域の利害調整がいかにしてなされたのかを明らかにすることである。

　上武鉄道は、1894年4月に創立願書を提出し、1898年11月に熊谷－秩父大宮間の敷設本免許状を下付された後、1901年11月に熊谷（埼玉県大里郡）－寄居（同県同郡）間、1914年10月に熊谷－秩父大宮（同県秩父郡）間を開業させた[1]。上武鉄道については、老川慶喜による熊谷－秩父大宮間の建設期における資金調達のあり方に関する研究がある[2]。上武鉄道の重役は、秩父郡と大里郡の名主らにより構成され、出資者の大部分は、埼玉県在住で少数持ち株の地方零細株主であった。

　だが、上武鉄道の一株主であった斉藤直蔵により著された『秩父鉄道沿革史』によると、上武鉄道の設立活動には多数の東京在住の資本家が発起人として関与したことが述べられている[3]。これについては、老川も、上武鉄道の敷設免許区間が当初に計画された館林（群馬県）－秩父大宮間と小川町支線ではなく熊谷－秩父大宮間に限定されたことで、館林や小川町（埼玉県比企郡）そして東京の発起人が離脱したと指摘しているが、具体的な設立活動について立ち入った検討はなされていない[4]。

それでは、先行研究を検討することで地方鉄道会社の設立期における論点を学ぶことにしたい。九州鉄道の設立活動の展開を分析・検討した中村尚史によれば、創業資金の調達、敷設区間の決定は、創立委員に名を連ねた知事や地方官と鉄道会社によってなされた。とりわけ地方官が、敷設区間の選定と着工順の決定の際に生じた地域の利害対立を調整する役割を果たしたと指摘している[5]。九州鉄道では、帝国議会の開設以前に設立活動が展開されたため、地方の実情を中央政府の鉄道政策に反映させることができたのは地方官だけであった[6]。中村の研究は、幹線鉄道会社の成立のあり方を検討することで、これまで必ずしも実証されてこなかった設立活動の実態を明らかにした貴重な成果である。

　上武鉄道の設立活動が展開されたのは1890年代中頃であったから、九州鉄道よりも10年ほど後のことであった。この時期は第二次企業勃興期と呼ばれる企業設立ブームをともなう好景気であり、鉄道業をみると多くの地方中小鉄道が設立されたのであるが、その設立期における地域利害の対立や調整について具体的に研究したものは管見の限り少ないように思われる。

　そこで本章では、第二次企業勃興期に設立をみた上武鉄道の敷設区間が決定するまでの地域利害の調整過程を鉄道実務者に注目しながら検討する。本書における鉄道実務者とは、先発の鉄道会社において経営者もしくは技術者としての経験を積み、鉄道会社の設立や経営に関する専門知識と人脈をもつ人物である。

第1節　上武鉄道の設立構想

1　秩父郡有志者による敷設構想

　上武鉄道は、秩父郡内で醸成された鉄道構想に端を発する[7]。すなわち、日清戦争開戦の前年である1893年に、秩父郡の名主であった柿原万蔵と大森喜右衛門、福島七兵衛、宮前藤十郎および柿原竹三郎（同年中に死去）によって、埼玉県秩父郡と群馬県の館林を結ぶ鉄道の敷設が企図された[8]。こ

のうち柿原万蔵と大森喜右衛門は、秩父郡の主要産品のひとつである絹織物の二大買継商であった。両者は秩父郡内外で本支店網を形成し、1880年以降に生産が本格化した縞物（太織）の原料糸や染料などの原材料と絹織物製品の販売を一手に担うほか、秩父郡内において絹織物生産者の同業組合を組織していた[9]。福島七兵衛は家業の運送店経営の傍ら、1879年7月には大宮郷（1889年5月に大宮町、また1916年1月に秩父町へと改称）の初代戸長に就任し、さらには1887年に羽二重の生産工場を設立した人物であった[10]。また、宮前藤十郎は、明治期の秩父郡における指導者的な存在とされ[11]、大森や福島とともに秩父郡から埼玉県会議員に選出された経歴をもっていた。

　このなかで中心的な役割を果たした柿原万蔵は、「何とかして秩父に鉄道を敷きたい」と主張したのであるが[12]、その動機のひとつは、秩父郡の交通事情の改善にあった。すなわち、食料品の調達や木材などの郡内産品の出荷の便を図るために鉄道を敷設しようとしたのである[13]。

　当時の秩父郡の中心地であった大宮町から隣郡へと通じる主要道路には、児玉郡方面への秩父新道（1886年4月開鑿）、大里郡方面への熊谷大宮道（1895年改修完了）、入間郡方面への大宮東京道などがあった[14]。とりわけ、秩父新道は「秩父盆地の封鎖性を打破」したとされ、新道開通後には児玉郡本庄町から大宮町まで乗合馬車が運行され、群馬の碓氷社や甘楽社が秩父郡に進出していた[15]。しかしながら、いずれの道路も隣郡との境界付近は交通の難所とされ、秩父新道でさえも児玉郡境の馬背峠は、「雨雪後ニ泥濘ヲ極メ車馬ノ往復ノ便ナラサル」状況であった[16]。

　ゆえに、柿原万蔵らは、「道路丈ハ開鑿されたものゝ交通運輸上の採算は依然として不便不利」な秩父郡の地域振興を目指すべく[17]、秩父新道を上回る重要な交通インフラとして上武鉄道を位置づけたのである。自ら発起人になった柿原万蔵は、寄居と熊谷を経て館林まで至る鉄道敷設計画を示すと、隣の大里郡の名主である湯本友蔵（寄居町）や穀物商で熊谷銀行の監査役であった松本平蔵（熊谷町）、さらに館林出身で東京在住の糸商（柿沼商店）である柿沼谷蔵から賛意を取りつけ、このうち柿沼を発起人に加えた。

柿沼は、上武鉄道を延伸させることで郷里の館林の地域振興を意図したと思われる。1907年に東武鉄道が開業する以前の館林町は、「経済上の不備を来し、商業は衰へ、戸数は減じ、殆ど衰額の悲境に陥」っていた[18]。

2　村上彰一の目論見

そして、1893年10月に村上彰一が発起人に加わった。村上彰一は、大阪府出身で1880年に開拓使幌内鉄道に務めた後、1884年に鉄道運行管理者として日本鉄道に転じて運輸課貨物掛主事の要職に就いた鉄道実務者であった[19]。当時の村上は、日本鉄道の埼玉県内貨物取扱人組合の主査も兼務しており、埼玉県内の貨物輸送の事情にも精通していた。村上が作成した「上武鉄道敷設目論見書」によると、以下のことが上武鉄道に期待されていたのであった[20]。

　　両毛鉄道線ノ内足利ヨリ太田妻沼ヲ経テ日本鉄道一区線ノ内熊谷ニ達スルノ線路凡二十哩同所ヨリ寄居皆野ヲ経テ秩父郡大宮郷ニ達スルノ線路凡三十哩田中近傍ヨリ分岐シテ小川町ニ達スルノ線路凡八哩ヲ敷設スルニアリ

　　足利ヨリ熊谷ニ至ル線路ハ埼玉県下ニ於ケル人口物産両ナガラ饒多ノ地方ヲ通過スルモノニシテ……東京ト桐生足利地方間ノ交通ヲシテ一層便利ナラシムルノミナラズ宮城岩手地方ト埼玉地方ノ交通上ニ一大便利ヲ与フルモノトス……日本鉄道ノ陸羽線開業ノ後ハ宮城岩手両県内ヨリ鉄道便ヲ以テ米穀ヲ運送セラルヽモノアリト雖モ未タ以テ足レリトセズ然ルニ足利熊谷間ニ鉄道ヲ敷設セバ同地方ニ出入リスルモノハ必ス此線ヲ利用スベシ

村上は、館林－秩父大宮間ではなく、足利－秩父大宮間および田中－小川町間というように敷設区間を延長することで、日本鉄道の貨物輸送の増加に繋げようとしたのである。

当時の日本鉄道は、輸送量の減少をもたらす恐れのある鉄道会社に対しては並行路線を出願し、その一方で輸送量の増加をもたらす鉄道会社の設立を歓迎していた。やや後の 1895 年 10 月のことであるが、日本鉄道社長の小野義真は「日本鉄道会社の既設線に対する競走線」である東武鉄道に対して「千住より草加、粕壁、杉戸、幸手を経て栗橋駅に達する」武蔵鉄道の敷設計画を立てた。武蔵鉄道は、「日本鉄道既設線保護の為めなれども当時株主の意見を問ふの暇なき」ことを理由に小野らによって出願されたという[21]。

その一方で、「武蔵、総野、北埼玉、上武等は内実日本鉄道会社の別働隊といふが如き関係」であった[22]。村上は、日本鉄道の「別働隊」として上武鉄道を仕立てるために、設立活動に関与したと思われる。

もっとも村上は、上武鉄道の経営を楽観視していたわけではなかった。それどころか、建設費 120 万円に占める利益率を 4.79％と算出し、「本鉄道ノ純益ハ甚タ低下ナルカ如シ」と、低収益体質になることを予測していた[23]。

上武鉄道の設立にあたっての経営方針は、営業費を圧縮することで利益を生み出すこととされた。すなわち、①橋梁は木製とし木材は近隣から調達する（木材商を発起人に加える）、②主要駅のみに駅員を配置し、それ以外では駅舎を建設せず切符販売を外部に委託する、③客車は下等車のみを配置し、必要に応じて座席を撤去して上等車に仕立てることとされた[24]。企業勃興期に設立された地方鉄道会社には、収支予測を実態よりも過大に評価する場合が少なくなかった[25]。しかし、村上は、冷静に上武鉄道の収支予測を行った。柿原をはじめ多くの発起人が、鉄道の敷設によって地域の商工業を発展させることができると漠然とした期待を抱いていたのとは対照的であった。

上武鉄道と同様に、秩父大宮に至る鉄道を敷設しようとした会社は他にもあった。埼玉鉄道（1894 年 4 月出願）と秩父鉄道（1895 年 11 月出願、ただし上武鉄道および現在の秩父鉄道とは無関係）がそれである。前者の埼玉鉄道は、東京市の肥田庄作（第百十九銀行頭取）ら 15 名により日本鉄道大宮駅を起点に川越、松山、寄居などを経て秩父大宮に至る路線として出願された[26]。後者の秩父鉄道は、東京市の青木正太郎（武相銀行頭取、江ノ島電鉄

社長、京浜電気鉄道取締役）ら25名により東京府北豊島郡日暮里村を起点に所沢、飯能を経て秩父大宮に至る路線として出願された[27]。

秩父郡長の小泉寛則は、埼玉県庁からの照会に対して、「（秩父郡の）商業取引上積年ノ習慣ハ寄居熊谷及東京ナルヲ以テ一朝之ヲ打破スルハ容易ナラサルヘシ」（括弧内引用者）と回答し[28]、寄居と熊谷を経由地としない埼玉鉄道と秩父鉄道の計画に否定的であった。小泉の回答は、上武鉄道の計画が寄居と熊谷を経由地とする「商業取引上積年ノ習慣」に適合した有望なものであることを示すこととなった。なお、埼玉鉄道と秩父鉄道の発起人のなかに日本鉄道の関係者は含まれていなかった。

3 発起人の募集

当時における鉄道事業の監督法規である私設鉄道条例には、「発起人総員ノ引受クヘキ株数ハ総株数十分ノ二以上タルヘシ」（第2条第5項）と定めていたため、上武鉄道では総株式数2万4,000株（公称資本金120万円、1株につき50円払込）のうち、最低でも4,800株を発起人に割り当てる必要があった。

1894年3月に上武鉄道が発起人を募集すると、図1-1で示すように埼玉県秩父郡、大里郡、比企郡（小川町）のほか、東京市、群馬県邑楽郡（館林町）、栃木県安蘇郡（佐野町）の各地域からも加入者が相次いだ。東京市在住者は、阿部孝助、岡崎邦輔、小島精一、佐羽吉右衛門、下村房次郎、野村肇であった。阿部孝助は、柿沼谷蔵とともに東京毛糸紡績会社の重役に就いており、また、佐羽吉右衛門と阿部孝助は、群馬県の桐生に設立した日本織物会社の重役であった。小島精一は、1888年に中央陸運会社から改称した日本運輸会社の理事を務めた人物である。全国的な支店網を構築した日本運輸会社は、1891年には逓信省の郵便輸送業務を受注するなど内国通運会社とも競合関係にあった[29]。そして岡崎邦輔は、地方への鉄道網の拡充を求める「鉄道熱心家」という30名ほどの議員グループの一人で[30]、「日々各大臣次官及び鉄道庁長官等を歴訪し熱心に陳述」するなど[31]、鉄道敷設の許認可

権をもつ鉄道局ないし鉄道会議のメンバーとの伝手をもつ人物であった。これに敷設予定地域の有志者が合流したのである。

　比企郡（小川町）からは笠間靖ほか9名が加入したのに対して、秩父郡では柿原万蔵を除けば、万蔵の義弟である柿原定吉だけの加入となった（翌月には福島七兵衛が加入）。1894年3月に秩父郡の有志者218名の署名付きで「鉄道敷設賛成盟約書」が作成されたのであるが、そこには「従来捨テ顧ミサルノ老木朽木ハ勿論夥多ノ産出物悉ク世上ニ真価ヲ見ルニ至ラン加之米塩其他郡中日常貨物ノ輸入ニ於テ運賃低落スル（中略）即チ鉄道敷設落成ノ日ハ秩父郡ノ面目ヲ一変」することへの期待が記された[32]。

　南条新六郎は、第四十国立銀行取締役のほか、佐羽が取締役社長を務める日本織物会社の監査役であり、佐羽とともに両毛鉄道の株主であった。当時の両毛鉄道では、「両毛鉄道会社株主中の有志者及び埼玉県熊谷町同秩父地方の資本家相謀り」[33]、熊谷を経て両毛地域と東京・横浜を直結する延長線の敷設が計画されており[34]、上武鉄道の足利－熊谷間の敷設計画は、その一部をなすものとして認識されたと思われる。

　上武鉄道が、東京市と両毛地域、そして埼玉県各郡から発起人を加えることができた要因に、敷設予定区間の延長を指摘することができる。そこには上武鉄道の敷設を必要とする人々の利害や思惑が取り込まれていたのであった。

　上武鉄道の発起人に割り当てられた株式数は合計6,050株であった。101株以上の大口出資者をあげると、阿部孝助（700株）、佐羽吉右衛門（600株）、柿沼谷蔵（400株）、岡崎邦輔（300株）、笠間靖、南条新六郎、村上彰一および下村房次郎（各200株）であった[35]。発起人らは、低収益になることを承知のうえで[36]、利害関係をもつ地域商工業の中長期的な発展に期待して上武鉄道に出資した[37]。

　上武鉄道の設立事務所は、東京市日本橋区にある柿沼商店内に設置されることになり、以後の設立活動は東京市内で展開された。このことは、必然的に秩父の柿原よりも、むしろ館林に利害をもつ柿沼の意向が設立活動に反映

図 1-1　上武鉄道の発

氏名	住所	1894年3月16日	1894年4月3日 株式数	1894年4月10日 株式数	1895年8月24日 株式数
阿部 孝助	東京市	●	─ 700 ─	─ 700 ─	─ 700 ─
佐羽 吉右衛門	東京市	●	─ 600 ─	─ 600 ─	▶ 脱退
柿沼 谷蔵	東京市	●	─ 400 ─	─ 400 ─	─ 600 ─
岡崎 邦輔	東京市	●	─ 300 ─	─ 300 ─	─ 300 ─
村上 彰一	東京市	●	─ 200 ─	─ 200 ─	─ 300 ─
小島 精一	東京市	●	─ 200 ─	─ 200 ─	─ 300 ─
吉川 義幹	東京市	●	─ 200 ─	─ 200 ─	─ 200 ─
下村 房次郎	東京市	●	─ 200 ─	─ 200 ─	─ 200 ─
高須 鴬	東京市	●	─ 200 ─	─ 200 ─	▶ 脱退
野村 肇	東京市	●	─ 100 ─	─ 100 ─	▶ 脱退
笠間 靖	埼玉県比企郡	●	─ 200 ─	─ 200 ─	─ 400 ─
南条 新六郎	群馬県邑楽郡館林町	●	─ 200 ─	─ 200 ─	─ 300 ─
田中 重次郎	埼玉県比企郡	●	─ 150 ─	─ 150 ─	─ 150 ─
前田 徳平	埼玉県比企郡	●	─ 150 ─	─ 150 ─	─ 150 ─
瀬川 林平	埼玉県比企郡	●	─ 150 ─	─ 150 ─	─ 150 ─
町田 昌太郎	埼玉県比企郡	●	─ 150 ─	─ 150 ─	─ 150 ─
伊藤 幾三郎	埼玉県比企郡	●	─ 150 ─	─ 150 ─	─ 150 ─
関根 温	埼玉県比企郡	●	─ 150 ─	─ 150 ─	─ 150 ─
松本 与作	埼玉県比企郡	●	─ 150 ─	─ 150 ─	─ 150 ─
柿原 定吉	埼玉県秩父郡	●	─ 100 ─	─ 100 ─	─ 100 ─
金井 善兵衛	埼玉県大里郡	●	─ 100 ─	─ 100 ─	─ 100 ─
柿原 万蔵	埼玉県秩父郡	●	─ 100 ─	─ 100 ─	─ 100 ─
吉田 元吉	埼玉県比企郡	●	─ 100 ─	─ 100 ─	─ 100 ─
野崎 為憲	埼玉県比企郡	●	─ 100 ─	─ 100 ─	─ 100 ─
恩田 利三郎	埼玉県比企郡	●	─ 100 ─	─ 100 ─	─ 100 ─
神原 伊三郎	宮城県仙台市	●	─ 500 ─	─ 500 ─	─ 500 ─
杉 甲一郎	岩手県盛岡市	●	─ 300 ─	─ 300 ─	─ 300 ─
松本 平蔵	埼玉県大里郡	●	─ 100 ─	─ 100 ─	─ 100 ─
堀越 寛介	埼玉県北埼玉郡			─ 300 ─	─ 300 ─
福島 七兵衛	埼玉県秩父郡			─ 100 ─	─ 200 ─
根岸 武香	埼玉県大里郡			─ 100 ─	─ 100 ─
浦島 重次郎	埼玉県秩父郡			─ 100 ─	─ 100 ─
松本 保太郎	埼玉県北埼玉郡			─ 100 ─	▶ 脱退
小室 良七	群馬県邑楽郡館林町			─ 100 ─	▶ 脱退
石嶋 與平治	群馬県邑楽郡館林町			─ 100 ─	▶ 脱退
臼井 藤十郎	群馬県邑楽郡館林町			─ 100 ─	▶ 脱退
正田 直次郎	群馬県邑楽郡館林町			─ 100 ─	▶ 脱退
笠原 円蔵	群馬県邑楽郡館林町			─ 100 ─	▶ 脱退
荒井 清三郎	群馬県邑楽郡館林町			─ 100 ─	▶ 脱退
津久居 彦七	群馬県邑楽郡館林町			─ 100 ─	▶ 脱退
村山 半	栃木県安蘇郡佐野町			─ 100 ─	▶ 脱退

第 1 章　上武鉄道の設立活動と鉄道実務者

起人と引受株数の推移

1896 年 10 月 31 日 株式数	1900 年 1 月着工時 役職（株式数）	職業等
——700——▶ 脱退		呉服太物商（川越屋）、日本織物会社取締役、東京府議会議員
⋮		輸出羽二重商店（佐羽商店）
——600——▶ 脱退		和洋糸問屋（柿沼商店）、日本橋区議会議員、東京商工会議所特別議員
——300——▶ 脱退		衆議院議員（自由党：1897 年以降）
——300———————	▶ 株主（100）	日本鉄道会社運輸課貨物掛主事、日本鉄道貨物取扱人組合主査
——300——▶ 脱退		日本運輸会社理事
——200——▶ 脱退		日本鉄道会社運輸課調査掛主事
——200——▶ 脱退		逓信省
		日本鉄道会社運輸課書記掛主事
——400——▶ 脱退		埼玉県議会議員、小川銀行取締役、熊谷銀行監査役
——300——▶ 脱退		第四十国立銀行取締役
——150——▶ 脱退		
——150——▶ 脱退		小川銀行頭取
——150——▶ 脱退		小川銀行監査役
——150——▶ 脱退		小川銀行監査役
——150——▶ 脱退		
——▶ 脱退		小川銀行取締役、比企銀行監査役
——▶ 脱退		小川銀行監査役
——300———————	▶ 株主（600）	秩父織物組合会長、西武商工銀行頭取
——100——▶ 脱退		運送業（金井商店：熊谷・秋葉原）
——100———————	▶ 取締役社長（416）	絹織物仲買商、秩父商工銀行取締役
——100——▶ 脱退		小川銀行取締役兼支配人
——100——▶ 脱退		比企銀行取締役、小川銀行監査役
——100——▶ 脱退		
——500———————	▶ 株主（100）	日本鉄道会社運輸課仙台駅務掛主事
——300——▶ 脱退		日本鉄道会社運輸課盛岡駅務掛主事
——200———————	▶ 取締役（300）	米穀肥料商（松本商店、3 代目店主）、熊谷銀行取締役
——100——▶ 脱退		衆議院議員（自由党）、地主
——200———————	▶ 監査役（579）	羽二重絹製造（麻屋）、秩父銀行取締役、運送業（福島運送店：秩父大宮）
——100——▶ 脱退		地主
——100——▶ 脱退		乾物商
		第四十国立銀行取締役
		足袋商
		織物業
		紙商（米屋）
		第四十国立銀行取締役
		綿糸商
		佐野銀行取締役
		佐野銀行頭取

金井 恒八	埼玉県大里郡				
合計株数			6,050	7,550	6,550

出所）上武鉄道株式会社「上武鉄道株式会社発起株引受高申込者」1894 年 4 月、「明治二十七年四日」、「上武鉄道株式会社発起人各自引受株式数訂正願」1895 年 8 月 24 日、「上武鉄道株式会社株式会社総務部保存文書 12)、日本全国商工人名録発行所編『日本全国商工人名録』(1898 年栃木編)日本図書センター、1988 年（各編とも）、由井常彦・浅野俊光編『日本全国諸会社役『実業家人名辞典』立体社、1990 年）、山崎謙編『衆議院議員列伝』衆議院議員列伝発行所、編）博交館、1894 年、小野龍之助編『埼玉人物評論』埼玉評論社総務部、1936 年、井上啓蔵
注 1) 荒井清三郎、津久居彦七、村山半の発起人加入日は 1894 年 4 月 12 日。
注 2) 網掛け部分は、発起人のうち 1901 年 10 月 7 日（熊谷－寄居間の開業時点）における株主を

されることを意味したのである。

第 2 節　両毛鉄道連絡線（第二区線）の出願を巡る議論

1　足利－熊谷間の実地踏査

　1894 年 3 月 16 日に柿沼商店で発起人集会が開かれ、発起人のなかから設立事務を担当する創立委員が選出された。この人選は、「議員其他世間ノ有力者ニ本社設立ノ賛成ヲ得ル」ことが目的とされ、柿沼、岡崎、阿部、笠間、南条、小島そして柿原万蔵が名を連ね、委員の互選で柿沼が創立委員長に就いた[38]。創立委員は度々改選されたが、その都度留任する場合が多く、委員長は柿沼と岡崎が一期ごとに交代した。村上は、創立委員に名を連ねることはなかったが、委員会が開催されると頻繁に出席した。

　柿沼は、「創立願書、企業目論見書、仮定款等調書各発起人調印済ニ付委員ノ内岡崎邦助ニ於テ其筋ニ差出スコト」というように[39]、「鉄道熱心家」としての人脈を有する岡崎を重用し、日本鉄道との共同使用を予定していた熊谷駅については「日本鉄道ト鉄道局トノ往復ハ村上君ニ一任ス」るとして、村上に調整を依頼した[40]。

　同日の発起人集会では、「創立願書ニ連署スヘキ発起人ハ……可成会社ニ於テ有益ノ人々ヲ創立委員ニ於テ之ヲ加名セシムルコト」と[41]、発起人の追加募集が決議され、4 月 3 日には、神原伊三郎、杉甲一郎、吉川義幹、そし

100 → 脱退		運送業（金井商店：熊谷）、日本鉄道貨物取扱人組合常務委員
6,450		

月三日発起人会決議」、「明治二十七年四月十一日発起人会決議」、「起業目論見書」1894 年 4 月 10 日発起人及各自引受株数訂正願」1896 年 10 月 31 日、『明治二十七年ヨリ 文書類 庶務部』（秩父鉄道版）埼玉県、群馬県、栃木県（復刻版＝渋谷隆一『都道府県別資産家地主総覧』（埼玉編、群馬編、員録』柏書房、1897 年、古林亀治郎編『実業家人名辞典』東京実業通信社、1911 年（復刻版＝1901 年、藤田正作編『明治新立志編』鍾美堂、1891 年、久保田高吉編『東洋実業家詳伝』（第 3 編『秩父鉄道五十年史』秩父鉄道株式会社、1950 年などから作成。

示す。

て高須鶯が加入した。4名はともに村上と同じく日本鉄道運輸課の幹部職にある人物である[42]。この翌週には、館林町から小室良七、笠原円蔵、石嶋与平治ら7名が加入した。図1-1のとおり、小室良七と笠原円蔵は第四十国立銀行、津久居彦七と村山半は佐野銀行の重役であった。

　3月25日に開催された発起人集会では、村上が作成した出願書類をもとに敷設予定区間の出願順序が議論された。村上は、熊谷－秩父大宮間と小川町支線を第一区線、足利－熊谷間を第二区線と区分したうえで、さしあたり第一区線のみ出願することを提案した。この理由は、「第二区線は利根川の沿岸にて有名なる水害地なれば此地に鉄道を敷設するに付ては苦情起こらんも知れず……第二区線の敷設は他日に譲」ることが好ましいとされたからである[43]。第二区線は、「村上ニ於テ適当技師ヲ選定シ直ニ其調査ニ着手」して調査終了後に出願することとされた[44]。

　村上は、第二区線の調査を技師の米山熊次郎に依頼した[45]。米山は、石川県出身で釧路鉄道をはじめ大阪鉄道、九州鉄道で技手、技師を歴任した人物である。村上は、米山に対して足利－熊谷間および佐野－熊谷間のうち、技術的な観点で敷設工事が容易なほうを報告するよう指示した。数日間で行われた米山の調査によると「甲ニ良キモ乙ニ良シカラズ、乙ニ良キ所モ甲ニ於テハ悪シク」と表現されたように[46]、利根川と渡良瀬川を横断するには、いずれの経路でも橋梁の架設は困難であり、河川の堤防が未改修の場合には水害対策工事も必須であるというものであった。米山は、「到底実測ヲ遂ケナ

ケレバ優劣ヲ見ル能ザルモノト思考ス」ると結論づけた[47]。4月10日に上武鉄道は第二区線の出願を保留としたまま、第一区線の出願書類を東京府知事経由で鉄道局に提出した。

ところが、4月27日の発起人集会で、柿沼は「最初の計画通り此際第二区線の仮免状を得るべし」と[48]、第二区線の出願を決議したのであった。さらに、「熊谷より一直線に館林を経て佐野に至る」[49]、館林のみを経由する最短距離で敷設しようとした。

柿沼の独断による決議であるが、出席者の少なさゆえに5月11日の発起人集会でふたたび諮られることになった。すぐにでも第二区線を出願したい柿沼に対して、村上は「未タ本線路ノ実地踏査ヲ終テイナイ」ことから反対し[50]、柿原万蔵も「村上君ノ云フ通リ実測ヲ遂テカラ出願シタ方ガヨイト思フ」と慎重な姿勢をみせた[51]。

村上は、「第二区線ノ踏査ヲ本間英一郎ニ委託シ其報告ヲ受ケ該報告書ヲ発起人会へ提出シ可否ヲ決定スル」と[52]、鉄道局のベテラン土木技師である本間英一郎に依頼して、およそ1年間をかけて実地踏査と収支予測の調査を経たうえで、敷設の見込みが立つのであれば出願することを約束した。アメリカ留学の経験をもつ本間は、1887年に官営鉄道の長野工務課長兼横川主張所主任として高崎－直江津間の建設の際に工事監督を務めた経歴をもつ[53]。これには柿沼も異を唱えず、第二区線の出願は延期されることになった。

2 館林の発起人による第二区線の出願要求

ところが、本間による実地踏査が開始された2カ月後の6月22日に、熊谷鉄道会社が熊谷から館林を経て足利までの敷設計画をもって出願したことが明らかとなった[54]。この事実を聞知した館林の発起人は、柿沼をはじめとする創立委員会に宛てて、第二区線を至急出願するように求めた。館林の発起人は、熊谷鉄道の出願を「一大緊急事件ノ勃興」と捉えたのである。その危機感は、以下の文面から読み取ることができる[55]。

第1章　上武鉄道の設立活動と鉄道実務者

第二区線ニハ利根渡良瀬ノ両大川アリ其敷設ノ工事固ヨリ容易ナラサルヲ以テ恐クハ俄ニ競争者ヲ見ルカ如キコトナシト。何ヲ図ラン茲ニ熊谷鉄道株式会社ナルモノ起リテ……我カ第二区線即チ熊谷ヨリ行田、館林ヲ経テ両毛線路ノ佐野近傍ニ至ルモノト明カニ競争ヲ試ミントスルモノナリ……此際速ニ第二区線敷設ノ願書ヲ政府ニ呈出シ、一ハ以テ熊谷鉄道ノ競争ヲ防遏シ、一ハ以テ我カ会社ノ他日ノ進路ヲ滑カニセラレン……（句読点は引用者）

　館林の発起人は、本間による実地踏査と収支予測の調査が終了するまで第二区線の出願を延期することに同意していたが、熊谷鉄道が「競争者」として出願したことで態度を一変させ、実地踏査の結果を待たずに出願手続を済ませるべきであると主張した。この書簡が到着したと思われる頃の発起人集会の議論は、史料を欠くために跡づけることができないが、1895年3月まで出願は保留されたものと思われる。

　1895年3月に本間による第二区線の実地踏査の結果が発表された。熊谷を起点として行田、羽生、館林を経て佐野に至る経路について、敷設予定地の地価、架設する橋梁・溝渠の数とそれらの距離と費用が算出された。また同経路で鉄道を敷設した際の収支予測も提示された。

　全体的な評価は、「地形ハ全ク平坦ニシテ土工ハ極メテ容易」であるとしながらも、橋梁については、「著大ナモノハ利根川鉄橋ニシテ、一六七五フィートナリ。渡良瀬川鉄橋之ニ亜グ其延長八〇〇フィートナリ。以上両橋ハ此ノ線路ニ於ケル重大ノ工事」（句読点は引用者）であると指摘した[56]。ただし、「両川横断所……地質及平水量并流勢ヲ鑑ミ考察ヲ下スハ橋梁工事ハ極メテ容易ノ業トス」と[57]、施工時期を晩秋から早春に限定することで技術的に建設可能であると判断したのである。そして、第二区線の建設には80万円の資金と3年間の工期が必要であるとされた。本間による調査報告は、第二区線を建設するうえでの技術面での障害を認めず、とにかく出願を急ぎたい館林の発起人の期待に沿うものであった。

しかしながら、第二区線の収支予測は経営の困難を示唆していた。すなわち、第二区線の開業後における建設費 80 万円に占める利益金 1 万 6,425 円の比率は 2.05％と算定され、第一区線よりもさらに低収益になることが明らかになったのである。

3　第二区線出願の否決

1895 年 4 月 12 日の発起人集会は、第二区線を出願する時期を決議する場となった。そこでは、直ぐに出願するか、それとも第一区線の竣工まで待って出願するかで議論が分かれた。以下に議事の一部を引用することにしたい[58]。

  柿 沼 谷 蔵：第二区線ハ出願ノ手続ヲ為スコト。其理由ハ、当初ノ予期
       ニ基キ之ヲ延長スルハ最モ得策トス
  村 上 彰 一：本社創立当初ヨリノ議論ノ如ク、第一区線竣工ノ上ニアラ
       サレハ、第二区ハ追願セサルヲ得策トス。若シ他ニ之ヲ出
       願スルモノアレハ、他ヲシテ布設セシムルモ、亦自ラ第一
       区ノ利益ヲ増進スルヲ得ルモノナリ
  柿 沼 谷 蔵：村上君ノ言ノ如ク、徐々トスルハ可ナルカ如シト雖モ、之
       ヲ出願スルノ期節ハ今ヲ以テ最モ好期節ト思量スル
  吉 川 義 幹：村上君ノ節ノ如シ。這回ノ報告ニ依レハ、（第二区線の建
       設費は──引用者）八十万円ト云フ。然ル儀ハ二十哩ニ対
       シ年々二朱内外ノ利益ナリトス。故ニ若シ之ヲ延長セハ為
       メニ、第一区ノ利益ヲ以テ補フノ不幸ヲ見ルコトアルベシ。
       依テ村上君ニ賛成ス
  南条新六郎：今ヨリ之ヲ出願シ置クコトヲ希望ス
  笠　 間 　靖：柿沼君ニ賛成ス。其理由ハ、南条君ノ如ク単ニ出願ヲ為シ
       置クニ止メ、他日時機ヲ得テ布設スルヲ可トス
  吉 川 義 幹：第二区線一カ年ノ純益一六四二五円位ニシテ、其予算調査

第1章　上武鉄道の設立活動と鉄道実務者

　　　　　　別紙ノ如シ。故ニ之ヲ出願セサルヲ可トス
　村 上 彰 一：該二区線ハ、第一区線竣工ノ上適当ノ線路ヲ発見セハ其上
　　　　　　ニテ之ヲ出願スルモ今日之ヲ出願セサルコト。若シ結論ガ
　　　　　　出ナイトナレハ多数決ヲ以テ本会社ノ決定トスル他ナシ
　　　　　　　　　　　　　　　　　　　　　　（句読点は引用者）

　発言者のうち、村上と吉川だけが、第二区線の出願に否定的であった。その根拠は、前述のとおり2.05％という、村上がかつて算出して「本鉄道ノ純益ハ甚タ低」いと指摘していた第一区線と第二区線を合わせた利益率である4.79％を下回る低い利益率にあった[59]。村上と吉川は、上武鉄道が第二区線の建設に着手することで経営難に陥ることを不安視していた。村上は、第一区線の建設と開業を優先し、経営を安定化させてから第二区線の出願を検討するべきであると冷静な判断を下した。これとは対照的に、柿沼、南条と笠間は、経営の問題には触れないまま、とにかく出願を急ぐべきであると主張したのである。

　第二区線の出願の可否は、村上の発言のとおり委任状を含めた発起人の多数決とされた。その結果、15対14の僅差ながら、村上側の主張が採択されたことで、第二区線の出願は第一区線の竣工後とされた。柿沼や南条をはじめ両毛地域と館林の発起人は、出資したにもかかわらず自らの利害関係を有する地域への鉄道敷設を断念しなければならなかった。他方で、秩父郡の発起人である柿原万蔵と定吉、福島七兵衛は、村上に宛てて委任状を提出しており、当日の集会に参加していなかった。

4　第二区線の却下と仮免許状の下付

　1895年8月までに第二区線の敷設に期待した発起人の多くが脱退した。佐野銀行頭取の村山半は、「上武鉄道会社創立発起人ニ加盟罷在候処拙者共直接関係有之第二区線即チ熊谷ヨリ佐野ニ至ルノ線路ニシテ否決相成候上ハ特ニ希望ノ要素ヲ相欠候義ニ付本日以後発起人タル事ヲ削除被下度」と[60]、

第二区線の即時出願の否決が脱退理由であることを明記した。

　上武鉄道は、第一区線の出願と建設の準備に注力することができたのであるが、同年4月27日の創立委員会では、発起人の脱退が相次ぐことを予想し、「五月十一日マデニ新加入発起人ヲ定メ可成直ニ加入」させることを決議していた[61]。その一方で、「既ニ払込ミタル創業費ハ之ヲ取戻スコトヲ得ス然レトモ這回決議ノ創業費払込前ニ於テ除名ヲ請フ者ハ除名ヲ承諾シタル当日迄ノ費用ハ不要」と[62]、発起人の除名を求める者には出資金の未納分を追徴しないことも申し合わされた。新たな発起人は、秩父郡、大里郡および比企郡からは皆無であったが、北埼玉郡から相島佐兵衛と堀越寛介の2名が加わった。

　ところが、翌月の5月24日の創立委員会では、「第二区線ノ内熊谷ヨリ行田羽生ヲ経テ川俣ニ至ル線路ハ第一区線ノ仮免状下付ノ上ハ直ニ出願スル」という[63]、あたかも第二区線の敷設区間を短縮したかのような議案が諮られたのである。相島あるいは堀越が、上武鉄道の発起人に加わる代わりに地元への鉄道敷設を求めたことが推測できるが、史料の制約から明らかでない。6月22日の発起人集会でこの議案が賛成者の多数で可決されると、柿沼は、村上と吉川に当該区間の出願書類を作成するよう指示した。熊谷から「北埼玉郡川俣村利根川近傍」に至る川俣鉄道は、上武鉄道と同時に設立準備が進められたのである。

　川俣鉄道の発起人は、相島と堀越を除けば、柿沼、南条、笠間、阿部そして村上といった上武鉄道の発起人が名を連ねていた。実際、川俣鉄道の創立願書には、「落成ノ上ハ上武鉄道株式会社ト合併営業仕度」と明記されたのである[64]。柿沼商店から第四十国立銀行東京支店内へと設立事務所が移されると、「上武及川俣鉄道創立事務所」となり、両鉄道は一体の会社として設立活動を展開したのであった[65]。

　北埼玉郡役所は、「利根川ノ運送ニ依レル常総ノ魚類肥料及栃木群馬ノ織物ノ輸出ニ至便」と川俣鉄道を評価しており[66]、利根川舟運との接続を強調していたが、東武鉄道の建設と開業も考慮し、将来的には終端の川俣付近で

双方の鉄道を接続させる計画があるとした[67]。川俣鉄道は、全長 12 哩の短距離路線なうえに「地勢平坦ニシテ工事上特殊ノ困難ヲ見ズ」とされ[68]、建設費 30 万円に占める利益率を 5.29％と見込んだのであった。

村上は、川俣鉄道の出願書類を作成したにもかかわらず、自らが発起人に名を連ねることには消極的であった。村上は、川俣鉄道を出願した際に上武鉄道の創立委員である小島に宛てた書簡で以下のように述べている[69]。

> 目下事業拡張殊ニ人少ノ所、公然他会社ノ事ニ名義ヲ出ス又ハ多少ノ仕事ヲスルトハ不同意ナリ。併シ強ヰテ本人等ガ望ムトアレバ致方ナシト云フニアリ。右ニ依リテ考ヘフルニ、小生等ノ仲間ハ到底名義ヲ表シ上武ノ他ノ仕事ニ手ヲ出ス事ハ、今日ノ場合不得策ノミナラズ小生等モ進ンデ欲セサル所ナリ……柿沼君ノ努力ハ今日ノトコロ全然無駄ナルベシ（句読点は引用者）

1895 年 11 月 25 日に柿沼らは川俣鉄道を出願したのであるが、この直前の 11 月 14 日には、北埼玉鉄道が熊谷を起点に行田を経て栗橋までの区間を出願していた。川俣鉄道の路線の大部分は、北埼玉鉄道と重複していたのである。こうした事情もあり、翌年 4 月 14 日に川俣鉄道は申請却下になった。村上が予見したとおりの結果になったのである。

その一方で、1896 年 3 月 27 日の第 7 回鉄道会議の結果、上武鉄道には第一区線のうち小川町支線を除外した熊谷－秩父大宮間について仮免許状が下付された。上武鉄道は、定款を修正したうえで、公称資本金 90 万円、総株式数 1 万 8,000 株（1 株につき 50 円払込）で設立に至るのであった。

だが、他方で柿沼、南条、阿部などは、1896 年 7 月 2 日の創立委員会において、「熊谷ヨリ羽生迄ノ延長線ハ熊羽鉄道株式会社ト称シ其設計ハ川俣鉄道ノ分ヲ折衷シテ出願ノ手続ヲ為ス」と[70]、熊羽鉄道なる新会社を設立させることを画策していた。「熊羽鉄道創立願ハ至急ヲ要スル」として[71]、柿沼、阿部、南条、小島、堀越、笠間、相島、柿原の 8 名が、同鉄道の発起人

になることで出願された（堀越以下は小島が代理署名）。村上は、熊羽鉄道の発起人に名を連ねるなどの関わりをもつことを避けた。1896年7月24日に敷設区間を熊谷－羽生間とした以外、川俣鉄道とほぼ同じ内容で出願された熊羽鉄道は、翌年5月14日付で申請却下となった。

この直後に柿沼谷蔵らは上武鉄道の発起人から脱退した。つまり、上武鉄道の第二区線の即時出願が否決され、別会社として再出願した川俣鉄道と熊羽鉄道も申請却下されたことで、柿沼谷蔵らは見切りをつけたのである。こうして上武鉄道は、秩父郡と大里郡という限られた地域から出資者を確保する必要に迫られることになった。

おわりに

本章では、上武鉄道の出願から仮免許状の下付に至るまでの設立活動を通じて地方鉄道会社において専門性の高い作業がいかにして遂行されたのかを検討したところ、以下の点が明らかとなった。

上武鉄道の設立に際しては、建設費を賄えるだけの資金をもつ発起人を確保することと、出願路線の収益性の算定が何よりも重要であった。秩父郡の柿原万蔵は、館林－秩父大宮間の鉄道敷設を構想したが、これに対して村上彰一は敷設区間を延長して、足利（佐野）－秩父大宮と小川町支線とした。これは、日本鉄道の貨物輸送量を増加させる意図があったが、副次的に両毛地方と埼玉県比企郡から発起人を加えることによって、秩父郡と大里郡が担う建設資金の負担を軽減させることになった。多くの発起人は、上武鉄道が低収益になることを承知したうえで、鉄道を敷設することによる地域振興に期待したのであった。

だが、村上は、会社の低収益こそが問題であると認識するようになった。本間英一郎による実地踏査で、熊谷－足利（佐野）間の第二区線は、熊谷以西の第一区線よりも低収益になることが明らかになった。村上は、上武鉄道が経営難に陥ることを危惧し、当初の主張を翻して第二区線の出願中止を訴

えた。第二区線の出願を巡り地域間の利害対立が生じた際、村上は、収支予測をもとに自らの意見を主張して調整を試みたが、まとまらないときには発起人集会で多数決を取ることで事態の収束を図ったのである。

　上武鉄道の事例から、地方鉄道会社が設立に至るためには地方の人々の熱意だけではなく、村上のように専門的見地から収支予測を冷静に分析して先行きを見通す能力をもつ鉄道実務者が必要であったことが分かる。村上個人の能力はもちろん、彼がもつ鉄道業の人脈を活かすことで米山や本間といった豊富な経験を積んだ技術者に実地踏査や調査を行わせることで、より正確な情報を入手することができたのである。本章冒頭の課題に立ち返れば、上武鉄道の設立活動で主導的な役割を果したのは、地域の資産家や名主、政治家ではなく、鉄道業の専門知識をもち、幹線鉄道である日本鉄道や鉄道局との間に豊富な人脈もつ鉄道実務者だった。中村尚史は地方官に注目したが、第二次企業勃興期になると各幹線鉄道会社では、村上のような鉄道実務者が育成されていたのである。上武鉄道では、第二区線の出願が実質的に廃案になったことを受けて、両毛地域の発起人が脱退し、その後に出願された川俣鉄道と熊羽鉄道の申請却下を受けて、館林地域と在京の発起人が脱退した。折しも1897年以降に第二次企業勃興を現出させてきた好景気が不況へと推移するなかで、上武鉄道は設立活動を展開しなければならなかった。次章では、上武鉄道の経営展開を、地方零細株主の行動を検討することで明らかにしたい。

注
1) 井上啓蔵編『秩父鉄道五十年史』秩父鉄道株式会社、1950年、6-18頁。
2) 老川慶喜「明治期地方的中小鉄道の建設と資金調達——上武（秩父）鉄道会社を事例として」『関東学園大学紀要経済学部編』第11集、1986年、119-145頁（のち、老川慶喜『産業革命期の地域交通と輸送』（鉄道史叢書6）（第4章、第1節「上武（秩父）鉄道会社の建設と資金調達」）日本経済評論社、1992年、305-342頁に収録）。
3) 斉藤直蔵『秩父鉄道沿革史』埼玉日報社、1933年、11-14頁（復刻版＝野田正穂・原田勝正・青木栄一編『大正期鉄道史資料』第2集第7巻（国有・民営鉄道

史 常総鉄道株式会社三十年史他）日本経済評論社、1984年）。
4) 前掲老川『産業革命期の地域交通と輸送』312-314頁。
5) 中村尚史『日本鉄道業の形成——1869～1894年』（第7章「九州鉄道会社設立運動の進展と地方政治状況」）日本経済評論社、1998年、301-327頁。
6) 同上。
7) 前掲『秩父鉄道五十年史』7頁。
8) 前掲斉藤『秩父鉄道沿革史』7頁。
9) 秩父郡の絹織物製品の動向と柿原万蔵、大森喜右衛門については、田村均「昭和恐慌下の秩父織物業——工業組合の成立と産地再編成」（『地理学評論』日本地理学会、第60巻第4号、1987年4月、213-237頁）を参照。また、郡内機業家の組織化については、1895年の準則組合秩父絹織物組合、1901年の秩父絹織物同業組合の成立で実現した。
10) 秩父市誌編纂委員会編『秩父市誌』1962年、499頁。
11) 同上、481頁。
12) 斉藤直蔵『柿原万蔵翁伝』柿原万蔵翁頌徳会、1939年、27-28頁。
13) 同上。
14) 前掲『秩父市誌』530-531頁。
15) 同上。
16) 「公益道調書（要領・地元町村・運輸交通）」埼玉県内務部『明治二十一年 公益道路調』（明1760）（埼玉県立文書館所蔵）。
17) 前掲斉藤『秩父鉄道沿革史』7頁。
18) 群馬県邑楽郡教育会編『群馬県邑楽郡誌』1917年、595頁。
19) 村上彰一の経歴については、前掲中村『日本鉄道業の形成』76頁（表2-3）、同「明治期鉄道従業者データベース」（『近代日本における鉄道技術の形成と鉄道業』2001年3月、平成9～12年度科学研究費補助金（基盤研究（C）(2)）研究成果報告書、課題番号：09630073）および「村上彰一君効績調」『大正五年 叙勲内国人一上巻一上』（勲00491100-001-本館-2A-018-00）（国立公文書館所蔵）を参照。
20) 村上彰一「上武鉄道敷設目論見書」1893年10月『明治二十八年ヨリ引継以前之分 文書類 庶務部第一類』（秩父鉄道株式会社総務部保存文書23）。以下、本書における秩父鉄道株式会社総務部保存文書は、同社の承諾を得て埼玉県立文書館所蔵の複製資料を利用している。
21) 「東京附近鉄道敷設の競争線」『東京朝日新聞』1895年11月29日、6頁。本章で参照した新聞資料は、各紙のオンライン記事データベースを利用。
22) 同上。
23) 前掲「上武鉄道敷設目論見書」。
24) 同上。
25) たとえば、石井寛治が検討した近江鉄道の事例をあげることができる。石井寛治『近代日本金融史序説』東京大学出版会、1999年、第10章、453-496頁。

26)「埼玉鉄道株式会社発起一件書類」(田中家文書 250) (埼玉県立文書館所蔵)。
27)「秩父鉄道株式会社出願書類」『明治二十九年 鉄道関係書類』(明 2430) (埼玉県立文書館所蔵)。
28)〔秩父鉄道株式会社創設ニ関スル調査ノ件ニ付回答〕、同上。
29)「内国通運会社の改革」『東京朝日新聞』1891 年 6 月 4 日、1 頁。
30)「鉄道熱心家の会合」『東京朝日新聞』1892 年 11 月 26 日、1 頁。
31)「鉄道三線路同盟会」『東京朝日新聞』1892 年 8 月 19 日、2 頁。
32)「鉄道敷設賛成盟約書 秩父郡」『明治二十七年ヨリ引継以前之分 文書類 庶務部第一類 第二号』(秩父鉄道株式会社総務部保存文書 17)。
33)「新鉄道会社起らんとす」『東京朝日新聞』1894 年 3 月 11 日、2 頁。
34) 老川慶喜『明治期地方鉄道史研究──地方鉄道の展開と市場形成』(鉄道史叢書 1) 日本経済評論社、1983 年、123-149 頁。
35)「上武鉄道株式会社発起株引受高申込者」1894 年 4 月、『明治二十七年引継以前之分 文書類 庶務部第一類 第三号』(秩父鉄道株式会社総務部保存文書 18)。
36) 館林町の有志者は、「上武鉄道発起ニ付大里郡熊谷ヨリ当町ヲ経テ両毛鉄道線路ニ至ル鉄道ヲ敷設スル計画ヲ町経済発展ノタメ賛成シ発起人タルコトヲ承諾スル」書面を発している (『明治二十七年ヨリ引継以前之分 文書類 庶務部第一類 第四号』(秩父鉄道株式会社総務部保存文書 19)。
37) 野田正穂が、証券市場の成立過程の分析を通じて指摘した「権利株」への投機ブーム、すなわち第二次企業勃興期における地方鉄道会社の設立時にみられた「株式応募額が株式募集額を上回る場合に株式申込証拠金受領証が高値で売買される」現象を、当該地方ないし地域商工業の視点に立ち、「投機」として捉えたことは、やや一面的であると思われる。(野田正穂『日本証券市場成立史──明治期の鉄道と株式会社金融』有斐閣、1980 年、101-108 頁)
38) 村上の建議により、創立委員会は 1 カ月に 1 回の頻度で開催し、同委員会での決議は発起人会において報告することとされた。「明治二十七年四月十一日 委員会決議添付書類」前掲『明治二十七年ヨリ引継以前之分 文書類 庶務部第一類 第三号』。
39) 同上。
40) 同上。
41)「明治二十七年三月二十五日発起人会決議」同上。
42) 神原伊三郎、吉川義幹、杉甲一郎、高須篤の経歴については、前掲「明治期鉄道従業者データベース」などを参照。
43)「上武鉄道敷設の計画」『東京朝日新聞』1894 年 4 月 27 日、1 頁。
44) 前掲「明治二十七年三月二十五日発起人会決議」。
45)「履歴書 (米山熊次郎)」、前掲『明治二十七年ヨリ引継以前之分 文書類 庶務部第一類 第四号』。
46) 米山熊次郎「上武鉄道熊谷町ヨリ両毛鉄道連絡線比較概況」1894 年 4 月、前掲

『明治二十七年ヨリ引継以前之分 文書類 庶務部第一類 第二号』。
47) 同上。
48) 「上武鉄道発起人会」『東京朝日新聞』1894年4月29日、1頁。
49) 同上。
50) 〔明治二十七年五月十一日発起人会議事録に添付されていたメモ〕前掲『明治二十七年ヨリ引継以前之分 文書類 庶務部第一類 第三号』。
51) 同上。
52) 「明治二十七年四月十一日 委員会決議添付資料」同上。本間に何らかの報酬が支払われたのかについては、明らかではない。
53) 本間英一郎については、前掲中村『日本鉄道業の形成』206-207頁（表4-12）を参照。本間は、鉄道局退職後に東武鉄道と総武鉄道で勤務した（前掲「明治期鉄道従業者データベース」）。
54) 「熊谷鉄道株式会社創立申請書」1894年6月22日、前掲『明治二十七年ヨリ引継以前之分 文書類 庶務部第一類 第三号』。
55) 館林町発起人一同「謹言書」1894年10月10日、前掲『明治二十七年ヨリ引継以前之分 文書類 庶務部第一類 第二号』。
56) 「上武鉄道第二区線ニ関スル調査」同上。
57) 同上。
58) 「明治二十八年四月十二日 上武鉄道株式会社臨時発起人集会議事録」、前掲『明治二十七年ヨリ引継以前之分 文書類 庶務部第一類 第四号』。
59) 前掲村上「上武鉄道敷設目論見書」。
60) 「発起者除名請求書（村山半）」前掲『明治二十七年ヨリ引継以前之分 文書類 庶務部第一類第二号』。
61) 「明治二十七年四月二十七日委員会決議」、前掲『明治二十七年ヨリ引継以前之分 文書類 庶務部第一類 第三号』。
62) 同上。
63) 「委員会」同上。
64) 「川俣鉄道株式会社創立願書」1895年11月22日、前掲『明治二十七年ヨリ引継以前之分 文書類 庶務部第一類 第二号』。
65) 「明治二十八年十二月七日臨時発起人会」前掲『明治二十七年ヨリ引継以前之分 文書類 庶務部第一類 第三号』。
66) 〔差出：北埼玉郡役所、宛先：不明〕作成年月日不明、前掲『明治二十九年 鉄道関係書類』。
67) 「東京横浜付近の鉄道（六）上武鉄道及川俣鉄道」『読売新聞』1895年12月21日、5頁。
68) 「川俣鉄道株式会社創立願」前掲『明治二十七年ヨリ引継以前之分 文書類 庶務部第一類 第四号』。
69) 〔村上彰一が小島精一に宛てた書簡〕（川俣鉄道出願書類に添付）同上。

70) 「明治二十九年七月二日委員会」前掲『明治二十七年ヨリ引継以前之分 文書類 庶務部第一類 第三号』。
71) 同上。

第 2 章
上武鉄道の経営展開と地方零細株主

はじめに

　本章の課題は、上武鉄道（1916年2月に秩父鉄道へと商号変更、図2-1）の経営展開に地方株主が果たした役割を検討することで、戦前期株式会社における株主の投資行動のひとつのあり方を提示することにある。

　上武鉄道は、1894年11月に創立願書を提出し、1899年11月に設立されたのち、15年もの歳月を費やして1914年10月27日に熊谷（埼玉県大里郡）－秩父大宮（同県秩父郡）間を開業させた[1]。老川慶喜は、開業まで15年も要したのは、株式払込金の未払いや運輸成績の不振などで資金不足に陥ったからであり、秩父大宮までの開業に至ったのは、渋沢栄一による援助をはじめ中央の資本家からの出資があったからだとした[2]。ただし、渋沢栄一らの援助を契機に中央から大株主が加わったものの、少数持ち株で埼玉県在住の地方株主が設立から開業まで一貫して多くを占めたという事実も指摘している。

　そこで本章では、上述の1894年から1914年までの20年間について、地方株主のなかでも上武鉄道において多くを占めた持ち株数10株以下の零細株主を主たる検討の対象としたい。

　次に地方株主、とりわけ零細株主を検討の対象にする研究史上の意義を明らかにする必要があろう。岡崎哲二は、企業統治の観点から戦前期株式会社

図 2-1　上武鉄道と周辺主要道路の概略図（1914 年 10 月）

出所）大日本帝国陸地測量部作成 5 万分の 1 地形図、「秩父大宮」1915 年測量、「寄居」1910 年測量、「熊谷」1907 年測量などから作成。縮尺不同。
注1）停車場名の括弧内は、開業以前の地点名。
注2）金崎は、1911 年 9 月 14 日に秩父として開業、1914 年 10 月 26 日に国神、1915 年 12 月 29 日に荒川に改称された後、1926 年 6 月 19 日に廃止。
　　なお、1914 年 10 月 26 日以降は貨物専用駅であった。
注3）本章では、混同を避けるために、国神（金崎）を秩父金崎として記述している。

を株主主権であったとしているが[3]、その実態を必ずしも明らかにしていない。その後、石井里枝によって、両毛鉄道における株主主権の実態が検討され[4]、中央の大株主が株価の引上げを通じて株主利得の最大化を図ったことが明らかにされたが、零細株主の行動は検討の対象とされなかった。

他方で地方株主の行動の実態も、必ずしも明らかになっていない。そのなかで注目すべきは、中村尚史の研究である[5]。序章で示したとおり、中村は、九州鉄道の敷設の順序を巡り、沿線の地方株主が積極的な誘致活動を展開し

たことを明らかにすることで地方株主の行動の一端を示した。だが、中村の検討は、いわゆる創業期に限定したものであって、その後の経営展開のなかでの地方株主の行動は対象とされなかった。このように、従来の研究において地方零細株主は検討の対象とされず、あるいは検討されたとしても会社の創業期に限られてきた。言い換えれば、地方零細株主は、地域社会において株式所有を強制されたために会社経営への関わりが希薄であったとする青木栄一の評価が、これまで無批判のままに継承されてきたのである[6]。

しかしながら、伊牟田敏充は、明治期の株式会社のなかに定款で大株主の議決権を制限する例があったことを示している[7]。つまり零細株主は、創業期だけでなく開業後も株主総会において一定の発言権を有する場合もあったとみられる。ところが、伊牟田は、必ずしも実証的に検討していないため、零細株主の経営に対する発言や行動は、事例を踏まえて検討する必要がある。そこで本章では、株主総会における株主の発言や行動を実証的に検討することで、地方零細株主が会社経営に果した役割を明らかにすることにしたい。

本章では、上武鉄道の経営展開に合わせて、以下の順序で検討を進めていきたい。まず、零細株主が出資する動機を検討したうえで、株主総会における零細株主の発言から、建設着手後の資金調達方法と、路線の延伸方法を考察する。また、鉄道開業後における地方零細株主の行動を検討する。第2に、波久礼延伸後の資金難の要因を概観した上で、未払込株式の整理に至るまでの零細株主と重役の行動を明らかにする。第3に、地方株主が、資金調達案に反対した要因を、融資条件などを踏まえて検討する。ここでは、秩父郡と大里郡の株主による資金調達案に対する評価に注目することにしたい。第4に、地方株主、とりわけ秩父郡の株主にみられた持ち株数の変化から、渋沢による資金調達案が可決される経緯を示したい。さらに、熊谷－秩父大宮間の開業後における地域産業の動向と秩父郡の株主の行動を、若干の事例を用いて指摘する。そして最後に小括することにしたい。

第1節　上武鉄道の設立と熊谷-波久礼間の開業

　ここでは1899年11月の会社設立時に零細株主が大部分を占めるに至る経緯と、彼らの出資の動機を理解したうえで、1900年の起工から1903年の波久礼延伸に至る株主総会の議論を通じて、地方零細株主の経営の意思決定に対する認識を明らかにする。具体的には、建設を開始した直後における資金不足への対応、次いで寄居開業後の延伸をめぐる大里郡の株主の議論、さらに延伸を求めた秩父郡の株主の意見を検討することにしたい。

1　設立時の株主

　1894年11月に村上彰一が作成し、東京府知事を経由して鉄道局に提出された上武鉄道の「創立願書」には、「秩父郡ハ養蚕ニ製紙ニ適スルヲ以テ一度鉄道ノ便ヲ開ク時ハ必ス年ヲ出ズシテ一大都会ヲ為スコト難キニアラザルベシ」と[8]、鉄道が秩父郡の地域振興に寄与する旨が明記された。さらに、「秩父線路ノ如キハ未曾ノ動カザル所ノ貨物ヲ動カスモノニシテ実ニ鉄道ノ力ヲ示スニ足ルモノトス」とされ[9]、具体的には木材や石材などの重量貨物の大量輸送が可能になるとされた[10]。また、秩父郡の農民など218名が署名し作成した「鉄道敷設賛成盟約書」によれば、「米塩其他郡中日常貨物ノ輸入ニ於テ運賃低落スル」ことが期待されていた[11]。ただし、後の上武鉄道の経営に画期をもたらす石灰石やセメントについては明記されなかった。上武鉄道は、前章で検討したとおり熊谷-秩父大宮間と、小川町支線を敷設区間として仮免許状を申請したのであるが、小川町支線は却下され、公称資本金90万円、発行株式数1万8,000株（1株につき50円払込）で設立された。

　1898年11月12日に本免許状が下付された上武鉄道は、会社設立登記の法定要件として、株主に全株式を割り当てた上で、総資本金の1割に相当する9万円の払い込みを1年以内に完了させなくてはならなかった。ここで上武鉄道は早くも会社解散の危機に直面したのである。

第2章　上武鉄道の経営展開と地方零細株主　　　　　　　　　51

　周知のとおり、日清戦争前後における好景気に支えられた株式会社設立ブーム、いわゆる第二次企業勃興期は、1897年後半以降の景況悪化とともに終焉を迎える。この折に、柿原万蔵らは、「急に鉄道敷設がいやになっ」た柿沼谷蔵を含む発起人の脱退にあったため、計画自体を見直す必要に迫られた。当時のことを宮前藤十郎は、以下のように述懐している[12]。

　　日清戦争ノ為財界ニ変動起シ、有力出願者皆止メル事トナル。茲ニ於テ大里秩父二郡ノ有志デ引受テヤルカ、止メルカノ相談会アリ、其時柿原万蔵可否ヲ決シ兼テ我（宮前）ニ意見ヲ問フ、折角鉄道会議ノ可決セシモノヲ空シク廃スルノ不可ナル旨ヲ述テ……強テ即行引受ル事ヲ主張シ、万蔵ノ決心ヲ得、秩父ノ意見ヲ纏メテ大里ヘ挨拶シテ鉄道期成同盟会ナルモノヲ作リ、進ンデ株ノ引受ケヲ勧誘シ、終ニ元発起人ニ証拠金ヲ返シ権利ヲ引受タリ（括弧内引用者）

　柿原万蔵は、「有力出願者」の脱退のあと、秩父郡と大里郡の発起人で設立活動を続け、最終的には脱退者の株式を買い取り、1899年6月に秩父郡大宮町において鉄道期成同盟会を結成した。参加者は、柿原万蔵、柿原定吉（住所：秩父郡／職業：秩父銀行取締役、以下同）、大森喜右衛門、福島七兵衛、湯本新蔵（大里郡／運送業）、酒井伝吉（同郡／穀物・木炭商）、田中新蔵（同郡／荒物・質商）、松本平蔵（同郡／熊谷銀行取締役）、中村房五郎（同／大里郡長）、大谷源造（同／熊谷銀行監査役）という、秩父郡と大里郡の名主や経営者が名を連ねた。

　大宮町と熊谷町に活動の拠点を置く鉄道期成同盟会は、「万一東京株主に於て棄権の者あるに於ては熊谷町の大部分及沿道町村に於て株の引受けをな」すべく[13]、沿線町村に鉄道敷設の計画を周知させ、株式の募集を行った。

　柿原万蔵らは、1899年7月30日に秩父郡の徴兵検査慰労会の散会後に出席者である郡内各町村長らおよそ300名を鉄道期成同盟会の会合に招き、鉄道敷設の理解と株式の引き受けを求めた。この会合で柿原万蔵、宮前藤十郎、

図 2-2　重役の推移（1900

年 期	1900 上	1900 下	1901 上	1901 下	1902 上	1902 下	1903 上	1903 下	1904 上	1904 下
柿原 万蔵	専務	社長 ────────────────────────────────────								
柿原 定吉										
松本 平蔵	取締役 ─────────────────────────────────────▶									
湯本 友蔵	取締役 ──────────────────────────▶（死去）									
小泉 寛則	取締役 ───────────────────────────────────									
福島 七兵衛	監査役 ──────▶				監査役 ──▶		取締役 ───────────			
大谷 源造	監査役 ──────▶				監査役 ───────▶					
伊古田 豊三郎			監査役 ──────────▶							
指田 義雄			監査役 ──────────────────▶							
湯本 新蔵									取締役 ───	
新井 佐市							監査役 ───			
新井 市三郎							監査役 ──▶			
松本 真平										
若林 慶次郎										
酒井 伝吉								監査役		
田島 善太郎									監査役	
林 才作									監査役	
金子 徳左衛門									監査役	
藤田 善作									監査役	
新井 健吉									監査役	
秋山 藤三郎									監査役	
塩谷 長三郎									監査役	
中村 房五郎										
大森 長次郎										
高野 林太郎										
酒井 助次郎										
山田 武次										
富田 源之助										
山中 隣之助										
諸井 恒平										
中村 郁次郎										

出所）上武鉄道株式会社『営業報告書』各年各期版から作成。
注）「社長」：取締役社長、「専務」：専務取締役、「常務」：常務取締役。

福島七兵衛が、鉄道敷設の意義を説明し、大森喜右衛門がこれまでの会社の経緯を報告した。出席者は、「鉄道の必要焦眉の急に迫らるゝ」という認識を示し、「双手を挙げて賛成の意を表し」た[14]。なかには、「東京の山師的株主に依頼するなく奮つて本鉄道に賛成し秩父郡開拓の功を奏せば……十八哩

年上期〜13 年下期)

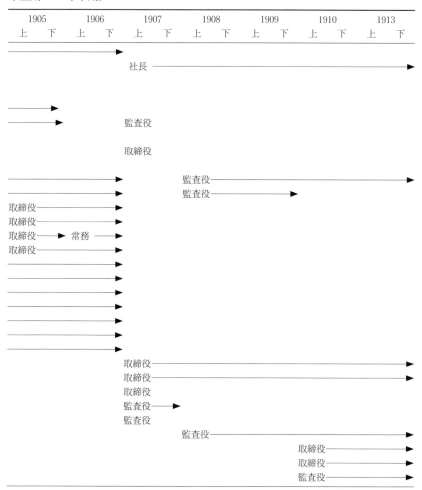

決して小距離にあらざるも他府県民に依頼する程にもあらざるべし」と述べる者もいた[15]。このように、秩父郡の人々は鉄道敷設におおむね好意的であったことが分かる。

しかし、株主募集は決して容易ではなく、「株式募集の段になると何れも

尻込みして十株割当の人々が渋々二株位で御免蒙る」状況のもと[16]、「株主モ世間流行的株主団結ニハ無之全ク沿道人民ノ熱誠故薄資ノ株主迄募集」したのであった[17]。

柿原万蔵らが、定款第38条の株主総会の議決権を1株につき1個から、10株までは1株につき1個、10株以上は5株ごとにつき1個と変更し、10株以上の株主に議決権の制限を課したのも、零細株主に出資を促すためのひとつの便法であった[18]。そして、最終的に上武鉄道は、「六千株は未募集のまゝ危険なる英断を以て発起人其他の名で勝手に分配」するなどして[19]、期限寸前の1899年11月に辛くも会社の設立登記を完了した。これにともない重役が選出され、図2-2のとおり、柿原万蔵を取締役社長にして松本平蔵、湯本友蔵および小泉寛則を取締役とし、福島七兵衛と大谷源造を監査役とした。

では、表2-1から、1899年末時点の株式と株主の分布を確認したい。埼玉県には、株式総数1万8,000株と株主総数2,198名のうち、1万6,419株と2,119名が集中した。これは、全体比で、株式数の91.2%、株主数の96.4%に相当する。郡単位での所有状況については残念ながら明らかでないが、鉄道期成同盟会の活動から、その大部分が秩父郡と大里郡に集中していたことは推測できる。埼玉県に次いで株式と株主が集中したのは東京府であるが、株式数では1,295株、株主数では46名と、それぞれ全体比では7.1%と

表2-1 株主・株式分布（1899年12月末）

株主住所 (府県)	株主数							株式数	
	合計	%	1～10株	11～30株	31～50株	51～100株	101株以上	合計	%
埼玉県	2,119	96.4	1,914	146	27	16	16	16,419	91.2
東京府	46	2.1	15	20	4	7	0	1,295	7.1
群馬県	31	1.4	30	1	0	0	0	171	0.9
神奈川県	1	0	0	1	0	0	0	15	0
岩手県	1	0	0	0	0	1	0	100	0.5
合計	2,198	100.0	1,989	170	31	24	16	18,000	100.0

出所）上武鉄道株式会社「株主名簿」1899年12月末（『営業報告書』付録）から作成。

図 2-3 上武鉄道株主（埼玉県在住）の持株数の推移

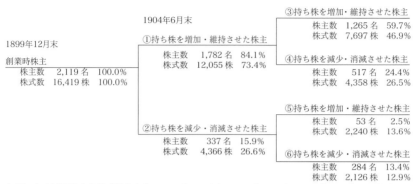

出所）上武鉄道株式会社「株主名簿」1899 年 12 月末、1904 年 6 月末、1910 年 6 月末から作成。
注 1）①から⑥のパーセンテージは、創業時株主項目を 100％とした場合の数値。
注 2）⑥には、②で持ち株を消滅させた株主を含める。
注 3）1910 年 6 月末の株式数の各項目は優先株と普通株の合計値。

2.1％に過ぎなかった。次に、持ち株数別に埼玉県の株主をみると、10 株以下の株主が 1,914 名であった。地方零細株主の人数は、他の持ち株数別のカテゴリーを圧倒するほど多かったことが確認できる。

　このような経緯で、上武鉄道では埼玉県在住の地方零細株主が大部分を占め、長期にわたり経営の意思決定に関与するのであった。これを傍証する図 2-3 は、埼玉県の株主について、1899 年末を基準に、1904 年末と 1910 年 6 月末における定着率を示している。1899 年 12 月末の 2,119 名の株主のうち、5 年後の 1904 年末で 1,782 名が、さらに 1910 年 6 月末には 1,265 名が持ち株数を維持もしくは増加させていた。つまり、1899 年末における埼玉県の株主の 84.1％が 5 年後も株主であり、同様に 59.7％が 10 年後にも株主であった。この間には、2 度の未払込株式の整理が行われたため（後述）、この 59.7％の株主は払い込みの義務を履行したとみて差し支えない。

2　建設費不足への対応

1900 年に施行された私設鉄道法では、敷設本免許状の下付から 4 年以内

の工事竣工期限を規定したため、熊谷－秩父大宮間の建設は、1902年11月12日を期限としていた。そのため、1900年5月3日の重役会では、熊谷－寄居間を第一工区、寄居－秩父大宮間を第二工区として分け、まず、1901年1月に第一工区を開業させることが申し合わされた[20]。ところが、早速、1900年1月30日の定時株主総会で建設費の不足が指摘された。株主の植田小太郎（住所：東京府／持ち株数：10株、以下同）は、以下のように述べている[21]。

　　　土地収用其他ノ事業ハ金ヲ以テ為スコトハ必然ニシテ資金薄弱ナレハ工事ノ進行ハ遅鈍ニ傾キ且資金欠乏ノ為メ用材購入ノ機ヲ失シ自然高価ノモノヲ買ハサルヲ得サル場合アリテ会社ニ取リテハ真ニ不利益ナルヲ以テ此際適当ニ二回（目）ノ払込ヲ為スコト（括弧内引用者）

　植田は、資金不足の原因を、建設費の支出金額に対して株式の払込金額が少ない点に求めた。植田の意見に賛意を表した秋山藤三郎（大里郡熊谷町石原／10株）は、株式払込金の募集の事前通知を「定款ニ三ヶ月トアルヲ四十五日以内トスル」と定款の変更に言及し[22]、株主に対する株式払込金募集の予告から開始までの短期化を求めた。この案は出席株主の賛成多数で可決され、早速、翌月の1900年2月下旬に第2回の株式払込金募集（募集総額4万5,000円）が行われた。しかし、会計担当の取締役である松本平蔵は、以下に示すとおり、建設費の不足を不可避なものと認識していた[23]。

　　　会社ノ企画トシテ土地買収ヲ了リ工事ニ着手スルトキハ勢ヒ資金ニ関セス進行セサルヲ得サル場合アラン其時ハ社債ヲ起スモ未タ社債ノ為スコトヲ好マサルカ故重役個人ノ貸借ヲ以テ借入セサルヲ得サルコトモアル

　重役が社債による資金調達を敬遠したのは、野田正穂による指摘のとおり、

当時の地方鉄道会社における起債条件の悪さにあると考えられる[24]。この代替策として重役は、個人名義による借入金調達によって建設費を補う方針を決めていた。だが、この方針が工事の進行を遅れさせたのである。1900年12月に第一工区は、いまだに道床砂利の撒布と軌条の敷設に着手できないでいた。同月の重役会は、この2工程を鉄道連隊の演習とすることで工費の圧縮を図ったが[25]、もはや追加的な資金調達は喫緊の課題であった。翌月、1901年1月30日の臨時株主総会において、ついに秋山藤三郎は重役に対して苦言を呈した[26]。

　　従来工事進行ノ割合ニ株金払込少キハ当会社ノ為メニ遺憾ノ次第ナリトス……開業ノ遅緩スルハ我等ノ尤モ忌憚スル処ナルニ依リ爾後経済界ノ実況再三ノ払込ヲ許サストセス資金ハ社債ヲ起シテ之ヲ補充スルトモ或ハ其他ノ方法ニ依ルトモ一々重役諸ニ委嘱スル……

　秋山は、これまでの社債を敬遠する資金調達のあり方を改めるよう進言した。これに対して松本平蔵は、ついに「今日ノ状況上工事ハ資金ノ少カリシ割合ニ超過シテ進行セルモノナレハ或ハ将来一時社債ヲ起スノ止ヲ得サル場合モ之アラン」と[27]、従来からの方針転換を表明したのである。

　これを受けて、1901年4月14日に熊谷町で開かれた臨時株主総会では、10万円を限度とする借入金調達の可否が諮られた。取締役社長の柿原万蔵は、「工事進捗ノ程度ニ応シ之ヲ求ムヘキモ尤モ経済界ノ実況ヲモ参酌セサルヘカラサル」と述べる一方、「開業準備マテノ期間支出スヘキ資金ニ多額ノ不足ヲ生セン」ことも認めた[28]。この議案は、賛成多数で可決され、将来の株式払込金で償還することとされた。決議後に秋山は、「我々ハ株主トシテ一日モ早ク開業シタイト云フ事ヲ念頭ニ掛ケテ居ルモノデアリマスカラ本日ノ借入金ノ事モ爰ニ議決ニナリマシタ上ハ之ヲ実行シテ一日モ早ク熊谷寄居間ノ開業アランコトヲ願ヒマス」と[29]、重役に早期の開業を促した。秋山は、石原村会議員であり、熊谷町との合併後には同町会議員に就任した[30]。また、

熊谷－寄居間の開業を機に荒川での砂利採取業を興し、上武鉄道を利用した砂利の輸送と販売事業を展開した。地方零細株主には、秋山のように地元名士で、かつ上武鉄道の開業を契機に自らの事業を興すものがいたのである。

3　寄居以遠の延伸に関する議論

1901年10月7日、熊谷－寄居間は、当初の予定からおよそ10カ月遅れて営業運転を開始した。運転形態は、一列車に旅客車両と貨車を併結する混合列車であったが、列車を牽引する機関車が2両（うち1両は借入車両）であったため、1日に5往復の運行が限度であった。それに加えて平坦な12哩の短区間であったことから、表2-2のとおり、開業後も収入は伸びず、100円の営業収入に占める営業費の割合を示す営業係数は90前後であった。上武鉄道は、旅客誘致のために旅客1人につき自転車1台を無賃とするほか[31]、荷主誘致のために貨物賃率の低減などを進めたが[32]、株主配当はおろか営業利益すら確保できない経営状況であった。

1902年11月8日の臨時株主総会の議案は、寄居から先の第二工区の建設にともなう社務のために、取締役1名を増員するか否かを問うものであった[33]。しかしながら、寄居町の株主の多くは、会社の経営状況の悪さに加えて、「永く終点駅としての利益を独占」すべく[34]、第二工区の着工に反対したという[35]。このため、延伸それ自体の是非が論点となった。実際、上武鉄道の秩父大宮への延伸は、秩父郡と商品取引をする寄居の卸売業者の経営に打撃を与えたのである[36]。

まず、寄居町の新井健吉は、「重役一名ノ増員ト云フ事ハ会社ノ主義ニタツテ必要モアローガ主義ニ依ツテハ必要ガナイ場合モアロート思フ」と切り出した[37]。そして、「深ク将来ノ事ヲ考ヘルト延長主義ヲ採ラナイ方ガヨクハナイカ」と、延伸に消極的な「保守主義」を表明した[38]。この発言には、同じ寄居町の荒物・質商の田中新蔵（10株）も賛同した[39]。新井と田中は、秩父郡との商品取引を円滑化することを目的に1897年に設立された寄居銀行の発起人であったため、延伸に消極的であったのであろう[40]。

これに対して原案に賛成し、延伸を可とする「延長主義」の秋山藤三郎は、以下のように述べた[41]。

　是レ迄ノ様ニ開通ハシテモ僅カニ十二哩ノ事ダカラ利益モ見ラレナイ其レ故自分ノ意見デハ……線路ヲ延長シ利益ヲ得テ株主諸君ニモ配当ヲスル様ニシナケレバナラナイト思フ……一般株主トシテモ是レ迄ノ如ク利益配当モナニモナイノハ不満デアロート思フカラ此場合延長主義ヲ採ツテ之ヲ満足セシメナケレハナラナイト思フ

　秋山の発言の根拠は、「重役ガ勿論技手デアルトカ機関車デアルトカハ……哩ガフエタカラト云ツテ其ノ割合デ増スコトハナイ」というもので[42]、つまり路線を延長し、1哩当たりの営業費を低減させて利益を確保する主旨であった。この根拠の当否はさておき、秋山の発言は、中長期的な視点から株主利益を求める地方零細株主の存在を示すものとして注目できる。

　本議案は可決され、その後、大宮町助役で秩父銀行取締役の新井佐市が取締役の候補者として挙げられた。しかし、新井は就任を辞退したため、取締役の増員は実現しなかった（その後、1903年上期に新井佐市は監査役に就任した）。

4　零細株主の建議による波久礼延伸

　上武鉄道は、秩父に向けた建設を再開したが、資金不足に加えて「十四哩以西終点ニ到ルマテノ間ハ地形狭隘ニシテ……施工上幾多ノ至難」があるとされ、苦肉の策として寄居から2哩先の末野まで延伸した[43]。末野は、並行する熊谷大宮道でも通行の難所とされた「破崩」の手前に位置する大里郡の西端地である。

　ところが、依然として寄居町では延伸反対運動が続いており、1903年初頭に予定された着工は2月中旬まで遅れた。すると、秩父郡の製材業者である高野林太郎（秩父郡大滝村／5株）ほか9名は[44]、会社に対して末野への

表 2-2 上武鉄道の経

年	期	公称資本金	払込資本金	営業収入 A	営業費 B	営業係数 (%) B／A	建設費 C
1901年	下期	900,000	415,326	6,157	5,382	87	432,863
02	上	900,000	422,817	14,010	13,466	96	448,423
	下	900,000	485,242	14,981	16,102	107	474,843
03	上	900,000	498,713	15,731	15,718	100	531,756
	下	900,000	534,794	18,185	17,193	95	544,696
04	上	900,000	543,703	16,882	17,121	101	553,752
	下	900,000	570,586	18,309	17,861	98	567,209
05	上	900,000	575,379	19,697	17,962	91	613,889
	下	900,000	603,892	26,242	20,534	78	624,569
06	上	675,000	539,038	25,430	18,801	74	632,090
	下	675,000	600,205	23,495	17,544	75	643,166
07	上	675,000	605,205	26,474	23,079	87	649,299
	下	675,000	654,760	23,519	20,408	87	651,802
08	上	600,000	600,000	29,022	19,489	67	613,233
	下	600,000	600,000	25,037	19,661	79	616,144
09	上	600,000	600,000	26,729	20,658	77	616,320
	下	600,000	600,000	27,207	22,063	81	616,852
10	上	1,000,000	640,000	26,515	22,212	84	622,693
	下	1,000,000	700,000	27,531	21,581	78	706,284
11	上	1,000,000	700,000	34,485	22,740	66	830,058
	下	1,000,000	700,000	49,657	34,831	70	983,070
12	上	1,000,000	700,000	54,503	38,787	71	1,003,775
	下	1,000,000	759,648	55,394	39,820	72	1,010,859
13	上	1,000,000	760,000	58,330	40,125	69	1,014,236
	下	1,000,000	839,730	61,247	42,022	69	1,050,393
14	上	1,000,000	840,000	61,847	40,845	66	1,289,591
	下	1,000,000	919,260	64,716	44,568	69	1,391,219
15	上	1,000,000	920,000	73,199	55,132	75	1,393,942
	下	1,000,000	999,540	76,074	55,990	74	1,397,511

出所）上武鉄道株式会社『営業報告書』各年各期版から作成。上武鉄道の決算期は、上期が1月1
注1）金額の1円未満は切り捨て。
注2）諸積立金には、役員報酬金を含む。

早期開業を求める「建議書」を提出した。その内容は以下のとおりである[45]。

　　　上武鉄道ノ如キニアリテハ例令二哩ナリトモ之ヲ開業スレバ会社ハ之

営状況（1901〜15年）

(単位：特記を除き円)

利益 A−B	利益率(%) (A−B)／C	諸積立金	繰越金	期末繰越金	配当金	配当率(%) 普通株	配当率(%) 優先株
775	0.18	80	695	695	0	−	−
544	0.12	60	1,122	1,817	0	−	−
−1,121	−	0	−1,121	696	0	−	−
13	0.00	0	13	709	0	−	−
992	0.18	60	948	1,657	0	−	−
−239	−	0	−239	1,418	0	−	−
448	0.08	0	448	1,866	0	−	−
1,735	0.28	100	1,635	3,501	0	−	−
5,708	0.91	300	5,408	8,909	0	−	−
6,629	1.05	650	8,784	17,693	5,400	2	−
5,951	0.93	590	8,074	25,767	6,075	2	−
3,395	0.52	200	11,270	37,037	0	−	−
3,111	0.48	200	14,181	51,218	0	−	−
9,533	1.55	850	2,865	54,083	0	−	−
5,376	0.87	300	1,941	56,024	6,000	2	−
6,071	0.99	350	1,663	57,687	6,000	2	−
5,144	0.83	300	508	58,195	6,000	2	−
4,303	0.69	250	170	58,365	4,392	1	9
5,950	0.84	300	122	58,487	5,700	1	9
11,745	1.41	1,580	2,088	60,575	8,200	1	9
14,826	1.51	1,740	4,175	64,750	11,000	2	10
15,716	1.57	1,780	3,112	67,862	11,000	2	10
15,574	1.54	2,270	4,818	72,680	11,600	2	10
18,205	1.79	2,400	4,124	76,804	14,000	2	10
19,225	1.83	2,960	5,671	82,475	14,720	2	10
21,002	1.63	3,050	5,623	88,098	18,000	2	10
20,148	1.45	3,000	4,052	92,150	18,720	2	10
18,067	1.29	2,400	2,319	94,469	17,400	2	10
20,084	1.43	2,500	2,023	96,492	17,880	1	9

日〜6月30日、下期が7月1日〜12月31日である。

ニ依テ収入ヲ増加シ……我輩ノ如ク木材材木等ノ重量容積共ニ大ナル貨物ヲ扱フ当業者ニアリテハ之ヲ寄居ヨリスルト末野ヨリスルトハ運賃ノ軽減時間ノ短縮等実ニ莫大ナル利益アリ特ニ荒川下流ノ減水ニ際シ水便

ニヨリテ木材ヲ輸送ヲナス能ハサルトキ之ヲ末野ヨリ汽車積トナスヲ得バ其便益能ク筆紙ノ尽ス処ニアラス

荒川は、冬季を中心に大里郡内で「水枯れ」になる一方、降雨が続くと急激に増水するため、筏流しという水運による木材輸送には不適とされていた[46]。そのため、鉄道院の調査によると、秩父郡の山間部から木材を輸送する際には、大里郡の手前で荒川から陸揚げして鉄道輸送にすることが運賃と時間の両面で有利とされたのである。「建議書」を受けた柿原万蔵は、すぐに延長線の着工を決め、2月16日に着工し、3月中旬までに完成させた。

1903年4月2日に末野は、波久礼の名称で開業（仮駅として開業後、1912年4月に駅に昇格）し、1910年まで上武鉄道の終点となった。

このように、秋山と高野は、それぞれ砂利と製材（木材）という、鉄道輸送を必要とする産業に関わった。そして自らの事業が発展するように、上武鉄道の株主として経営に対する発言権を行使したのである。

第2節　資金難と未払込株式の整理

上武鉄道は、波久礼までの開業後に資金難に陥ったため建設費の捻出が困難になった。そこで、まず、資金難の要因を概観し、次いで、資金難に対する地方零細株主の発言と行動を検討することにしたい。

1　資金難の要因

すでに指摘したとおり上武鉄道は、株式払込金と借入金を併用して建設費を確保してきたが、熊谷－波久礼間の開業とともに資金不足はより深刻になった[47]。まずは、老川による検討を踏まえながら、上武鉄道の資金難の要因を確認しよう。

上武鉄道は、大規模に他人資本を調達できる状況になかったため、当時の資金調達は株式払込金による自己資金を中心としていた。ゆえに、資金難の

第 2 章　上武鉄道の経営展開と地方零細株主　　　　　　　　　　63

　直接の原因は、折からの不況で株主が払い込みの義務を履行できなくなったところにあった[48]。すなわち、これまでの問題は、建設費に対する株式払込金の不足にあったが、もはや株式払込金それ自体の調達ができなくなったのである。

　だが、より根本的な問題は、上武鉄道の低収益体質が寄居－波久礼間の延伸で改善されなかったことにあった。そこで、表 2-2 をみると、1903 年上期の波久礼までの延伸後、1910 年下期までの営業係数は 70 以上であり、また利益率は 1％前後と低率であったことが分かる。他方で、1906 年に配当金が益金処分に計上されたものの、利益の大部分は繰越金に計上されていた。その一方で、1906 年下期の期末繰越金は 2 万 5,000 円ほどであり、払込資本金と合わせても建設費を満たすことはできなかった。したがって、上武鉄道においては、株主による株式払込金の停滞が、そのまま工事の停止を意味したのである。

　では、上武鉄道が、波久礼までの延伸後も利益を伸ばせなかった要因は何か。それは、波久礼が「秩父郡方面ニ対スル交通ヲ唯一ノ目的トスル」にもかかわらず[49]、「(秩父)郡内枢要ノ町村ノ近キモ尚ホ四五里ヲ隔ツル」(括弧内引用者)ために[50]、秩父郡内の輸送需要を吸収できなかったことにあった。

　1907 年頃と思われる鉄道院の調査資料である「鉄道対荷馬車弁」は、表 2-3 のように米 1 駄の運賃を比較することで荷馬車と鉄道の優劣を示している。たとえば、(1) の熊谷町発、大宮町着の場合、波久礼まで鉄道輸送の場合の平均運賃は 29 銭で、荷馬車直通の 30 銭と比較すると僅かに安価だが、「荷馬車ハ軽便ニシテ発受両者ノ軒下ヨリ軒下ニ遷移スルノ簡易ナル」ため[51]、荷馬車が優位に立っていた。だが、仮に金崎まで鉄道を延伸すると、運賃は 23 銭に低下するために、「鉄道ハ一躍優勝者ノ地位」に立つと試算された[52]。さらに、同表 (2) と (3) から、金崎まで鉄道輸送が可能になると、深谷町と本庄町から発送する貨物に対しても同様に運賃面で有利と判断されたのである。

表 2-3　運賃の比較（鉄道・荷馬車）

（単位：銭）

(1)熊谷町→大宮町間：米1駄（2俵）			合計	内訳
①荷馬車：直通			30	–
発地	→	着地	–	30
②上武鉄道：波久礼終点			29	–
発地	→	石原停車場	–	2
石原停車場	→	波久礼停車場	–	4
波久礼停車場	→	着地	–	21
発着手数料			–	2
③上武鉄道：金崎終点			23	–
発地	→	石原停車場	–	2
石原停車場	→	金崎停車場	–	9
金崎停車場	→	着地	–	10
発着手数料			–	2

(2)深谷町→大宮町間：米1駄（2俵）			合計	内訳
①荷馬車：直通			30	–
発地	→	着地	–	30
②上武鉄道：金崎終点			25	–
発地	→	深谷停車場	–	2
深谷停車場	→	金崎停車場	–	11
金崎停車場	→	着地	–	10
発着手数料			–	2

(3) 本庄町→大宮町間：米1駄（2俵）			合計	内訳
①荷馬車：直通			28	–
発地	→	着地	–	28
②上武鉄道：金崎終点			27	–
発地	→	本庄停車場	–	2
本庄停車場	→	金崎停車場	–	13
金崎停車場	→	着地	–	10
発着手数料			–	2

出所）「鉄道対荷馬車弁」『鉄道省文書 鉄道免許 秩父鉄道 巻一』（国立公文書館所蔵）から作成。
注1）網掛け部は、鉄道輸送区間を示す。
注2）荷馬車運賃は季節変動を考慮した平均額である。

　また、実際に乗車した旅客の不満の種は、波久礼における列車と馬車業者の接続が不円滑な点にあった[53]。一方、貨物輸送でも、「羽久礼より大宮町迄の運賃に至りては一定の標準なきが為に」荷主を混乱させ、なかには「過度の安運賃を以て受負ひたる為め羽久礼より継立を為し能はず、為に運送上の延引を来」す場合も少なくなかったという[54]。このように、上武鉄道の資金難は、波久礼延伸で解決されるどころか、むしろ不況と相まって一層深刻な問題になっていくのである。

2　未払込株式の整理と零細株主

　1901年以来、上武鉄道は、株式払込金の未納者に対して払い込みを求めてきた。
　しかし、株主の中には、「再三、再四払込を督促すと雖も頑として応ぜず公売に付せらるゝを望みつゝある」者や[55]、「財力を挙げて尽し失意と恐怖

とに前後を失し踪跡を冥して以て払込請求を避けんと企てるもの実に六百の多きに達」したとあるように[56]、払い込み義務を履行できない株主が相次いでいた。そのため、資金難に悩む重役は、株式払込金の未納者に対して督促を繰り返さねばならなかった[57]。

そのような折に、設立時における未募集の6,000株の存在が、一部の株主により暴露された[58]。株主らは、実態を知るべく内部調査を求めたが、柿原万蔵の拒否にあったために会社帳簿の開示請求を求めて熊谷裁判所に提訴した[59]。

しかし、提出の直前、柿原万蔵は、「既に身命を賭し一家を顧みず此処に至る者全く秩父開発の至誠より外他意なし極刑何にかあらんその其間一点の私なき」と株主に対して宣言し[60]、全ての事実を明らかにした上で、改めて秩父開発の必要性を説いた。そして、その株主らが訴状を取り下げると、柿原万蔵は、株式払込金の未納者への督促を行うべく彼らを「応援重役」として登用したのである[61]。

図2-2のとおり、1903年から1905年まで重役の増員が確認できる。このなかには、若林慶次郎(秩父郡高篠村長/10株)や秋山藤三郎、新井健吉らが含まれていた[62]。当時の定款で規定された重役の最低持ち株数は、取締役で50株、監査役で10株であり、規定の上では持ち株数10株の株主も監査役に登用され得た。柿原万蔵は、若林や秋山などの地域の実力者を利用することで財務状態の改善を図ったのである。

このように、上武鉄道は、重役を増員することで、株式払込金の未納者に督促を続けたが、これにも限界はあった。そのため、柿原万蔵は、1903年6月14日に寄居町で開催された臨時株主総会において、株式払込金の未納者に対する方針を督促から、回収・整理へと転換する旨を明らかにした。そこで、定款を変更して議決権の規定を変更する案が建議された。

上武鉄道の定款には、零細株主の権利と発言を保証する規定が盛り込まれていた。具体的には、株式払込金の未納者に対しては、「其株主ニ対シ更ニ三週間ヨリ少ナカラサル期間ヲ定メ其期間内ニ於テ払込ムヘキヲ催告」(第

19条）するにとどめ、延滞利子等の徴収を規定していなかった。もっとも、「催告」に従わないと株式処分規定を適用する旨が明記されていたが、これまで適用された例はなかった。また前述のとおり、株主総会の議決権は、第38条によって持ち株数10株以上の株主に対して制限を課してきたのである。当日の臨時株主総会で諮られたのは、第19条と第38条の変更案であった。

　第19条は、「払込期日ノ翌日ヨリ払込当日迄金百円ニ付一日金五銭ノ遅延利息ヲ徴収スル」と[63]、株式払込金の未納者に対して日歩5銭の延滞利息の追徴が新たに規定され、可決された。これに続く第38条の改正案は、持ち株数にかかわらず株主の議決権を「一株ニ付一個トス」る[64]、零細株主の議決権保護を撤廃する内容であった。しかも、同条改正は柿原万蔵が「今回丈ハ一ツ原按ニ願イタイ」と強調していたため、第19条の改正案には賛成した株主も、その多くが困惑したのである。以下において、株主の発言を略述しておこう。

　まず、新田多十郎（大里郡／10株）が「大株主ノ権力バカリツヨクナリマシテ小株主ハ権力ヲオサエツケラレル」と、改正にともなう大株主と零細株主間に生じる議決権の不公平を指摘し、「成ル可ク大株主ガ自由ニスルト云フ様ナコトノナイ様ニコレハ前ノ通ニシテ置イテ頂キタイ」と[65]、反対の意思を表明した。また、新田が、「今日ノ処デ日本ニ二千幾ツカノ株式会社ガアルソーデスガ議決権ヲ一株ニ付一個トシタ処ハ殆ント二割カ一割シカナイデショウ」と[66]、述べた点に注意したい。伊牟田によると、すでに明治期の後半には議決権を「1株につき1個」とする定款が多数であったというが[67]、地方零細株主には、それが少数であったと認識されていたのである。

　この発言を受けた寄居銀行の重役である藤田善作（大里郡／112株）も、「今ノ内カラソードーモ小株主ヲオイジメニナラナクツテモ」と[68]、100株以上の株主でありながら改正には消極的であった。

　一方で改正に賛成の秋山藤三郎は、「事務費用ヲ縮小シテ利益配当等ノ速カニナシ得ラル、」と費用の圧縮効果を強調したが[69]、当然ながら大勢は改正案に反対であった。これに対して柿原万蔵は、「ソレデハ申シマスガコレ

ハ未払込株ヲ整理スルノニ一云フコトニ致シテ充分整理シタイ考カラ出シ
マシタ」と[70]、目的を明らかにした。事務処理ゆえの一時的な措置であることを明らかにしたことで、定款の改正案は出席株主全員の賛成をもって可決されたのであった[71]。

1905年11月5日の臨時株主総会で、上武鉄道の公称資本金は、90万円から67万5,000円に減資されたことが報告された。減資について、「(未払込株式は) 会社株式整理と称する美名の下に重役の好餌に供せられたり (中略) 投資家の愚乎、将た会社の罪乎」(括弧内引用者) とした上で[72]、「(株主は) 会社の事業に対しては常に多大の趣味を覚えて注意を払もの」(括弧内引用者) と、雑誌『埼玉公論』の論説において会社の経営に対する株主の無関心さが批判されたのである[73]。

第3節　資金調達案の否決と地方株主

次に、上武鉄道が、減資後に策定した資金調達案の内容と、それが株主総会で否決される経緯を検討する。ここでは、秩父郡の株主と重役の関わりを意識することにしたい。

1　敷設免許状の失効と資金調達案

上武鉄道は、未払込株式の整理を機に、零細株主を重役に登用することで経営陣の充実を図ったが、その一方で、1905年11月の敷設本免許状の失効にともない秩父郡の零細株主が株主総会で発言するようになった。

1905年11月5日の臨時株主総会では、株主に対して、公称資本金の減資のほかに敷設本免許状の失効が報告された。1898年11月12日付で下付された本免許状は、すでに一度、竣工期限を延期する認可を受けており、その期限を1905年11月8日としていた。だが、上武鉄道は、日露戦後の不況と折からの資金不足のため、波久礼から先の延伸に着手できなかったのである。この臨時株主総会の目的は、免許区間を既設の熊谷－波久礼間に短縮すると

ともに、未成の波久礼－秩父大宮間を免許失効にする旨の承認を得ることにあった[74]。やむを得ないとはいえ、秩父郡の株主は、上武鉄道の延伸工事の中断を了承しなければならなかったのである。

これに対し、株主の斉藤直蔵（秩父郡／10株）は、原案の承認に難色を示し、免許失効の未成区間を「延長線トシテ更ニ主務大臣ノ認可ヲ受ケ」る旨を追加した修正議案を提示した[75]。この案が可決され、免許区間の短縮と[76]、波久礼－秩父大宮間の本免許状の再申請が行われた[77]。上武鉄道の延伸に前向きな姿勢は、「線路ハ既成熊谷波久礼間ニ短縮セラルヽニ至リシモ更ニ波久礼大宮間延長ノ免許ヲ得テ当初ノ目的ヲ遂行セントスルニ在リ」という申請書の文面にも表れた[78]。

次に、上武鉄道は、資金調達における「会社の癌」であった、6,000株の未募集株の処理を進めるために[79]、他人資本である借入金調達を図った。だが、これも順調ではなく、日本興業銀行と安田銀行との交渉は不調に終わり、ようやく1906年11月に東京信託株式会社（以下、東京信託会社と略記）との交渉を成立させたのであった[80]。

東京信託会社は、同年4月に設立されたばかりの新設会社で、土地建物管理、土地建物の売買紹介および資産運用等を業務目的としていた。同社には、重役として岩崎一（三井銀行地所部長）をはじめ武智直道、津田興二などが就き、また、大株主として早川千吉郎（三井銀行専務理事）や波多野承五郎（同理事）など、いずれも三井関係の会社の重役らが名を連ねた[81]。それでは、主な条項を以下に示すことにしたい[82]。

「覚書」
　一、上武鉄道延長線トシテ熊谷羽生（若クハ加須）間ノ線路布設ヲ出願スルコト
　一、波久礼大宮間工事資金及前項延長線資金トシテ増資約百万円トスルコトヽシ其方法ハ優先株トシ十ヶ年間年九朱ノ利益配当ヲ保証シ優先期間内ト雖モ全株数ニ対シ年九朱ノ利益配当ヲ二年間継続シ得ル

トキハ優先株ハ直チニ普通株ニ引キ直スコト
一、協議確定ノ上ハ波久礼金崎間工事資金ノ内十万円迄ヲ年九朱ノ利ヲ以テ鉄道抵当法ニ拠リ信託会社ニ於テ引受クルコト

「附帯協約」
一、上武鉄道ノ経営ヲ革新スルタメ役員ノ選挙ヲ左ノ方法ニ拠ルコトヲ協約ス

　　東京信託会社ノ推薦スル役員
　　　　社長　　　　　　一名
　　　　専務取締役　　　一名
　　　　取締役　　　　　二名
　　　　監査役　　　　　一名
　　上武鉄道株式会社ノ推薦スル役員
　　　　副社長　　　　　一名
　　　　取締役兼支配人　一名
　　　　取締役　　　　　二名
　　　　監査役　　　　　七名

　まず、資金総額32万5,000円を調達し、公称資本金を100万円に増資することが申し合わされた。この方法は、年利9朱の10年払いの条件で22万5,000円分の優先株を発行し、10万円を鉄道抵当法による借入金とした。そして、波久礼－秩父大宮間のうち、途中の金崎まで建設することとされた。これは、前述の上武鉄道が金崎まで延伸すれば、競合関係にある荷馬車に対して運賃面で有利に立つとされた主旨と整合する。
　次に、東京信託会社との資金調達の前提として、熊谷－羽生（加須）間の出願が明記されたことが分かる。これは、「昨今一部の株主中には其の予定線を変更して熊谷より行田に出て更らに加須若くは羽生に延長して東武鉄道に連絡するの利益なるを主張する者あり」というように[83]、東武鉄道との接

続でより高い利益が見込まれたためだと思われる。しかも、熊谷－羽生（加須）間の建設費は、「三十万円を超へざる程度に於て充分」と[84]、波久礼－秩父大宮間の建設費32万5,000円と比較して低コストとされた。このことが、東京信託会社との「覚書」にも反映されたのであろう。さらに、上武鉄道の重役人事では、「附帯協約」のとおり、両社の推す人物を登用することが明記された。

この交渉を担当した柿原定吉によると、この資金調達案は、「絶体絶命の場合に付窮余の一策」であったという。もはや、柿原万蔵をはじめ重役と「応援重役」は、一方で秩父大宮までの延伸の可能性を残しつつも、他方では当面の金崎までの建設と、熊谷－羽生（加須）間の出願という条件を受け入れなければならなかった。その上、仮に資金調達が実現しても、これまでの重役の更迭はほぼ不可避であったことも、「窮余の一策」と言わしめた理由であろう[85]。上武鉄道の2代目取締役社長に就くことになる柿原定吉は、柿原万蔵の義弟にあたり東京高等商業学校を卒業して一年志願兵として従軍したのちに、在郷軍人会分会の会長、秩父町助役、秩父町会議員として町政改革に取り組んだ。また、秩父絹織物同業組合の組合長をはじめ秩父製糸、秩父製織合資会社、秩父林業、秩父木材、西武銀行、武蔵水電の経営者ないし重役に就いたほか埼玉県会議員、埼玉地方森林会議員そして埼玉県山林会副会長などを歴任した人物であった[86]。

2　議案の否決とその理由

では、上武鉄道の株主による資金調達案の評価はいかなるものであったか。この議案の可否が諮られた1907年1月19日の臨時株主総会の議論を中心に検討することにしたい。当日は3つの議案の審議が予定されていたが、第1号議案である優先株発行のための定款の変更案は、多数の株主からの反対を受けて否決された[87]。そして、残りの2つの議案は、未審議のまま否決され、東京信託会社からの資金調達案は廃案になったのである。

このような結果になったのは、大里郡と秩父郡の両郡の株主が、東京信託

会社との条件に対して疑義を抱いたからであった。先の「覚書」の主旨は、秩父郡だけでなく羽生方面にも延伸するものであったが、すでに株主の中には秩父郡への延伸を中止し、羽生方面への鉄道に変更するよう主張する者が現われていた。実際に、「最早今日に至りては両鉄道（上武鉄道と東武鉄道）握手して交通の便を計るの日近き」（括弧内引用者）と、東武鉄道に接続することを期待した新聞報道もなされた[88]。

その株主は、「熊谷派の如き寄居派の如き左ながら大宮方面への線路の延長を希望せざる株主の事」とされた[89]。つまり、秩父郡への延伸を否定した者は、熊谷や寄居のある大里郡の株主であった。そのため、「熊谷寄居の利害の関係上大宮線を不可とし行田線を可とする地方に於ける株主の中より約八百株を大宮出身の柿原社長が買収した」とあるように[90]、上武鉄道の重役は、大里郡の株主に否決されることを予測して対策を講じていたが、「秩父郡方面の株主中に反対を唱ふる者は現われざる」と[91]、秩父郡の株主による否決を想定していなかった。つまり、秩父郡の株主による資金調達案の否定は、重役にとって「殆んど夢にだも予想し居らざりしもの」だったのである[92]。

それでは、何故、秩父郡の株主は資金調達の議案を否決したのであろうか。1907年1月10日、臨時株主総会の9日前に秩父郡の株主は、秩父郡大宮町での会合において議案に対する意見を取りまとめていた[93]。このなかには、大森喜右衛門、宮前藤十郎および斉藤直蔵などの期成同盟会以来の株主も含まれていた。すでに株主らは、「旧株主の権利を蹂躙するのみならず延て将来如何なる悲境に陥るも知れ」ないと[94]、議案に対して否定的な意見をもっていたのである。

秩父郡の株主が「旧株主の権利を蹂躙する」と主張した理由に、まず、当時の経営状況に照らして、年利9朱を高金利と捉えるものがあった。表2-4は、上武鉄道が提示した波久礼－金崎間の収支概算書であるが、優先株22万5,000円の9朱（およそ9％）に相当する2万250円は、純益金4万8,378円のおよそ44％に相当する額である。したがって、単純に差し引くと、

表 2-4 波久礼－金崎間の収支概算
(単位：特記以外円)

項目		見積額
建設費		1,004,451
	波久礼－金崎間	370,000
営業収入		94,893
	貨物収入	55,287
	旅客収入	39,606
営業費		46,506
営業係数（％）		49.0
純益		48,378
	利益率（％）	4.8
配当金		40,000
	優先株（9朱配当）	29,210
	普通株	10,790

出所)「上武鉄道熊谷金崎間収支概算書」『自明治三十九年 至明治四十四年 事業報告書株主総会関係書類綴』（秩父鉄道株式会社総務部保存文書 65～67）から作成。

これまでの普通株への配当は、1万790円になり、67万5,000円のおよそ1.5％にすぎなくなる。しかも、建設費に対する純益金の比率が4.8％であることを鑑みると、年利9朱という条件は、確かに高利率であると言えよう。もっとも、これは秩父郡のみならず、全ての株主に関わる問題である。

これに加えて、秩父郡の株主は、「今回の線路延長計画が字金崎に止どまりて大宮町に及ばず斯くては秩父開拓の目的を充分に達する事能ざるべし……大発展を為すに線路の延長を金崎に止どむるが如きは甚だ真の当を得ず」と[95]、金崎までの延伸では不十分だと主張した。斉藤直蔵をはじめ、秩父郡の株主は、金崎までではなく、秩父大宮までの全区間の即時延伸を求めたのである。これらは、「三井が十万円の金を貸して秩父鉄道を奪取せん野心やも知れぬ」という不安から生じたものであった[96]。

そして、議案に疑義をもつ秩父郡の株主が、同じく議案に反対する大里郡の株主と合流したため、「会社の重役派を除くの外何れも其反対意見に賛成」となった[97]。当時の株式の分布は、「秩父郡七、熊谷町二、他は僅かに一」と[98]、秩父郡と熊谷でほとんどを占めたというから、圧倒的多数の株主が否決したものと思われる。いずれにせよ、資金調達の議案が否決された原因は、大部分を占める零細株主が決議の際に同調することで多くの議決権数をもったところにあった。ただし、否決されたのは議案であり、重役の不信任決議ではないことに注意したい。

3 「ワツシヨ連」と柿原定吉の社長就任

　1907年1月19日の臨時株主総会の散会に際して、柿原万蔵をはじめとする重役全員は、辞任を表明した。そのため、秩父郡の株主は、新たに重役を選任しなければならなかった。そこで、秩父郡の株主について、もう少し掘り下げて検討してみたい。

　秩父郡の株主を資金調達案の否決に導いた者は、当時「ワツシヨ連」と呼ばれた。表2-5のとおり、その代表的な人物は、新井佐市、出牛充二郎、斉藤直蔵など11名で、その全員が秩父郡大宮町に居住し、先の会合の出席者も含んでいた。とくに、上武鉄道の監査役経験者の新井佐市や、斉藤直蔵、宮前藤十郎といった設立以来の株主もいたことに注目したい。また、出牛や中沢は、柿原万蔵が頭取を務める西武商工銀行の重役であった。このように、議案を否決した株主には、重役と個人的な交流をもつ人々が含まれていた。「ワツシヨ連」の動きには、柿原商店の会計掛である山田武次や、大森喜右衛門の長男である大森長次郎なども同調したという。だが、「ワツシヨ連」による否決の理由は、上述のとおり、金利と建設区間に対する不満と不安に

表2-5　「ワツシヨ連」主要メンバーとその持株数の推移

氏名	1899年	1904年	1910年	普通株	優先株	居住地（秩父郡）	職業等
新井　佐市	300	50	80	50	30	大宮町	上武鉄道監査役、秩父銀行取締役、大宮町議会議員
出牛　充二郎	50	50	0	0	0	〃	西武商工銀行取締役
斉藤　直蔵	0	29	37	32	5	〃	呉服商、大宮町議会議員
松本　源次郎	50	50	100	50	50	〃	
石橋　要	10	10	15	5	10	〃	材木業、大宮町議会議員
斉藤　源太郎	10	10	20	10	10	〃	大宮町議会議員
中沢　嘉蔵	55	55	85	55	30	〃	西武商工銀行取締役
高橋　恒吉	0	0	0	0	0	〃	足袋商
坂井　米五郎	270	20	20	20	0	〃	染物商
宮前　藤十郎	300	50	101	51	50	〃	質商、埼玉県会議員
薗田　稲太郎	30	20	20	10	10	〃	秩父神社社司、三峰神社社司

出所）上武鉄道株式会社「株主名簿」1899年12月末、1907年6月末、1910年6月末（『営業報告書』付録）、秩父市誌編纂委員会編『秩父市誌』1962年、株式会社秩父銀行『営業報告書』（1907年上期）（秩父市教育委員会所蔵文書）、小野龍之助『埼玉人物評論』埼玉評論社総務部、1936年などから作成。

よる感情的なものであった。

しかし当然ながら、資金調達案の否決は、資金難の解決を先送りすることであり、建設再開を遅らせることを意味した。「ワツシヨ連」の代表者の一人である斉藤直蔵は、後に自ら著す『柿原万蔵翁伝』のなかで、「一寸感情に趣り衆口金を鑠かして総会の席上社長の説明も碌々聴取せず満場一致社債案を否決し去りたるは絶大の恨事」と記している[99]。

秩父郡における会合で「ワツシヨ連」は、重役全員の辞任を受け、同年1月27日までに新重役の候補を擁立することを取り決めた[100]。そこで、柿原定吉が、社長の適任者に推されたものの、その交渉は難航した[101]。東京信託会社からの資金調達案を作成した柿原定吉は、「社礎を立て直さん為の借金次で延長を策せんとする計画に株主がゾー借金をビクビクする様にては誰人が局に立つも其（秩父大宮への延伸）信条を行ふことを得ず」（括弧内引用者）と[102]、他人資本の調達を不可避と捉えていた。また、「株主が当局を信ぜざる様にては自分としても就任を好まず」と[103]、「ワツシヨ連」の行動を批判したのである。そのため、「ワツシヨ連」は、「推薦言責として今後は誓て重役を信じ絶対に服従す」るという「一札」を渡すことで[104]、柿原定吉の取締役社長への就任となった。

1907年2月27日、大里郡寄居町における臨時株主総会で新重役が承認された。図2-2のとおり、柿原定吉が取締役社長に就き、取締役に中村房五郎、大森長次郎、高野林太郎、伊古田豊三郎、監査役に酒井助次郎、山田武次、福島七兵衛が就任した（福島、伊古田、高野そして山田は、1907年上期限りで辞任）。そして、中村房五郎を除く全員が秩父郡の株主から登用された。柿原定吉は、秩父大宮への鉄道延伸で利害を共にする株主を重役に登用したことが窺える。

柿原定吉は、1908年2月28日の臨時株主総会で定款の変更を行った。まず、株主総会における議決権は、第38条を再び「一株ニ付一個」に変更することで、「出資ニ伴フ権利義務ヲ平等ニシ以テ延長ニ要スル資金ヲ得ルノ便ヲ謀」るとされた[105]。そして、第21条の変更で重役の定員は、取締役5

名、監査役3名に削減された。さらに、第22条の重役の最低持ち株数は、取締役で100株以上（従来は50株）、監査役は50株（同10株）に引き上げられた。この理由は、「可成会社ニ利害関係ノ深キモノヲ以テ其ノ責任ヲ尽サシムル」ためとされ[106]、より多くの株式をもつ者が重役に登用される体制となった。そして、いずれの変更案も株主の賛成多数をもって可決されたのである[107]。

この定款の変更は、この直後の未払込株式の整理のためと考えられるが、再び戻されることはなく、創業以来の零細株主に対する議決権保護の撤廃となった。ただし、これが意図したことは、単純に大株主の発言を優遇することではなく、会社の経営方針に反対する株主の議決権を削減させることにあった。つまり、柿原定吉ら重役は、この後の渋沢栄一からの援助である資金調達を確実に決めようとしたのである。

第4節　熊谷－秩父大宮間の開業と地域産業

上武鉄道の2代目取締役社長に就任した柿原定吉は、資金不足の解決を図るために渋沢栄一に支援を求めた。そこで、まず渋沢に対する秩父郡の株主の反応を検討する。次いで、延伸にともなう経営状況の変化と柿原定吉の経営行動、さらに、熊谷－秩父大宮間の全線開業後における秩父郡の産業の変化と株主の動向を明らかにしたい。

1　2度目の未払込株式の整理と渋沢栄一からの資金援助

依然として上武鉄道の経営問題は資金難にあった。この問題を解決するため、柿原定吉は旧知の間柄である諸井恒平の伝手で渋沢栄一を訪ねた。武蔵国榛沢郡血洗島村出身の渋沢は、地方産業の発展には交通機関の整備が不可欠だと言い[108]、また埼玉県の産業に対して「郷里である埼玉県は商工業的に発展してゐないのは甚だ遺憾」と述べ[109]、また諸井恒平も、「埼玉県は東京に隣接している割合に、概して産業が振つてゐません」と述べていた[110]。

ゆえに、渋沢は、埼玉県の産業振興を促すために柿原定吉に対して助言を与えたのであった。

そこでまず、柿原定吉は、すでに全10回の払込募集を終えた株式の未払込分の整理を行った。その方法は、「取締役ニ於テ株主中ニ交渉シ会社ニ最モ利益アル方法」とされ[111]、具体的には総務課の職員が、1908年8月までに整理の対象になる全ての株主宅を訪問し、その諾否を確認するものであった。

1908年5月29日に秩父郡皆野村、原谷村および高篠村の株主12名を対象とした訪問調査が実施された。担当の職員は、株主に対して来意を告げた後に払い込む意思の有無を尋ね、その意思がない場合に整理するために必要な委任状を回収した[112]。当日は、半数の6名が払い込み、残りは回収、整理を希望した[113]。この12名はいわゆる地方零細株主であったが、払込期日を失念していた者が半数であったという[114]。この職員は、「各株主トモ皆頗ル好意ヲ以テ円満ノ解決ヲ見棄権者払込者忘却者トモ何レモ満足ノ意思ヲ表示セラレタ」と報告した[115]。その後、1908年2月28日の臨時株主総会で株主に報告されたことは、4,500株の整理と、67万5,000円から60万円への公称資本金の減資であった[116]。

柿原定吉ら重役は、上武鉄道の資金難を解決するため、再び渋沢栄一を訪ねて資金援助を依頼した。渋沢は、「見込あるものなら後援してやり度い。目的の大宮町まで敷設して果して採算あるものかどうか調査して見なければ判るまい」と回答し[117]、諸井恒平（武蔵国児玉郡本庄宿出身）と山中隣之助（武蔵国秩父郡小鹿野村出身）に上武鉄道の採算性の有無を調査させた。当時の秩父郡における主要産業は絹織物業であったが、それだけでなく秩父盆地の南端に位置する武甲山には、当時において「無尽蔵なる石灰採掘をして今日迄成功したる者なきは運輸交通不便なる」という、未開発の石灰石の存在が指摘されていた[118]。諸井と山中は、秩父の石灰石資源の埋蔵量を明らかにするとともに、上武鉄道にその開発と輸送の可能性を見出したのである[119]。当時、諸井は、日本煉瓦製造株式会社（以下、日本煉瓦製造会社と略）の専務取締役であったが、すでにこの頃、武甲山の石灰石を主原料とす

るセメント生産の事業化を構想していたという[120]。

1910年2月27日の臨時株主総会において、優先株の発行と借入金による資金調達案が諮られた。これは、40万円分の優先株（8,000株、1株につき50円払込）を発行して増資することと、当面の建設費として30万円以内で借入金調達を行うことの2つの内容からなった。

この優先株の募集方法は、当時の株主からの応募と一般公募とされ、それぞれに半分の4,000株が割り当てられた[121]。また、30万円の借入金は、渋沢が頭取を務めた第一銀行に加えて浪速銀行東京支店から拠出された[122]。これは、渋沢が浪速銀行取締役であった山中隣之助に融資を指示したためである。資金調達の条件には、当面の波久礼－金崎間の建設が明記されたが、熊谷－羽生（加須）間の出願に関わる条項はなく、金利も年8朱とされた[123]。上武鉄道は、先の東京信託会社よりも有利な条件で建設資金を調達したのである。

この渋沢の援助とも言える資金調達案の可決を受けて[124]、秩父郡の株主である斉藤直蔵は、『柿原万蔵翁伝』において「秩父郡の方々は深く心に銘じて渋沢子爵の恩恵を忘れてはなりません」と記している[125]。実際に、出席株主の満場一致で可決されており、多数の株主が賛成であったと思われる。しかし、他方で、「旧株主連の中には優先株の特権に付絶対に反対なるものあれば当日は定めし一大紛糾を免れざるべし」と言われたように[126]、議案に反対する株主も存在した。そのため、反対派とされた株主の所有株の多くは、臨時株主総会の前に取締役の中村房五郎によって買収されたという[127]。このように、上武鉄道の秩父郡への延伸に反対する、利害の一致しない株主の発言権は、徐々に削減されていった。

また、表2-6のとおり、大株主の上位10名は、上武鉄道の重役と秩父郡の在住者および渋沢栄一の縁戚者で占められた。そして1910年6月25日の臨時株主総会における重役の改選で諸井恒平、山中隣之助が取締役、そして中村郁次郎が監査役に選出され[128]、出席株主の満場一致の賛成を得て就任することになった。

表 2-6　大株主の推移（上位 10 位）

	1899 年 12 月 31 日			1904 年 6 月 30 日			1910 年 6 月 30 日				
	氏名	住所	株数	氏名	住所	株数	氏名	住所	優先株	普通株	合計
1	柿原 定吉	埼玉	600	柿原 万蔵	埼玉	326	渋沢 栄一	東京	1,000	-	1,000
2	福島 七兵衛	埼玉	579	湯本 新蔵	埼玉	200	柿原 定吉	埼玉	520	370	890
3	湯本 友蔵	埼玉	500	松本 平蔵	埼玉	200	中村 房五郎	埼玉	510	360	870
4	大森 喜右衛門	埼玉	500	柿原 定吉	埼玉	200	大森 長次郎	埼玉	505	365	870
5	柿原 万蔵	埼玉	416	秩父銀行	埼玉	200	秩父銀行	埼玉	330	230	560
6	宮前 藤十郎	埼玉	300	大森 喜右衛門	埼玉	155	山中 隣之助	東京	500	-	500
7	松本 平蔵	埼玉	300	矢尾 喜兵衛	埼玉	150	中村 郁次郎	東京	500	-	500
8	新井 佐市	埼玉	300	大森 長次郎	埼玉	142	大森 喜右衛門	埼玉	292	192	484
9	酒井 寿吉	埼玉	288	小林 仲次郎	埼玉	131	矢尾 喜兵衛	埼玉	290	140	430
10	坂本 米五郎	埼玉	270	熊谷銀行	埼玉	120	大川 平三郎	東京	400	-	400

出所）上武鉄道株式会社「株主名簿」1899 年 12 月末、1907 年 6 月末、1910 年 6 月末（『営業報告書』付録）から作成。
注）太字の氏名は初出を示す。

2　延伸工事の再開

　1910 年 7 月 13 日に上武鉄道は、波久礼－秩父大宮間の敷設本免許状の下付をうけて、延伸工事を再開した[129]。まずは、「延長線路中ノ難工事ニ属スル」、「破崩」付近の建設に着手し、次いで、途中の藤谷淵から分岐した支線の終点である金崎に向けて建設が進められた[130]。そして、1910 年 8 月 28 日の臨時株主総会で藤谷淵－金崎間が定款に追加され、1911 年 4 月 24 日に同区間の敷設本免許状が下付された[131]。なお、1911 年 2 月 16 日に上武鉄道の監督法規は、私設鉄道法から軽便鉄道法へと変更された[132]。

　1911 年 9 月 14 日に波久礼－藤谷淵－金崎（藤谷淵は宝登山、また金崎は秩父の名称で開業、以下、宝登山、秩父金崎とする）間の営業運転が開始された。秩父金崎は、「荒川岸傾斜スル立地ニシテ水陸連絡ノ地点ノミナラズ石材及最良ナル砂利玉石ノ産出飽豊」とされ[133]、秩父大宮方面への貨物、また熊谷方面への木材・石材輸送の積み替え地点となった。図 2-4 をみると、1911 年下期を境にして旅客、貨物ともに数量（人数・トン数）と収入の増加率が上昇したことが分かる。とくに貨物トン数と収入の増加が顕著であることから、秩父方面への延伸は、貨物輸送を活発にしたと言えよう。ただし収入額においては、一貫して旅客収入が貨物収入を上回っていた[134]。

図 2-4 貨客別・数量収入別の変化率（1901〜17 年）

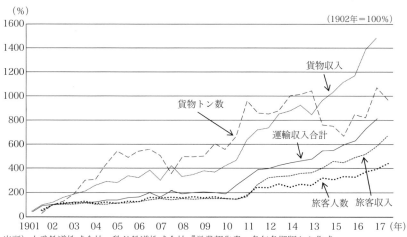

出所）上武鉄道株式会社・秩父鉄道株式会社『営業報告書』各年各期版から作成。
注 1）旅客収入は、郵便輸送手数料収入と手荷物収入を含む。
注 2）貨物収入は、発着手数料収入を含む（1901 年から 1907 年まで）
注 3）運輸収入合計は、旅客収入と貨物収入に運輸雑収入を加えた合計。

　翌年の 1912 年 5 月に秩父金崎では、「木材及石材等ノ輸送激増シ之カ積卸ノ為メ」[135]、構内に側線を増設しており、同時に石原駅でも貨物倉庫と貨物積み卸し用の側線を増設したことから[136]、貨物輸送は両駅間で増加したとみられる。つまり、相当量の貨物が、国有鉄道に入らない短距離輸送であることを示唆しており、荷馬車輸送から鉄道輸送への転換を想起させる。また、旅客についても、「商工業の中心地たる大宮まで僅かに二里東京との交通四時間を費すに過ぎざる現況」のため、「山水の佳境に遊覧する人商用にて来往する人愈々激増しつつある」状況となった[137]。

　上武鉄道の運輸収入の増加は、株主に対しても影響を及ぼした。表 2-2 のとおり、1911 年以降に利益率が漸増している。そして同年下期の配当率は、普通株で 2％、優先株で 10％ という、「開拓以来レコード破りの配当をなし株主にワット云はせるは全く夢のよふ」な状況になった[138]。

　ところで、当時、優先株の払込総額は 10 万円であり[139]、借入金 30 万円

と合わせると40万円の資金になっていた。しかし、いま一度、表2-2をみると、1910年下期から1911年下期までの波久礼－秩父金崎間の建設費は、すでに36万円を超えていたことが分かる。したがって、未成の宝登山－秩父大宮間は、「現在ノ侭本線工事ヲ進捗セシムルハ頗ル至難」であった。1912年7月に上武鉄道は、苦肉の策として荒川の架橋を避けて秩父金崎から荒川の西側の尾田蒔を経由し、なおかつ軌間を2フィート6インチ（既成区間は3フィート6インチ）に縮小した変更計画を申請した[140]。この目的は、建設費の圧縮にあったが、「既成線トノ接続ヲ絶チ其設計妥当ナラザル」ため[141]、最終的に1913年9月5日に差し戻しとなった。

これと並行して、柿原定吉は、工事竣工期限を1914年12月31日に延期してから[142]、新たな資金調達案を作成した。それは、宝登山－秩父大宮間の建設費に充当するため、新たに40万円分の優先株（8,000株、1株につき50円払込）を発行する案であった。この条件は、1910年と同様、年8朱の利率で、2カ年据え置きの後に、4カ年以内に償還するものであった[143]。柿原定吉は、この資金調達案を1913年6月22日の臨時株主総会において建議し、以下のごとく理由を述べた[144]。

　　　延長線中波久礼藤谷淵間ハ既ニ明治四十四年九月建設工事竣功シ営業
　　　開始後日尚ホ浅シト雖トモ其ノ成績頗ル良好ニシテ倍前途ノ有望ヲ認ム
　　　ルニ至リ今ヤ未成線藤谷淵大宮間延長ノ愈急務ナルヲ感シ之ニ要スル資
　　　金充実ノ為メ決議ヲ必要トスル

柿原定吉の建議に対しては、秩父郡の株主も、「誰しも異議なく承認する筈」と予想したという[145]。ところが、山中隣之助は、優先株の引受先である浪速銀行の取締役でもあるため、しばらくは秩父金崎を終点にして利益の確保を優先するべきであると発言した[146]。これに対して、秩父郡の株主は、山中に対して反論した。なかでも、秩父郡の山田鼓太郎は、秩父大宮の延伸で採算が見込まれている以上は、すぐに着工すべきと柿原定吉の案への賛成

演説を行ったのであった[147]。

　山田は、持ち株数を 1904 年 6 月時点の 6 株から、1910 年 6 月には 51 株（優先株 50 株、普通株 1 株）に増やしていた。これは、もちろん配当金という株主利得をより多く得るための行動として理解することができる。だが、株主総会での議決権が制限されている優先株を所有しているにもかかわらず、上武鉄道と利害を共にする株主として、積極的に発言したことに注目したい。

　秩父郡への延伸に賛成する株主の発言は、重役においても歓迎されるべきものであった。表 2-5 から、1904 年から 1910 年にかけて、「ワツシヨ連」の新井佐市、斉藤直蔵、松本源次郎、石橋要、斉藤源太郎、中沢嘉蔵そして宮前藤十郎も、同様に持ち株数を増やしたことが確認できる[148]。ただし、彼らは秩父郡の名主であるから、全ての秩父郡の株主に共通した行動であるとは限らない。

　もっとも、柿原定吉が作成した資金調達案には諸井恒平も賛成であったから[149]、最終的に議案は可決された。上武鉄道は、第一銀行と浪速銀行東京支店からさらに 30 万円の追加融資を得ることができたのである。

3　地域産業の展開

　上武鉄道の秩父大宮までの延伸工事の進行を概観した上で、開業後における地域産業の動向と秩父郡の株主の行動を検討してみたい。

　1913 年 8 月 23 日、上武鉄道は、未成区間の宝登山－秩父大宮間の建設に着手した。道床の整備と軌条の敷設作業は、宝登山側を起点とし、荒川と横瀬川の両橋梁の完成とともに進められ、1914 年 10 月 3 日に秩父大宮に到達した。また、難工事と予想された荒川橋梁は 1913 年末から半年間、横瀬川橋梁も 1914 年 4 月から 5 カ月の工程で架設された。そして、1914 年 10 月 24 日に宝登山－秩父大宮間（秩父駅として開業、また、秩父金崎は国神に改称され貨物専用となる）は竣工し、同月 27 日に営業運転を開始した。

　ただし、この間の輸送状況をみると、一方における貨物は、1914 年 8 月以降の「欧州戦乱ノ影響ヲ承ケ経済界不振ノ結果出入貨物大ニ減退シ」たた

め[150]、延伸の効果は1916年以降まで待つことになった。他方の旅客は、「七月中鮎漁客稍多数ナリシト十二月秩父神社大祭ニ際シ賃金割引ヲナシ大ニ参詣客ヲ誘致シタル等」のため[151]、開業直後の1914年下期から輸送量・収入を増加させた。なお、これ以降、上武鉄道は沿線の行事に合わせて運賃割引や臨時列車の運転を行うようになる。

　それでは、上武鉄道の開業にともなう秩父大宮の反応を確かめておこう。当時の新聞によると、すでに開業前に「大宮全町何となく活気に満ち」、不況にもかかわらず「停車場に接近せる……地所価格は一躍三四割方の暴騰を見」た[152]。もはや上武鉄道の開業は株主のみならず町全体の関心事であった。また開業後には、「秩父の富源は鉄道の鍵によりその関を開かれ本県物産を増加すること蓋し甚大」と[153]、鉄道は秩父郡の産業を発展させるものとして期待されたのである。

　貨物輸送の好転は、「米穀類ノ搬入木材等ノ搬出等多量ナリシニ依リ……増収ヲ見ルヲ得タリ」と報告された1916年上期以降となった[154]。そこで、図2-5から主な秩父郡内産品の生産額の推移をみると、総じて一定ながらも、1914年から増加基調にあることが確認できる。具体的には、農産物が若干減少し、代わりに工産物と林産物が増加した（その他とした畜産業と水産業は無視しうるほど少額である）。

　上武鉄道の開業は、地域産業とりわけ工業と林業の発展に寄与したと言えよう。とくに工業における織物生産は、「上武鉄道開通の機運と共に生産業今後に於ける発展蓋し刮目に値せん」と言われ[155]、1918年には工業生産額に占める割合を70％にまで高めた。ただ、残念ながら、上武鉄道による絹織物輸送の実態は必ずしも明らかではない[156]。また、「上武鉄道の大宮町に延長すると共に組織を変改して更らに大に発展の道を講」じたとされる石灰石採掘業は[157]、セメント需要の高まりを受けて1916年以降に上武鉄道（秩父鉄道）の兼業部門となる。

　では、上武鉄道の開業は、秩父郡の株主にいかなる変化を与えたのであろうか。限られた事例ではあるが、株主のなかには、1916年以降の好景気の下、

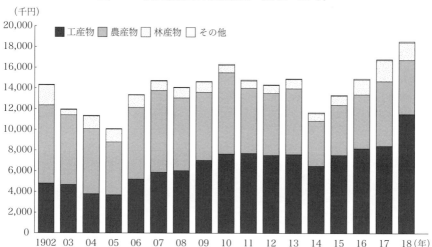

図 2-5 秩父郡産業の産額推移（1902〜18年）

出所）『埼玉県統計書』各年版から作成。
注1）金額は、企業物価指数（戦前基準指数：1934年〜36年平均＝1）で除した実質値。
注2）「その他」項目は、水産業と畜産業。

秩父郡内で起業した者がいた。表2-7で示す、秩父絹織物共同販売と秩父木材の2社は、それぞれ公称資本金を50万円と30万円とする比較的大規模な会社である。これは、上武鉄道の開業と第一次世界大戦にともなう好景気が、秩父郡の地域産業を発展させ、それに関連した会社の設立を促進させたことを示すものであろう。そこで両社の重役をみると、上武鉄道の株主と重役が多く含まれていた[158]。さらに、このなかには、徐々に持ち株数を増やす者もいたのである。すなわち、上武鉄道は、交通インフラとしてだけでなく、株主の起業にみられるように地域産業に根ざした企業者活動を促すことで、秩父郡の地域振興を実現させたと言えよう。

おわりに

本章では、上武鉄道の経営展開を明らかにするとともに、主に株主総会での議論を通じて地方零細株主の行動を検討してきた。ここで議論の小括をし

表 2-7 秩父郡大宮町の主要 2 社の重役構成

秩父絹織物株式会社

		上武鉄道の持株数			
所在地 設立年月日 公称資本金 払込済資本金	秩父郡秩父町 1917 年 8 月 500,000 円 300,000 円	1910 年 6 月	1913 年 6 月	1917 年 12 月	1920 年 6 月
取締役社長	荒船 愛次郎	200	582	655	600
副社長	水野 丑蔵	50	10	572	1,000
取締役	斉藤 新作	150	293	600	1,014
	大島 平一郎	53	53	74	80
	久喜 文重郎	100	200	509	551
	富田 重八郎	0	0	0	0
	内田 角之助	105	200	466	666
	町田 芳次	102	223	533	782
	内田 幸次郎	0	0	0	0
	浅見 鶴吉	0	0	0	0
監査役	赤岩 富重	0	0	0	0
	丸山 和藤治	0	0	0	0
	関根 金作	0	0	0	0
	荒船 清十郎	0	0	0	300

秩父木材株式会社

		上武鉄道の持株数			
所在地 設立年月日 公称資本金 払込済資本金	秩父郡秩父町 1919 年 11 月 300,000 円 75,000 円	1910 年 6 月	1913 年 6 月	1917 年 12 月	1920 年 6 月
取締役	柿原 定吉	520	540	835	1,000
	石橋 要	2	15	22	16
	井上 重一郎	21	0	54	102
	諸 平五郎	0	0	0	0
	富田 源之助	200	285	404	572
監査役	宮前 藤十郎	101	101	101	134
	斉藤 源太郎	20	20	16	32
	山中 宗治	0	0	0	14

出所）東京興信所『銀行会社要録』1921 年版（復刻版＝『銀行会社要録』柏書房、1989 年、第 6 巻）、上武鉄道株式会社「株主名簿」1910 年 6 月末、1913 年 6 月末および秩父鉄道株式会社「株主名簿」1917 年 12 月末、1920 年 6 月末（『営業報告書』付録）などから作成。
注）持株数は、優先株と普通株の合計。

第2章　上武鉄道の経営展開と地方零細株主

たい。

　まず、零細株主の経営への関与についてである。上武鉄道は、柿原万蔵を中心とした秩父郡の名主らによって計画されたが、地方零細株主に出資の大部分を依存して設立された。これは、一方で東京の発起人が脱退したためだが、他方で地方の人々も、鉄道敷設による地域振興に一定の理解を示していたためであった。柿原万蔵は、地方零細株主の議決権を定款で保護したのである。

　だが、零細株主間で利害対立が生じたのであった。建設資金の不足が危惧されるなかで大里郡の零細株主は、重役に対して大規模な他人資本の調達と、秩父大宮までの早期の開業を求めた。また、秋山藤三郎による砂利採取業の設立は、鉄道による地域振興を具体化させるものであった。柿原万蔵が、若林や秋山を「応援重役」に登用した背景には、零細株主に資金難の解決を委ねなければならないほど逼迫した経営状況があった。結局、上武鉄道は減資し、東京信託会社からの資金調達を試みることになる。

　さらに、波久礼－秩父大宮間の敷設本免許状の失効を契機として秩父郡の株主が発言を強めた。その折の東京信託会社からの資金調達案の否決は、大里郡と秩父郡で株主の主張が異なったことに起因していた。

　その後、秩父郡の株主に懇願されて取締役社長に就いた柿原定吉は、株主総会の議決権を1株につき1個に変更するとともに、大里郡の株主から秩父郡の株主に株式の移転を図った。これは、当初の目的である秩父郡への鉄道敷設を確実にするための策であった。そして、地域産業との関係をみると、渋沢栄一からの援助である資金調達の結果、秩父金崎までの延伸で会社の経営状況は好転し、株式配当金という形で株主に利益をもたらした。その後も、秩父郡の株主は、株主総会において秩父大宮までの早期延伸を求める柿原定吉を後押しし、そして秩父大宮までの開業後に株主自らも起業することで地域振興を具体化させたのである。

　このように上武鉄道の地方零細株主は、株主総会を通じて経営の意思決定に関与してきたが、その行動は一様ではなく、設立期の中央と地方および路

線の延伸期の大里郡と秩父郡というように地域間で主張の対立がみられた。

だが、とりわけ後者で重要なことは、経営に対して発言する株主が、路線の延伸に合わせて大里郡から秩父郡へと移った点にあった。大里郡の株主は、鉄道沿線での起業に意欲的な反面、鉄道が開業すると早期の高配当を求めて羽生方面の延伸を求めたために、秩父郡の株主との意見の対立を生じさせたのである。これに対して柿原定吉は、秩父郡の株主に株式を集中させると同時に渋沢栄一からの援助を受けて秩父大宮まで開業させた。ただし、渋沢ら中央の資本家の経営参加は、必ずしも地方零細株主の発言と行動を制約しなかった。上述のとおり秩父郡の株主は、秩父大宮までの早期開業を訴えて、絹織物や木材、石灰石開発をはじめとする諸産業の発展とともに地域産業に関わる会社を設立したのである。本章では、一部の株主の行動を明らかにしたに過ぎないが、地方零細株主は地域社会内で株式保有を強制されたに過ぎず会社経営への関わりは希薄であったとする、旧来の見方が不十分であったことは最低限明示しえたと考える。彼らのうちのかなりの部分は、株式に資産運用上の価値を認めていたばかりでなく、事業活動が産業振興を通じて自らを潤すことをも視野に入れ、そうした見通しの下に経営の節目で意思決定に関わっていたのである。1920年頃にかけて上武鉄道の株主は、起業する傍らで持ち株数を増やして零細株主から大株主になる者もおり、地域産業の発展が、秩父（上武）鉄道の電化や設備更新を支える資金源のひとつになるのであった。

注
1) 井上啓蔵編『秩父鉄道五十年史』秩父鉄道株式会社、1950年、19頁。
2) 老川慶喜「明治期地方的中小鉄道の建設と資金調達――上武（秩父）鉄道会社を事例として」『関東学園大学紀要経済学部編』第11集、1986年、119-145頁（のち、老川慶喜『産業革命期の地域交通と輸送』（鉄道史叢書6）（第4章、第1節「上武（秩父）鉄道会社の建設と資金調達」）日本経済評論社、1992年、305-342頁に収録）。
3) 岡崎哲二「企業システム」岡崎哲二・奥野正寛編『現代日本経済システムの源

流』(シリーズ・現代経済研究 6) 日本経済新聞社、1993 年、105 頁。
4) 石井里枝「企業勃興期における地方鉄道会社の経営と株主——両毛鉄道会社を事例として」『鉄道史学』鉄道史学会、第 25 号、2008 年 3 月、3-25 頁(のち、石井里枝『戦前期日本の地方企業——地域における産業化と近代経営』(第 2 章「産業革命期の地方における企業経営と株主——両毛鉄道を事例として」) 日本経済評論社、2013 年、第 2 章、57-90 頁に収録)。
5) 中村尚史『日本鉄道業の形成——1869〜1894 年』(第 8 章「九州鉄道会社の成立と地域社会——重役組織の形成過程を中心に」) 日本経済評論社、1998 年、329-363 頁。
6) 青木栄一「軽便鉄道の盛衰」原田勝正・青木栄一『日本の鉄道——100 年の歩みから』三省堂、1973 年、144-171 頁。また同様の指摘が、三木理史『地域交通体系と局地鉄道——その史的展開』(日本経済評論社、2000 年、第 3 章Ⅵ、71-77 頁) でなされている。
7) 伊牟田敏充「明治期における株主の議決権」『明治期株式会社分析序説——講義用テキスト』法政大学出版局、1976 年、第 5 論文、223 頁。
8) 村上彰一「上武鉄道敷設目論見書」1893 年 10 月『明治二十八年ヨリ引継以前之分 文書類 庶務部第一類』(秩父鉄道株式会社総務部保存文書 23)。なお、引用文中の「製紙」とは「製糸」の誤りであると思われる。
9) 同上。
10) 同上。
11) 「鉄道敷設賛成盟約書 秩父郡」1894 年 3 月『明治二十七年ヨリ引継以前之分 文書類 庶務部第一類』(秩父鉄道株式会社総務部保存文書 17)。
12) 「宮前藤十郎回顧録」秩父市誌編纂委員会編『秩父市誌』1962 年、535 頁。
13) 「上武鉄道と秩父郡」『埼玉公論』埼玉公論社、1899 年 7 月 25 日、第 41 号、11 頁。以下、埼玉公論は、埼玉県立文書館所蔵分を利用。
14) 「徴兵慰労会と上武鉄道」『埼玉公論』埼玉公論社、1899 年 8 月 17 日、第 43 号、13 頁。
15) 同上。
16) 斉藤直蔵『秩父鉄道沿革史』埼玉日報社、1933 年、16 頁(復刻版＝野田正穂・原田勝正・青木栄一編『大正期鉄道史資料』第 2 集第 7 巻(国有・民営鉄道史 常総鉄道株式会社三十年史他) 日本経済評論社、1984 年)。また、東京における上武鉄道の株価 (1 円払込) は、1896 年 11 月の 1 円を境に、1899 年 8 月には 20 銭まで下落し、翌 9 月には 0 円になり取引打ち切りとなっていた (「諸株式相場」、「公債株券古金銀相場」『中外商業新報』掲載広告)。
17) 「情願書」1900 年 12 月 1 日『自明治三十二年七月 至明治三十四年十二月 官公署稟申往復録』(秩父鉄道株式会社総務部保存文書 19-1〜3)。なお、当史料は、敷設予定地を調査する県職員の旅費の県費負担を願い出たものである。
18) 伊牟田敏充は、明治期の株式会社で議決権の制限が採られた理由として、大株

主による権利の濫用を挙げている。本章によって、零細株主の意見を取り入れるという一面があったことも付け加えることができるであろう（前掲伊牟田「明治期における株主の議決権」）。
19) 前掲斉藤『秩父鉄道沿革史』16頁。
20) 「明治三十三年委員会決議録」『自明治二十七年 至明治三十八年 事業報告書株主総会関係書類綴』（秩父鉄道株式会社総務部保存文書13〜16）。
21) 「明治三十三年一月三十日定時株主総会」同上。
22) 同上。
23) 同上。
24) 野田正穂『日本証券市場成立史——明治期の鉄道と株式会社金融』有斐閣、1980年、132-133頁。
25) 「明治三十三年十二月六日重役会」前掲『自明治二十七年 至明治三十八年 事業報告書株主総会関係書類綴』。
26) 「明治三十四年一月三十日臨時株主総会」同上。
27) 同上。
28) 「明治三十四年四月十四日臨時株主総会議事録」前掲『明治二十七年ヨリ引継以前之分 文書類 庶務部第一類』。
29) 同上。
30) 秋山藤三郎編『石原村誌 全』（出版者不明）、1909年、14頁。
31) 「旅客付随自転車無賃運送認可申請」1903年3月30日、『明治三十六年 官公署稟申往復録』（秩父鉄道株式会社総務部保存文書50〜52）。
32) 「割引準則変更認可申請書」1903年5月21日、同上。
33) 「上武鉄道株式会社臨時株主総会取締役選挙」1902年11月8日、同上。
34) 同上。
35) 斉藤直蔵『柿原万蔵翁伝』柿原万蔵翁頌徳会、1939年、37頁。
36) 寄居町教育委員会町史編さん室編『寄居町史』1986年、858頁。
37) 前掲「上武鉄道株式会社臨時株主総会取締役選挙」。
38) 同上。
39) 同上。
40) 前掲『寄居町史』854頁。
41) 前掲「上武鉄道株式会社臨時株主総会取締役選挙」。
42) 同上。
43) 「停車場仮設認可申請書」1903年3月14日、前掲『明治三十六年 官公署稟申往復録』。
44) 高野林太郎は、1897年に秩父郡中川村に蒸気動力を用いた製材工場を設立させた人物として、前掲『秩父市誌』(871頁）に紹介されている。
45) 「建議書」1903年1月30日、『明治三十三年一月以降 緊要書類』（秩父鉄道株式会社総務部保存文書28）。

46) 前掲『秩父市誌』316 頁および「鉄道対荷馬車弁」『鉄道省文書 鉄道免許 秩父鉄道 巻一』(1908〜11 年)（平 12 運輸 02281100-本館-3B-014-00)（国立公文書館所蔵）。
47) 前掲老川『産業革命期の地域交通と輸送』328 頁。
48) 同上、330 頁（表 3-10）および 331 頁。
49) 「列車発着時刻変更理由書」1903 年 10 月 12 日、前掲『明治三十六年 官公署䘵申往復録』。
50) 同上。
51) 前掲「鉄道対荷馬車弁」。同表では鉄道を石原発としているが、熊谷発の場合には鉄道院に支払う構内使用料が加算されるため、石原発と比較して 4 銭高い 33 銭になると算出されている。
52) 同上。
53) 前掲『秩父市誌』588 頁。
54) 近藤圭三「埼玉県運送業諸君に望む」『関東新報』1909 年 12 月 1 日、3 頁（関東新報 12）（埼玉県立文書館所蔵）。
55) 「新事業に就て」『埼玉公論』埼玉公論社、1901 年 12 月 5 日、第 101 号、2 頁。
56) 「如何にして我上武鉄道を救はん乎（上）」『埼玉公論』埼玉公論社、1906 年 10 月 20 日、第 202 号、5 頁。
57) 前掲斉藤『柿原万蔵翁伝』37 頁。
58) 同上。
59) 同上。
60) 同上、83 頁。
61) 同上。
62) 同上。
63) 「定款変更認可申請書」前掲『自明治二十七年 至明治三十八年 事業報告書株主総会関係書類綴』。
64) 前掲「定款変更認可申請書」。
65) 「明治三十六年六月十四日臨時株主総会 定款第三十八条改正ノ件」前掲『自明治二十七年 至明治三十八年 事業報告書株主総会関係書類綴』。
66) 同上。
67) 前掲伊牟田「明治期における株主の議決権」。
68) 前掲「明治三十六年六月十四日臨時株主総会 定款第三十八条改正ノ件」。
69) 同上。
70) 同上。
71) 定款第 38 条は、株式の整理が完了した 1905 年 3 月 12 日の株主臨時総会において再度「五十株迄ハ一株ニ付一個トシ五十一株以上ハ毎十株ニ付一個トス」と改正されている（「明治三十八年三月十二日臨時株主総会議事録」同上）。なお、整理対象となった株式および株主の詳細は不明である。

72) 前掲「如何にして我上武鉄道を救はん乎（上）」。
73) 同上。なお、本論説の執筆者は不明である。
74) 「上武鉄道株式会社株主臨時総会議事及要領書」、前掲『鉄道省文書 鉄道免許 秩父鉄道 巻一』。
75) 同上。
76) 「官報掲載案」同上。
77) 「延長線敷設本免許状下付申請」1905年11月5日、同上。
78) 「理由書」同上。
79) 前掲斉藤『柿原万蔵翁伝』45頁。
80) 「上武鉄道臨時株主総会詳報」『埼玉新報』1908年1月22日、2頁。以下、埼玉新報は、埼玉県立文書館所蔵の複製史料を利用（埼玉新報25）。
81) 武内成『明治期三井と慶應義塾卒業生』文眞堂、1995年、178頁。ただし、三井が東京信託会社の経営にどれだけ関わったのかは明らかでない。
82) 「覚書」、「附帯協約」、前掲『自明治二十七年 至明治三十八年 事業報告書株主総会関係書類綴』。
83) 「上武鉄道株主総会の裏面（一）」『埼玉新報』1908年1月23日、2頁（埼玉新報25）。
84) 同上。
85) 前掲斉藤『柿原万蔵翁伝』45頁。
86) 柿原定吉の経歴については、『大日本山林会報』大日本山林会事務所、第524号、1926年、61-62頁および金子綱友発行兼編集『秩父之精神』1917年、10-11頁を参照。
87) 前掲斉藤『柿原万蔵翁伝』45頁。
88) 「上武鉄道株式会社事業の実績並に其新計画に就て（三）」『埼玉新報』1907年1月16日、2頁（埼玉新報13）。
89) 「上武鉄道株主総会の裏面（二）」『埼玉新報』1907年1月24日、2頁（同上）。
90) 同上。
91) 同上。
92) 前掲「上武鉄道株主総会の裏面（一）」。
93) 「秩父郡有志会の集会」『埼玉新報』1907年1月10日、2頁（埼玉新報13）。
94) 同上。
95) 前掲「上武鉄道株主総会の裏面（二）」。
96) 前掲斉藤『柿原万蔵翁伝』46頁。
97) 前掲「上武鉄道株主総会の裏面（二）」。
98) 前掲斉藤『柿原万蔵翁伝』44頁。
99) 同上、46頁。
100) 「上武鉄道株主有志会」『埼玉新報』1907年1月24日、2頁（埼玉新報13）。
101) 前掲斉藤『柿原万蔵翁伝』48頁。

102) 同上。
103) 同上。
104) 同上。
105) 「上武鉄道株式会社臨時株主総会決議録 第一号議案」1908年2月28日、『自明治三十九年 至明治四十四年 事業報告書株主総会関係書類綴』（秩父鉄道株式会社総務部保存文書65～67）。
106) 前掲「上武鉄道株式会社臨時株主総会決議録 第一号議案」。
107) 同上。
108) 『運輸日報』1921年10月14日（渋沢青淵記念財団竜門社編『渋沢栄一伝記資料』渋沢栄一伝記資料刊行会、1963年、第51巻、551頁）。
109) 「秩父セメントと青淵先生」『諸井恒平談話筆記』1938年8月3日（渋沢青淵記念財団竜門社編『渋沢栄一伝記資料』渋沢栄一伝記資料刊行会、1963年、第52巻、540頁）。
110) 雨夜譚会編『青淵先生関係会社調』1927年、同上。
111) 「上武鉄道株式会社臨時株主総会決議録 第二号議案」1908年2月28日、前掲『自明治三十九年 至明治四十四年 事業報告書株主総会関係書類綴』。
112) 「復命書」1908年6月1日『明治四十一年 文書類（庶務）』（秩父鉄道株式会社総務部保存文書78～80）。
113) 同上。
114) 同上。
115) 同上。
116) 前掲「上武鉄道株式会社臨時株主総会決議録 第二号議案」。
117) 「諸井恒平談話筆記」1927年7月21日（渋沢青淵記念財団竜門社編『渋沢栄一伝記資料』渋沢栄一伝記資料刊行会、1963年、第51巻、516頁）。
118) 「秩父石灰事業」『埼玉日日新聞』1914年9月23日、2頁。以下、埼玉日日新聞は、埼玉県立文書館所蔵の複製史料を利用（埼玉日日新聞14）。
119) 前掲「諸井恒平談話筆記」。また、セメント生産の過程で石灰石に混合する粘土については、諸井の旧知の仲で林学者であった本多静六の調査・分析によって工場予定地付近に埋蔵されていることが判明したとされる（三鬼陽之助『会社と経営者』投資経済社、1936年、23頁）。
120) 老川慶喜「関東大震災と煉瓦製造業」原田勝正・塩崎文雄編『東京・関東大震災前後』日本経済評論社、1997年、第4章、127-158頁。
121) また、引受けられなかった優先株は、浪速銀行東京支店で引受けることとされた（「新株募集方法案」、前掲『自明治三十九年 至明治四十四年 事業報告書株主総会関係書類綴』）。
122) 前掲「上武鉄道株式会社臨時株主総会決議録 第二号議案」。
123) 「上武鉄道株式会社株主臨時総会決議録 第二号議案」1910年2月27日、前掲『自明治三十九年 至明治四十四年 事業報告書株主総会関係書類綴』。

124) 渋沢栄一が上武鉄道の経営に関与することについては、渋沢研究会編『公益の追求者・渋沢栄一――新時代の創造』(山川出版社、1999 年、79 頁(松本和明執筆部分))を参照。
125) 前掲斉藤『柿原万蔵翁伝』50 頁。
126) 「上武鉄道総会」『国民新聞』1910 年 2 月 17 日、5 頁。以下、国民新聞は、埼玉県立文書館所蔵の埼玉版複製史料を利用(国民新聞埼玉版 8)。
127) 同上。
128) 「上武鉄道株式会社臨時株主総会決議録」1910 年 6 月 25 日、前掲『自明治三十九年 至明治四十四年 事業報告書株主総会関係書類綴』。なお、諸井、山中、中村の就任登記の届出日は 1910 年 7 月 9 日であった。
129) 1905 年 11 月 5 日の臨時株主総会で決議された波久礼-秩父大宮間の本免許状は、1908 年 11 月 25 日に下付されたが、期限内に竣工できず 1910 年 6 月 16 日に返納された(上武鉄道株式会社『営業報告書』(1910 年上期)5 頁)。以下、上武鉄道の営業報告書は、埼玉県立文書館複製所蔵、秩父鉄道株式会社総務部保存文書の分を利用。
130) 同上。
131) 「上武鉄道株式会社臨時株主総会決議録 第一号議案」1910 年 8 月 28 日、前掲『自明治三十九年 至明治四十四年 事業報告書株主総会関係書類綴』。
132) 上武鉄道株式会社『営業報告書』(1911 年上期)9 頁。
133) 「藤谷淵金崎間仮設工事認可申請書」1910 年 6 月、『明治四十三年 官公署稟申往復録』(秩父鉄道株式会社総務部保存文書 93～94)。
134) 前掲老川『産業革命期の地域交通と輸送』316 頁(図表 4-1)。同表は、貨客別の収入金額の推移を示しているため、併せて参照されたい。
135) 「秩父停車場構内工事方法変更届」1912 年 5 月 25 日、『鉄道省文書 鉄道免許 秩父鉄道 巻二』(1912～16 年)(平 12 運輸 02280100-本館-3B-014-00)(国立公文書館所蔵)。
136) 上武鉄道株式会社『営業報告書』(1912 年上期)11 頁。
137) 「秩父の風光と産物」『国民新聞』(埼玉県秩父紹介号)1913 年 9 月 15 日、7 頁(国民新聞埼玉版 19)。
138) 前掲斉藤『柿原万蔵翁伝』57 頁。
139) 前掲老川『産業革命期の地域交通と輸送』336 頁(表 3-13)。
140) 「線路並ニ軌間変更申請書」1912 年 7 月 18 日、前掲『鉄道省文書 鉄道免許 秩父鉄道 巻二』。
141) 「上武鉄道線路及軌間変更ノ件」、同上。
142) 「上武鉄道工事竣功期限延期ノ件」、同上。
143) 「上武鉄道株式会社臨時株主総会決議録」1913 年 6 月 22 日、同上。
144) 「上武鉄道株式会社臨時株主総会決議録 第一号議事」1913 年 6 月 22 日、『自大正二年 至大正十年 事業報告書株主総会関係書類綴』(秩父鉄道株式会社総務部

保存文書 112〜114)。
145) 前掲斉藤『柿原万蔵翁伝』58 頁。
146) 同上。
147) 前掲「上武鉄道株式会社臨時株主総会決議録 第一号議事」。
148) 前掲斉藤『柿原万蔵翁伝』59 頁。
149) 同上。
150) 上武鉄道株式会社『営業報告書』(1914 年下期) 11 頁。
151) 同上。
152) 「上武線と大宮」『国民新聞』1914 年 10 月 11 日、6 頁（国民新聞埼玉版 22)。
153) 「秩父富源開発の鍵 上武鉄道全線愈よ開通」『国民新聞』1914 年 11 月 10 日、6 頁（同上)。
154) 上武鉄道株式会社『営業報告書』(1916 年上期) 9 頁。
155) 前掲「秩父富源開発の鍵 上武鉄道全線愈よ開通」。
156) ただし、『繭、生糸、絹織物ニ関スル調査』(重要貨物情況 第 13 編、鉄道省運輸局、1926 年 3 月（復刻版＝雄松堂出版、1996 年)、絹織物の部、58 頁）によると、大正末期においては秩父産絹織物の 6 割以上が東京まで自動車輸送された。
157) 「無尽蔵の秩父石灰岩」『埼玉日日新聞』1914 年 11 月 16 日、1 頁（埼玉日日新聞 17)。
158) 東京興信所『銀行会社要録』1921 年版（復刻版＝『銀行会社要録』柏書房、1989 年、第 6 巻、役員録）に採録されている埼玉県秩父郡内の会社のうち、重役氏名が明記されている会社は表中の 2 社と秩父鉄道だけである。

第3章
戦前期秩父鉄道にみる資金調達と企業者活動
―借入金調達を中心に―

はじめに

　本章の目的は、1900年代初頭から1920年代にかけての秩父鉄道の借入金調達を分析することで、戦前期の地方企業における企業者活動の一端を実証的に明らかにすることである[1]。

　これまで戦前期における株式会社の資金調達は、伊牟田敏充による明治期の食品、化学、窯業、金属および機械の諸工業会社の金融構造の研究などにより[2]、総じて総資本における払込資本金と各種積立金、つまり自己資本の比重が高く、逆に借入金、社債など他人資本への依存は少ないと理解されてきた。また、明治期の鉄道会社金融を中心に証券市場の成立を研究した野田正穂は、株式担保金融（貸し付け）の制度によって、株式会社は高い自己資本比率を実現させていたと指摘している。株式担保金融とは、「日本銀行が普通銀行に対して株式担保の手形割引の形式による貸付けを行な」うことを後ろ盾にした[3]、普通銀行による個人を対象に所有株式を担保にする貸付制度である。これが、「株主に対して払込み資金を供給する役割」を果たし[4]、株式払込金の分割払込制度と相俟って、株式会社の資本構成において相対的に高率の自己資本、低率の他人資本を特徴づけていた。さらに、野田は、第一次世界大戦後に会社企業の自己資本比率は低下し、「実質的な長期貸付け」である社債などに「普通銀行の『企業金融』の主力が」移行したことを

表 3-1 資本構成の

		公称資本金	建設費 A	払込資本金 B	その他 C	自己資本 D = (B+C)
1901年	上期	900,000	316,548	308,960	0	308,960
	下	900,000	432,864	415,326	947	416,273
02	上	900,000	448,423	422,817	1,789	424,606
	下	900,000	474,843	485,242	1,955	487,197
03	上	900,000	531,757	498,713	816	499,529
	下	900,000	544,696	534,794	2,142	536,936
04	上	900,000	553,753	543,703	1,914	545,617
	下	900,000	567,210	570,586	2,256	572,842
05	上	900,000	613,889	575,379	3,761	579,140
	下	900,000	624,569	603,892	9,383	613,275
06	上	675,000	632,090	539,038	16,055	555,093
	下	675,000	643,166	600,205	16,281	616,486
07	上	675,000	649,300	605,205	13,409	618,614
	下	675,000	651,803	654,760	16,603	671,363
08	上	600,000	613,234	600,000	26,143	626,143
	下	600,000	616,144	600,000	31,733	631,733
09	上	600,000	616,321	600,000	31,931	631,931
	下	600,000	616,853	600,000	31,284	631,284
10	上	1,000,000	622,693	640,000	29,844	669,844
	下	1,000,000	706,285	700,000	31,766	731,766
11	上	1,000,000	830,058	700,000	38,333	738,333
	下	1,000,000	983,070	700,000	30,514	730,514
12	上	1,000,000	1,003,775	700,000	34,569	734,569
	下	1,000,000	1,010,859	759,648	39,117	798,764
13	上	1,000,000	1,014,237	760,000	45,491	805,491
	下	1,000,000	1,050,394	839,730	50,603	890,333
14	上	1,000,000	1,289,591	840,000	56,967	896,967
	下	1,000,000	1,391,220	919,260	58,939	978,199
15	上	1,000,000	1,393,944	920,000	58,452	978,452
	下	1,000,000	1,397,512	999,540	60,593	1,060,133
16	上	1,400,000	1,398,409	1,040,000	70,053	1,110,053
	下	1,400,000	1,398,465	1,119,740	79,280	1,199,020
17	上	1,400,000	1,434,040	1,199,720	91,172	1,290,892
	下	1,400,000	1,486,425	1,279,920	101,053	1,380,973
18	上	1,400,000	1,498,255	1,359,980	115,984	1,475,964
	下	1,400,000	1,501,668	1,400,000	138,344	1,538,344
19	上	2,000,000	1,543,170	1,280,000	164,248	1,444,248
	下	2,000,000	1,542,411	1,280,000	169,837	1,449,837
20	上	2,000,000	1,544,418	1,280,410	198,635	1,479,045
	下	2,000,000	1,742,657	1,440,000	202,769	1,642,769

第 3 章　戦前期秩父鉄道にみる資金調達と企業者活動

推移（1901～22 年）

(単位：円、％)

借入金 E	総資本 F	D／F	E／F	A／D	A／(D＋E)
		％	％	％	％
49,000	364,427	85	13	102	88
20,000	437,913	95	5	104	99
33,000	457,606	93	7	106	98
20,000	507,999	96	4	97	94
45,000	549,571	91	8	106	98
45,000	581,962	92	8	101	94
100,000	650,256	84	15	101	86
100,000	691,697	83	14	99	84
99,000	721,265	80	14	106	91
99,000	729,812	84	14	102	88
69,000	661,895	84	10	114	101
55,000	679,918	91	8	104	96
50,000	688,870	90	7	105	97
0	691,365	97	0	97	97
0	636,692	98	0	98	98
0	641,505	98	0	98	98
0	638,969	99	0	98	98
0	640,807	99	0	98	98
0	679,528	99	0	93	93
0	756,433	97	0	97	97
300,000	1,056,556	70	28	112	80
300,000	1,056,101	69	28	135	95
300,000	1,050,615	70	29	137	97
230,000	1,046,347	76	22	127	98
230,000	1,053,815	76	22	126	98
165,000	1,084,968	82	15	118	100
425,000	1,349,824	66	31	144	98
435,000	1,430,804	68	30	142	98
455,000	1,450,402	67	31	142	97
365,000	1,441,291	74	25	132	98
340,000	1,470,568	75	23	126	96
260,000	1,477,816	81	12	117	96
180,000	1,495,143	86	12	111	97
140,000	1,546,295	89	9	108	98
70,000	1,576,132	94	4	102	97
10,000	1,586,085	97	1	98	97
0	1,727,740	84	0	107	107
0	1,720,703	84	0	106	106
0	2,204,281	67	0	104	104
0	2,637,162	62	0	106	106

21	上	2,000,000	1,955,207	1,440,000	234,132	1,674,132
	下	2,000,000	2,378,829	1,440,000	282,327	1,722,327
22	上	5,000,000	3,180,510	1,740,000	319,869	2,059,869
	下	5,550,000	4,360,775	2,889,510	363,578	3,253,088

出所）上武鉄道株式会社・秩父鉄道株式会社『営業報告書』各年各期版から作成。
注1）金額の1円未満は切り捨て。またパーセンテージは小数第1位を四捨五入。
注2）その他項目は、諸積立金、前期繰越金、当期益金の合計額。

挙げている[5]。すなわち、戦前期日本の株式会社の資金調達は、自己資本を中心としながらも、1920年代以降、会社の信用が高まるにつれ、社債等の他人資本を動員する傾向をみせた。だが、野田はこの理由について、会社と金融機関の「両者の癒着の進展があった」と指摘するにとどめ[6]、具体的な経営展開、企業者活動との関わりでは検討していない。

秩父鉄道の場合は、表3-1のとおり1901年から22年までの総資本に占める自己資本の比率は常に50％を超過しており、伊牟田と野田による指摘のとおり、借入金、社債といった他人資本の比率は必ずしも高くない。実際、他人資本の調達は、建設費が自己資本を上回る際の借入金に限られていた。

しかし、究極的に言えば、秩父鉄道の延伸工事の可否は、借入金調達の成否によっていたことになる。これについて、秩父鉄道および商号変更以前の上武鉄道の資金調達問題を検討した老川慶喜は、地方株主による払込資本金だけでは建設費が足りず、秩父までの延伸には、渋沢栄一による優先株などの資金上の支援が不可避であったと、渋沢による融資の重要性を指摘している[7]。

そこで本章では、老川が検討した後の時期も含めて、秩父（上武）鉄道の経営展開にともなう資金調達のあり方を検討することにしたい[8]。上武鉄道は、1914年10月に熊谷－秩父間を開業した後、1916年2月に秩父鉄道に商号を変更した。2代目取締役社長に就任した柿原定吉は、1922年には全線の電化を完成させている。

関東の山岳路線における私鉄の嚆矢といわれた同社の電化は[9]、以後の石灰石やセメント輸送により経営発展をもたらすきっかけとして位置づけるこ

1,000,000	2,993,817	56	33	117	73
1,000,000	3,260,598	53	31	138	87
1,000,000	3,447,244	60	29	154	104
750,000	4,825,779	67	16	134	109

とができる。つまり、1916年以降における秩父鉄道の旺盛な設備投資を可能にした資金調達の実態を明らかにすることで、戦前期の株式会社に経営発展をもたらす資金調達のあり方の一端を見出すことができると思われる。また、経営者自ら調達先を模索しなければならない戦前期の地方鉄道会社において、他人資本の調達は企業者活動の分析を通じても検討されるべきものである。

　柿原定吉は、秩父郡出身で東京高等商業学校を卒業後、東京市日本橋区の絹織物問屋柿原商店に勤務しており、1907年に当時36歳で上武鉄道の2代目取締役社長に就任した[10]。詳細は後述するが、上武鉄道は柿原定吉の経営再建で秩父への延伸を果たし、その後の石灰石輸送で経営を安定させたのである。

　そこで、本章では地方における株式担保貸し付けの実態と、借入金調達先の変遷とその背景にある企業者活動という、これまであまり実証されてこなかった論点に注目することで、地方鉄道会社の経営展開の一端を明らかにしたい。これにより、戦前期の株式会社金融だけでなく、地方企業を成長させる企業者活動のひとつのあり方を示すことができると思われる。なお、借入金調達では金額、調達先、および金利といった調達条件に留意しながら検討を進める。また、借入金以外の調達形式（優先株、社債）についても適宜扱うことにしたい。

第1節　設立期における借入金調達

　まず、秩父銀行、西武商工銀行、寄居銀行および熊谷銀行の沿線4行を地

表 3-2　借入金の貸借明細（1900～07 年）

	借入額	返済額	返済延期額	借入先	借入人名義	保証人連借人	借入利息（日歩）
1900 年　下期							
10 月 22 日	5,000	−	−	熊谷銀行	柿原万蔵	松本平蔵	不明
期末合計	5,000	0	0				
1901 年　上期							
2 月 14 日	250	−	−	植田小太郎	柿原万蔵	−	無利息
5 月 4 日	500	−	−	柿原定吉	松本平蔵他	−	無利息
5 月 26 日	15,000	−	−	柿原万蔵	柿原万蔵	−	3 銭 8 厘
5 月 26 日	10,000	−	−	熊谷銀行	上武鉄道	−	3 銭 8 厘
5 月 26 日	14,000	−	−	西武商工銀行	上武鉄道	−	4 銭
5 月 26 日	10,000	−	−	秩父銀行	上武鉄道	−	1 銭 8 厘
期末合計	49,750	0	0				
1901 年　下期							
7 月 26 日	−	15,000	−	柿原万蔵	上武鉄道	−	−
7 月 31 日	1,700	−	−	寄居銀行	上武鉄道	湯本友蔵	無利息
8 月 14 日	300	−	−	植田小太郎	上武鉄道	−	無利息
8 月 25 日	−	10,000	−	熊谷銀行	上武鉄道	−	−
8 月 25 日	−	14,000	−	西武商工銀行	上武鉄道	−	−
8 月 27 日	1,000	−	−	寄居銀行	上武鉄道	湯本友蔵	無利息
9 月 12 日	1,000	−	−	植田小太郎	上武鉄道	−	無利息
9 月 20 日	1,500	−	−	柿原定吉	上武鉄道	−	無利息
9 月 30 日	−	−	10,000	秩父銀行	上武鉄道	−	−
10 月 11 日	300	−	−	寄居銀行	上武鉄道	−	無利息
10 月 23 日	500	−	−	寄居銀行	上武鉄道	−	無利息
11 月 7 日	1,500	−	−	植田小太郎	上武鉄道	−	無利息
11 月 13 日	1,500	−	−	寄居銀行	上武鉄道	湯本友蔵	無利息
11 月 25 日	300	−	−	植田小太郎	上武鉄道	−	無利息
11 月 26 日	400	−	−	松本平蔵	上武鉄道	−	無利息
期末合計	10,000	39,000	10,000				
1902 年　上期							
1 月 6 日	10,000	−	−	柿原定吉	柿原万蔵	−	無利息
2 月 15 日	13,000	−	−	西武商工銀行	柿原万蔵	−	4 銭
期末合計	23,000	0	0				
1902 年　下期							
7 月 1 日	−	13,000	−	西武商工銀行	柿原万蔵	−	
7 月 5 日	10,000	−	−	柿原定吉	柿原万蔵	−	無利息
7 月 5 日	10,000	−	−	秩父銀行	上武鉄道	−	3 銭 8 厘
7 月 11 日	13,000	−	−	西武商工銀行	上武鉄道	−	4 銭
8 月 31 日	−	13,000	−	西武商工銀行	上武鉄道	−	−
9 月 21 日	−	−	10,000	柿原定吉	柿原万蔵	−	−
9 月 21 日	−	−	10,000	秩父銀行	上武鉄道	−	−
12 月 22 日	800	−	−	栗原定五郎	柿原万蔵	−	4 銭
期末合計	33,800	26,000	20,000				

第 3 章　戦前期秩父鉄道にみる資金調達と企業者活動　　101

借入日数	備考
129	線路建設費
55	一時借用（無担保） 一時借用（無担保） 線路建設費
91	線路建設費
97	線路建設費
127	線路建設費
−	1901 年 5 月 26 日分
61	
−	一時借用（無担保） 1901 年 5 月 26 日分
−	1901 年 5 月 26 日分
126	
	一時借用（無担保） 一時借用（無担保）
69	
	一時借用（無担保）
	一時借用（無担保） 一時借用（無担保）
175	線路建設費
146	線路建設費
87	
87	
61	
−	
101	
101	
190	

元銀行と定めた上で、前史として 1900 年から 1910 年にかけての借入金調達の実態を検証することにしたい。

1　地元銀行からの借入金調達

すでに述べたとおり、上武鉄道は、私設鉄道条例に基づき 1899 年 11 月 8 日、埼玉県大里郡熊谷町の日本鉄道熊谷駅から同県秩父郡大宮町までの敷設免許状の下付により設立され、主に地元株主からの払込資本金をもとにして建設に着手した。ところが、1901 年の第 4 回株式払込金の募集以降、払い込みの遅滞により資金不足に直面した上武鉄道は、建設資金を確保するため地元銀行からの借入金調達を行った。そこで、まずは、地元銀行からの借入金調達の特徴とその問題点を検討することにしたい。

表 3-2 は、1900 年から 1907 年までの借入金受払を一覧にしたものである。ここから、表 3-1 における借入金は、借入契約・条件を異にする複数の箇所から調達されていたことが理解される。概ね、建設着工直後の 1901 年から 1903 年までの借入先は重役個人、株主個人または地元銀行である場合が多く、総じて短期で無利子、かつ少額の借り入れであった。これは「社長毎日の仕事は金を借るに東奔西走し借金に没頭する外顧みる暇なき有様」といわれたように[11]、数株程度の所有である地方零細株主による払い込みの遅滞が増えるなか、借入金の調達先を模索したためである。そして、1903 年から 1907 年にかけては、地元銀行または浦和商業銀行から有利子で

表 3-2 （続）

	借入額	返済額	返済延期額	借入先	借入人名義	保証人連借人	借入利息（日歩）
1903 年　上期							
2月24日	1,000	–	–	浦和商業銀行	柿原万蔵	小泉寛則	2銭8厘
3月28日	25,000	–	–	熊谷銀行	上武鉄道	–	
5月24日	–	–	1,000	浦和商業銀行	柿原万蔵	小泉寛則	2銭8厘
期末合計	26,000	0	1,000				
1903 年　下期							
9月2日	1,000	–	–	浦和商業銀行	柿原万蔵	小泉寛則	2銭8厘
11月10日	–	–	1,000	浦和商業銀行	柿原万蔵	小泉寛則	2銭8厘
期末合計	1,000	0	1,000				
1904 年　上期							
3月	–	5,000	–	寄居銀行	上武鉄道	–	
3月	–	3,100	–	植田小太郎	上武鉄道	–	
3月	–	1,500	–	柿原定吉	上武鉄道	–	
3月	–	10,000	–	秩父銀行	上武鉄道	–	
3月	–	400	–	松本平蔵	上武鉄道	–	
4月1日	5,000	–	–	浦和商業銀行	柿原万蔵	–	2銭8厘
4月1日	–	25,000	–	熊谷銀行	上武鉄道	–	
6月29日	–	–	5,000	浦和商業銀行	柿原万蔵	–	2銭8厘
6月29日	5,000	–	–	浦和商業銀行	上武鉄道	–	3銭5厘
6月29日	30,000	–	–	秩父銀行	上武鉄道	–	3銭5厘
6月29日	40,000	–	–	熊谷銀行	上武鉄道	–	3銭5厘
6月29日	15,000	–	–	西武商工銀行	上武鉄道	–	3銭5厘
6月29日	10,000	–	–	中島伊平	上武鉄道	–	3銭5厘
期末合計	105,000	45,000	5,000				
1904 年　下期							
12月26日	5,000	–	–	浦和商業銀行	柿原万蔵	–	–
12月31日	–	4,000	–	中島伊平	上武鉄道	–	–
期末合計	5,000	4,000	0				
1905 年　上期							
1月16日	–	–	30,000	秩父銀行	上武鉄道	–	
1月16日	–	–	40,000	熊谷銀行	上武鉄道	–	
1月16日	–	–	15,000	西武商工銀行	上武鉄道	–	
1月16日	–	–	6,000	中島伊平	上武鉄道	–	
1月16日	4,000	–	–	熊谷銀行	上武鉄道	–	3銭5厘
2月20日	–	5,000	–	浦和商業銀行	柿原万蔵	–	
3月27日	5,000	–	–	浦和商業銀行	柿原万蔵	–	
6月24日	–	–	5,000	浦和商業銀行	柿原万蔵	–	
6月30日	–	1,000	–	中島伊平	上武鉄道	–	–
期末合計	9,000	6,000	96,000				
1905 年　下期							
7月7日	–	–	30,000	秩父銀行	上武鉄道	–	3銭5厘

第3章 戦前期秩父鉄道にみる資金調達と企業者活動　　　103

借入日数	備考
90	株式担保
94	不況による払込不振
100	

59	
51	

89	株式担保
89	
90	
94	
94	
94	
94	

89	株式担保
−	

165	
165	
165	
165	
165	
89	
89	
−	

177	

借り入れていた。これは、上武鉄道が資金不足を理由にして建設費における借入金の比率を高めていったためである。

そこで、次に、借入先となった銀行をみると、秩父郡の絹織物買継商の柿原商店の機関銀行とされた西武商工銀行（頭取：柿原万蔵）、また同業の大森商店の機関銀行である秩父銀行（頭取：大森喜右衛門）が金額、回数ともに目立つ。そして、熊谷銀行（頭取：稲村貫一郎）、ならびに寄居町の商工金融を目的として設立された寄居銀行（頭取：湯本新蔵）がそれに続いた。これらの特定地域や産業金融を担う地元銀行の経営者や重役は、上武鉄道に重役や株主などで関わりをもっていた。実際、1904年下期において柿原万蔵は取締役社長（326株所有）、湯本新蔵は取締役（200株所有）、また大森喜右衛門は200株、稲村貫一郎は120株の株主であった。

次に、借入先となった個人は、植田小太郎（東京府／100株）、栗原定五郎（埼玉県／30株）を除けば、柿原万蔵、柿原定吉および松本平蔵は、いずれも上武鉄道の重役、かつ大株主で、地元銀行の重役でもあった。上武鉄道の借入金調達は、まさに「（社長と重役は）各自私有財産の有り丈を提供して工事の支払に充つる」（括弧内引用者）状況であった[12]。

また、一度の借入額が少額であった理由は、貸付側である当時の地元銀行の経営状況にもあったと思われる。たとえば、表3-3で示すのは、1902年下期と1913年下期の2期分の秩父銀行と寄居銀行の

表 3-2 （続）

	借入額	返済額	返済延期額	借入先	借入人名義	保証人連借人	借入利息（日歩）
1905 年　下期							
7月7日	–	–	44,000	熊谷銀行	上武鉄道	–	3銭5厘
7月7日	–	–	15,000	西武商工銀行	上武鉄道	–	3銭5厘
7月7日	–	–	5,000	浦和商業銀行	上武鉄道	–	3銭5厘
7月7日	–	–	5,000	中島伊平	上武鉄道	–	3銭5厘
期末合計	0	0	99,000				
1906 年　上期							
1月31日	–	30,000	–	秩父銀行	上武鉄道	–	–
1月31日	–	44,000	–	熊谷銀行	上武鉄道	–	–
1月31日	–	15,000	–	西武商工銀行	上武鉄道	–	–
1月31日	–	5,000	–	浦和商業銀行	柿原万蔵	–	–
1月31日	–	5,000	–	中島伊平	柿原万蔵	–	–
2月14日	34,000	–	–	熊谷銀行	上武鉄道	–	3銭5厘
2月14日	20,000	–	–	秩父銀行	上武鉄道	–	3銭5厘
2月14日	15,000	–	–	西武商工銀行	上武鉄道	–	3銭5厘
2月14日	5,000	–	–	浦和商業銀行	柿原万蔵	–	3銭5厘
6月30日	–	5,000	–	浦和商業銀行	柿原万蔵	–	–
期末合計	74,000	104,000	0				
1906 年　下期							
10月30日	–	34,000	–	熊谷銀行	上武鉄道	–	–
10月30日	–	20,000	–	秩父銀行	上武鉄道	–	–
10月30日	–	15,000	–	西武商工銀行	上武鉄道	–	–
11月30日	25,000	–	–	熊谷銀行	上武鉄道	–	3銭4厘
11月30日	30,000	–	–	秩父銀行	上武鉄道	–	3銭4厘
期末合計	55,000	69,000	0				
1907 年　上期							
4月30日	–	25,000	–	熊谷銀行	上武鉄道	–	–
4月30日	–	30,000	–	秩父銀行	上武鉄道	–	–
5月1日	30,000	–	–	熊谷銀行	上武鉄道	–	3銭2厘
5月1日	20,000	–	–	秩父銀行	上武鉄道	–	3銭2厘
期末合計	50,000	55,000	0				
1907 年　下期							
10月30日	–	30,000	–	熊谷銀行	上武鉄道	–	–
10月30日	–	20,000	–	秩父銀行	上武鉄道	–	–
期末合計	0	50,000	0				

出所）『明治三十二年ヨリ 文書類 会計部第一類』（秩父鉄道株式会社総務部保存文書 30）から作成。
注1）表中の「-」は原資料に記載なし、また空白部は不明を示す。
注2）期末合計額は、必ずしも表 3-1 の借入額と一致しない場合があるが、本書においては誤差の
注3）借入先および借入人名義項目における会社名について、「株式会社」等は省略した。

経営状況である。ともに公称資本金を20万円とする両行は、1913年下期の秩父銀行を除けば、預金を上回る貸し付けを行っていた。とりわけ、1913年下期の寄居銀行の貸付高は、預金と払込資本金の合計を上回り、さらには借入金も動員していたことが分かる。当時の地元銀行は、小資本でなおかつ預金高に対して貸付金が高く、融資の固定化が銀行経営に致命傷を与えかねなかったものと推察される。

2 地元銀行間の支払保証ネットワーク

そのため、上武鉄道では地元銀行からの借入金調達に際して担保等の支払保証を必要とした。これには、ひとつに有価証券の預け入れ、いまひとつに地元銀行間の支払保証という、2つの方法が採られたことが判明している。

前者について、表3-4から1901年7月23日付けで寄居銀行に預けられた担保品を確認する。同年7月31日と8月27日付で上武鉄道は、寄居銀行から2,700円を借り入れているが、担保の有価証券の額面合計は2,730円（払込額合計は1,390円）であった。評価基準は不明だが、この担保品は大里郡武川村役場で受け付けられ、同村役場から上武鉄道取締役の松本平蔵の手を経て、寄居銀行に預け入れられたものである。また、名義から上武鉄道の株主と非株主がそれぞれ半数ずつ占めたことも分かる。これは、上武鉄道が町村単位で担保品である有価証券の募集を試みたことを示唆するものである。

地元銀行からの借入金調達に必要な担保品は、株

借入日数	備考
177	
177	
89	
89	
－	
－	
－	
－	
137	延長線路敷設資金
137	延長線路敷設資金
137	延長線路敷設資金
137	延長線路敷設資金
－	
－	
151	延長線路敷設資金
151	延長線路敷設資金
－	
－	
183	延長線路敷設資金
183	延長線路敷設資金
－	
－	

範囲とする。

表 3-3 秩父銀行・寄居銀行の経営状況（1902 年下期・1913 年下期）

（単位：特記以外は円）

項目	1902 年下期		1913 年下期	
	秩父銀行	寄居銀行	秩父銀行	寄居銀行
公称資本金	200,000	200,000	200,000	200,000
払込資本金	140,000	87,500	180,000	125,000
諸積立金	18,300	2,430	55,000	18,380
諸預金	52,969	10,422	152,841	89,936
貸付・当座貸越金	88,852	42,029	129,364	250,292
借入金	0	0	65,000	37,000
振出手形	0	0	0	0
他店より借用	12,222	8,384	7,645	11,744
割引手形	84,810	8,305	114,891	3,882
荷為替手形	0	0	0	0
有価証券	7,329	0	21,353	0
諸株券	6,510	5,665	6,450	795
他店へ貸出	34,781	1,340	97,258	175
金銀有高	14,357	8,257	32,689	6,118
当期純益金	12,210	4,753	14,546	3,351
配当金	7,000	3,710	8,500	0
配当率（％）	5.0	9.0	5.0	−

出所）株式会社秩父銀行『第十七期営業報告書』、『第三十九期営業報告書』および株式会社寄居銀行『第十一期営業報告書』、『第三十三期営業報告書』から作成（秩父市教育委員会所蔵資料）。
注1）金額の1円未満は切り捨て。
注2）表中の「−」は原資料に記載なし。
注3）両行とも各年下期は、7月1日から12月31日までである。

券や公債といった有価証券類であり、実際の払込額を上回る資金が貸し付けられていた。そして、武川村では株主か否かを問わず、上武鉄道のために担保品を提供する状況であったが、上武鉄道株券は含まれていなかった。

後者は、地元銀行間で上武鉄道の支払保証を結びあうものであった。たとえば、1901年10月1日に西武商工銀行と寄居銀行が、熊谷銀行に送付した「保証書」によると、冒頭で「今回上武鉄道株式会社ヨリ貴行ニ金融御依頼致候ニ付弊行等特ニ左記ノ事項ヲ締約シ貴行ノ為メ上武鉄道株式会社ノ債務ヲ担保ス」と記され、その主旨は次の2点であった。すなわち、①1年間、上武鉄道が振り出す約束手形を、2万円を上限として引き受け願いたい、②上武鉄道が手形満期日までの支払不履行の際には、直ちに弊行等が貴行に延

表 3-4　寄居銀行への担保品明細（1901 年）

借入先			担保品						上武鉄道持ち株数
借入日	借入先	借入金額（円）	預り日	株公債名	数量	額面総額（円）	払込額（円）	名義人	
7月31日	寄居銀行	1,700	7月23日	軍事公債証券	6	450	450	小久保李三郎	50
8月27日	寄居銀行	1,000		軍事公債証券	1	150	150	馬場幾太郎	30
				軍事公債証券	1	100	100	佐々木左平治	6
				軍事公債証券	1	50	50	福島粂吉	6
				軍事公債証券	1	50	50	福島駒吉	6
				軍事公債証券	1	50	50	笠原録三郎	0
				軍事公債証券	1	50	50	田尻宇之吉	0
				軍事公債証券	1	50	50	大沢長太郎	0
				農工銀行株券	5	180	180	笠原文次郎	0
				農工銀行株券	4	160	160	柳藤八郎	15
				勧業銀行債券	5	100	100	大沢保太郎	32
				軍事公債証券	13	900	−	武川村役場	0
				農工銀行株券	9	340	−	武川村役場	0
				勧業銀行債券	5	100	−	武川村役場	0
借入額合計		2,700		担保品額面合計		2,730	1,390		

出所）前掲『明治三十二年ヨリ 文書類 会計部第一類』から作成。
注）表中の「−」は原資料に記載なし。

滞利子と損害を保証する、というものであった。そして、「上武鉄道株式会社ガ仕払義務ヲ怠リタル場合ニハ弊行等（西武商工銀行と寄居銀行）ガ同会社ト連帯債務者ノ地位ニ立チ代テ弁済ノ責ニ任シ聊カニシテモ貴行（熊谷銀行）ヘ御損害相懸申間敷候」（括弧内引用者）と、西武商工銀行と寄居銀行は、上武鉄道の連帯債務者であることが明記された。これに類する約定は、熊谷銀行と秩父銀行の間にも認められ、地元銀行間において上武鉄道の支払保証のネットワークが構築されていたことが理解される。

　この地元銀行による上武鉄道の支払保証は、車両等の物品購入の際にもみられた。たとえば、1900年12月21日に上武鉄道は、東京車輌製造所との間で客車、貨車合計17両の購入契約を締結しているが、その際に熊谷銀行、秩父銀行および寄居銀行を連帯債務者とした。購入契約の締結日に上武鉄道が各行と交わした「証」には、「期日ニ至リ御迷惑相懸ケ不申直ニ上武鉄道会社ニテ仕払フハ勿論」とした上で、「当会社株式第五回払込従来ノ通リ貴

銀行ヘ取扱相願候間其払込金ヲ担保ニ致置候ニ付万一仕払無候節ハ該払込金ヲ以テ御仕払被下度候」と記されていた。つまり、3行は、上武鉄道から預かる株式払込金を担保にして[13]、連帯して東京車輌製造所に対する支払保証を結んだのである。なお、東京車輌製造所には熊谷銀行、秩父銀行および寄居銀行の頭取による「引受保証書」で、上武鉄道の支払保証人になることが別途通知された。これと同様の取り決めは、1900年から1901年にかけての物品購入契約で度々みられた。

このように、上武鉄道は担保品を前提として、地元銀行からの借入金調達と、地元銀行間の支払保証のネットワークの構築を実現していた。とりわけ後者は、車両等の購入契約の際には、副次的に上武鉄道に一定の信用を与える効果を有したと言える。しかし、他方で「保証書」の主旨のとおり、地元銀行の貸し付け上限額は2万円とされたため、上武鉄道の借入金調達は、少額かつ短期の性格をもつことになったのである。

3 浦和商業銀行からの借入金調達

1903年頃の上武鉄道は、地元銀行に代わり、埼玉県北足立郡浦和町にある浦和商業銀行からの借入金調達に切り替えた。この理由のひとつには、秩父郡における絹織物業の不振にともなう地元銀行の貸付金利の上昇があった。1902年上期の秩父銀行における貸付金利（日歩）は、最高4銭、最低3銭5厘（≒年利最高14.6％、最低12.8％）にまで上昇し[14]、同年下期は「近年稀有ノ不況ナリ」という状況であった[15]。地元銀行の貸付金利が総じて上昇するなか、浦和商業銀行のそれは2銭8厘（≒年利10.2％）と比較的低利であったため、資金不足に悩む上武鉄道には好条件であったと言える。それだけではなく、同行との取引開始は従来の地元に固定された借入金調達先を拡げることも意味した。

ところが、表3-2のとおり、浦和商業銀行からの借入金調達は、僅か3年しか継続しなかった。なぜなら、確かに地元銀行と比較すると低金利であったが、貸付期間が51日間から89日間と短期な上に、さらに重要なことは、

表3-5 浦和商業銀行からの借入金と担保品

(金額の単位：円)

借入		担保				
借入日	借入金額	株公債名	数量	額面総額	払込額	名義人
1903年2月24日	1,000	日本鉄道10株券	1	500	500	小泉寛則
		日本鉄道6株券	1	300	300	小泉寛則
		日本鉄道2株券	1	100	100	小泉寛則
借入額合計	1,000	担保品額面合計		900	900	
借入日	借入金額	株公債名	数量	額面総額	払込額	名義人
1904年4月1日	5,000	日本鉄道1株券	28	1,400	1,400	小泉寛則
		日本郵船50株券	1	2,500	2,500	小泉寛則
借入額合計	5,000	担保品額面合計		3,900	3,900	
借入日	借入金額	株公債名	数量	額面総額	払込額	名義人
1904年6月29日	5,000	日本鉄道1株券	28	1,400	1,400	小泉寛則
		日本郵船50株券	1	2,500	2,500	小泉寛則
借入額合計	5,000	担保品額面合計		3,900	3,900	

出所）前掲『明治三十二年ヨリ 文書類 会計部第一類』から作成。

重役個人が所有する株券を担保品として預け入れる必要があったからである。それゆえ、同行との借用契約は柿原万蔵の個人名義とされ、柿原とともに担保品の株券を提供した取締役の小泉寛則を連借人として締結された。表3-5が示すものは、判明する3回分の担保品であるが、上武鉄道の株券ではなく日本鉄道と日本郵船の株券が預け入れられた。なお、額面合計金額は900円で、1,000円が貸し付けられた。

そのため、上武鉄道は、地元銀行の貸付金利が日歩最高3銭5厘前後に低下したことを受けて、再び地元銀行からの借入金調達に立ち戻った。担保品の有無は確認できないが、総じて地元銀行の貸付期間は100日以上であったため、必要な資金を低金利で調達したい上武鉄道には好都合であったと思われる。そのため、1905年から1907年にかけては、西武商工銀行の重役であった出牛充二郎の「（上武鉄道は）秩父の大事業ですからうちとしても大いに（融資を）やりました」（括弧内引用者）との述懐のように[16]、主に地元

銀行からの借入金調達に依存したのである。また、浦和商業銀行との株式担保貸し付けでみた場合、担保品となる有価証券が限られていたこともあり、上武鉄道の資金需要を満たすには必ずしも得策ではなかったと言えよう。

しかし、1903年4月の波久礼開業後の延伸工事の中止は、もはや建設資金の調達先として地元銀行は意味をもたなくなったことを示した。1907年1月19日の臨時株主総会で建議された「借入金ノ償却ニ当テントスル」10万円の起債案は[17]、地元銀行との貸借関係を清算し、上武鉄道の財務の立直しを意図したものであった。だが、地方株主により起債案は否決され、さらに柿原万蔵をはじめ重役全員が辞任したため[18]、地元銀行からの借入金の清算と資金不足の問題の解決は、柿原定吉によることになった。

第2節　他人資本の調達経路の転換

次に、1907年から1914年までの他人資本調達について、渋沢栄一との関わりに注意しながら、取締役社長の柿原定吉の行動を検討することにしたい。

1　渋沢栄一からの融資

1903年に波久礼まで開業させてから、1910年2月の臨時株主総会で優先株8,000株の発行が承認されるまで、上武鉄道は建設工事を中止せざるを得ない状況にあった。これは、株主による株式払込金の未払いと重役の総辞任が直接の原因であったが、他方で日露戦争後の反動不況が絹織物買継商の柿原商店の経営に打撃を与えたことも無縁ではなかった。

1907年7月16日、比企郡の柿原商店小川町支店の休業に端を発する比企銀行、小川銀行の預金取り付けは[19]、「殆ど資本金全部を柿原商店に貸与せる」といわれた秩父郡の西武商工銀行にまで及んだ[20]。そして、秩父郡の地域経済を混乱させた一連の取り付け騒動は、地元銀行からの借入金の停止という形で上武鉄道の経営にも影響を及ぼした。1907年2月27日の臨時株主総会で柿原万蔵に代わり取締役社長に就任した柿原定吉は、その5カ月後に

第3章　戦前期秩父鉄道にみる資金調達と企業者活動　　111

は秩父郡経済の不振のなかで建設資金の調達を進めなくてはならなかった。

　上武鉄道の普通株（1株につき50円払込）は、1907年上期に満額の払い込みになったため、柿原定吉は、まず株主の意思を確認した上で、払込未済の株式を競売に付し、地元銀行からの借入金を清算した。具体的には、1908年2月28日の臨時株主総会において、公称資本金を67万5,000円から60万円に減資した上で、「財政ノ許ス程度ニ於テ払込額以内ニ於テ株式ノ幾分ヲ買入消却シ之ニヨリ生スル所ノ利益ヲ以テ資産ノ一部ノ消却ニ充テ」るという[21]、言わば減資差益をもって地元銀行からの借入金5万円を完済したのであった[22]。

　次に、柿原定吉は渋沢栄一に資金援助を要請した。本章の冒頭で示したように、東京の柿原商店に勤めた経験をもつ柿原定吉は、上武鉄道の取締役社長に就任後、同じ埼玉県出身で東京に事業の関係をもつ渋沢栄一、山中隣之助および諸井恒平などとの人脈づくりにつとめていた。その行動の背景には、「資金借入れは中々難中の難」という[23]、資金調達先の模索が続けられていたことにあった。この柿原定吉の行動を受けて、地方工業を発達させるには交通機関の整備が必要であると主張する渋沢栄一は[24]、諸井と山中に調査させた上で、秩父盆地南端の武甲山における石灰石資源を有望視した[25]。渋沢は、東京の都市化にともない、セメント製造の主原料のひとつである石灰石の需要が高まると判断したのである。第5章で詳述するが、諸井は秩父セメントを設立して、1925年8月に秩父鉄道を利用してセメント製品と燃料の石炭を輸送するようになる。そして、「子爵（渋沢栄一）は米国行きの前日にして非常の御多忙にも拘らず直電話にて浪華銀行の頭取山中隣之助を招致し八朱優先株権四十万円を融資すべきことを命じ」（括弧内引用者）たという[26]。すでに秩父に延伸する必要性を認めていた渋沢は、上武鉄道の資金調達とその緊急性を理解していたのであろう。また渋沢は、自らが頭取を務める第一銀行からの融資も決め、さらに「沿線工事調査の上は直に事業に取懸るへきことを柿原社長に指示」するなど[27]、経営の助言も行った。つまり、資金調達の道筋をつけた上武鉄道による延伸工事の着手と、熊谷－秩父間の

開業後における石灰石開発は、ともに渋沢の意向を反映したものであった。

2　第一銀行と浪速銀行からの資金調達

1911年2月16日に軽便鉄道法へと監督法規を変更した上武鉄道は、同年9月14日に波久礼－秩父金崎間を開業させ、次いで1914年10月27日に秩父大宮（秩父駅として開業）までの開業を果たした。この延伸工事の建設費は、第一銀行と浪速銀行東京支店からの借入金と優先株8,000株（40万円）の一部引受けという資金援助によった。両行からの借入金調達は、1914年以降も続き、1919年上期の電化工事の直前まで継続した。

表3-6から借入金の詳細をみると、まず、両行が分担して資金を拠出していることがわかる。すなわち、1911年上期と1914年上期の借入金30万円は、それぞれ波久礼－金崎間、藤谷淵－秩父間の建設資金として、1914年下期と1915年上期の借入金は、建設資金の不足分として追加融資されたものである。次に、両行の貸付条件は年8朱（≒年利8%）と、これまでにない低金利であることが指摘できる。また、償還期間も「二ヶ年以上据置以後四年以内」とされ[28]、地元銀行や浦和商業銀行にはない長期かつ低金利なものであった。

このように十分な資金をもって秩父まで延伸した上武鉄道は、旅客・貨物輸送を増やし経営状況を好転させ、さらなる事業拡大を図った。それは、熊谷－秩父間の開業後わずか4カ月後の石灰石採掘事業への進出である。1915年2月、柿原定吉と中村房五郎の両取締役は、「武甲山の石灰石をセメント原石として、搬出を計画し……影森共有山株主より、個人名義をもって二十年間の採掘権を獲得し」た[29]。この積極的な柿原定吉の行動は、前述した渋沢の構想・助言に裏打ちされたものであったと言えよう。

1916年2月25日の臨時株主総会では影森村への延伸と、第2優先株（8,000株、40万円）発行による140万円への増資が満場一致で可決された。また、同時に定款も改正され、区間、資本金のほか、町名の大宮町から秩父町への改称にあわせて、上武鉄道から秩父鉄道へと商号が改められた。

秩父－影森間は、同年6月13日に軽便鉄道法による免許状の下付を受け、

表 3-6 借入金受払の推移（1910〜26年）

(単位：円)

年・期		期初金額	返済額	借入額	期末残高	備考
1910	上	0	0	0	0	
	下	0	0	0	0	
11	上	0	0	300,000	300,000	第一銀行20万円、浪速銀行10万円
	下	300,000	0	0	300,000	
12	上	300,000	0	0	300,000	
	下	300,000	70,000	0	230,000	
13	上	230,000	0	0	230,000	
	下	230,000	65,000	0	165,000	
14	上	165,000	0	300,000	425,000	藤谷淵大宮間延長、第一銀行20万円、浪速銀行10万円
	下	425,000	75,000	85,000	435,000	藤谷淵大宮間延長、追加借入
15	上	435,000	0	20,000	455,000	
	下	455,000	90,000	0	365,000	
16	上	365,000	25,000	0	340,000	
	下	340,000	80,000	0	260,000	
17	上	260,000	80,000	0	180,000	
	下	180,000	80,000	40,000	140,000	延長線建設資金
18	上	140,000	70,000	0	70,000	
	下	70,000	60,000	0	10,000	
19	上	10,000	10,000	0	0	
	下	0	0	0	0	
20	上	0	0	0	0	
	下	0	0	0	0	
21	上	0	0	1,000,000	1,000,000	鉄道財団抵当借入金：第一銀行60万円、武州銀行40万円
	下	1,000,000	0	0	1,000,000	
22	上	1,000,000	0	0	1,000,000	
	下	1,000,000	250,000	0	750,000	
23	上	750,000	0	0	750,000	
	下	750,000	250,000	0	500,000	
24	上	500,000	0	0	500,000	
	下	500,000	500,000	1,250,000	1,250,000	鉄道財団抵当借入金
25	上	1,250,000	0	750,000	2,000,000	鉄道財団抵当借入金
	下	2,000,000	0	0	2,000,000	
26	上	2,000,000	2,000,000	0	0	社債発行（20万円）による全額償還
	下	0	0	0	0	

出所）上武鉄道株式会社・秩父鉄道株式会社『営業報告書』各年各期版から作成。
注）備考欄における会社名について、「株式会社」等は省略した。

翌1917年8月25日に開業し、さらに影森から先の、石灰石の積出設備を有する貨物専用の武甲駅は1918年9月16日に開業した。この開業直前の1917年8月27日の臨時株主総会で、定款第2条は「運輸業並ニ石灰石ノ採掘加工及販売ノ業ヲ営ムニアリ」と改められ、秩父鉄道は主に東京市深川に位置する浅野セメント工場への石灰石の販売と輸送を開始したのである。

このように、渋沢栄一の決断で調達された1911年の優先株と借入金は、武甲山の石灰石資源開発の有望性を見込んだ支援の性格を有した。また上武鉄道にとっては、長期かつ低金利な資金調達となった。これ以降、上武鉄道は他人資本の調達先を東京の金融機関に切り替えていくことになる。それでは次に、1916年以降の自己資本の調達状況を確認したい。

第3節　秩父－影森間延伸後の経営と自己資本調達

1916年の影森延長線の開業後における秩父鉄道の輸送・経営状況、株主構成とその属性を概観し、自己資本の調達状況を検討する。これは、前節で確認した他人資本の調達経路の変化に対しての自己資本の傾向の違いを明らかにするためである。

1　影森延伸後の輸送状況

まず、1916年の秩父までの延伸以降における輸送量とその収入の推移を概観する。表3-7は、1916年から1926年までの輸送と利益金処分の状況を示したものである。旅客輸送に注目すると、1921年以降に旅客数が急増したことがわかる。旅客収入も概ね同様であることから、1921年の電車運転の開始が、旅客輸送を上向かせる画期になったと言える。

他方の貨物輸送は、1917年の影森、翌18年の武甲への延伸後に輸送量・収入とも急上昇したことが読み取れる。たとえば、1916年を基準にすると、輸送トン数は1919年上期で2.3倍になり、貨物収入は1918年上期でほぼ2倍になった。貨物輸送の急伸は、1919年の時点で「（貨物収入の）増加歩合

第3章　戦前期秩父鉄道にみる資金調達と企業者活動　　115

ノ差著シキ所以ハ全ク前期ニ於テ石灰石砂利等ノ出荷急激ナル増加ヲ来シ異常ノ盛況ヲ呈シ」(括弧内引用者)たためと報告された[30]。これには、もとより1918年の貨物運賃の値上げも背景にあったが[31]、それだけではなく第一次世界大戦後の好景気による貨物の輸送需要の上昇が、秩父鉄道を驚嘆させるほどの「異常ノ盛況」を現出させたのである。その後、1921年まで貨物輸送は横這いになるが、1922年に貨物列車が電気機関車による牽引に切り替わると、再び輸送量、収入ともに増加したのであった。

　次に、営業収入と営業費、利益金処分の状況を確認する。注目すべきは、1916年以降の10年間で経営状況が劇的に好転したことである。すなわち、営業収入はおよそ9.5倍、益金合計額は13.8倍になった。だが、営業係数が60前後で概ね一定であったことからも分かるように、営業収入に比例して営業費もおよそ8倍に増加した。これは、1922年における北武鉄道(免許区間：埼玉県北埼玉郡羽生町－同県大里郡熊谷町)の吸収合併と電化にともなう経費の増大に起因すると思われる(第4章)。秩父鉄道は、北武鉄道の未成区間であった行田－熊谷間を吸収合併後に建設し、羽生－熊谷間の電化工事を施工した[32]。これと並行して、熊谷－影森間の電化を契機に、従前の貨客混合列車を廃し貨物と旅客を分離させた。営業距離と列車便数が増えたために、営業費における軌道修繕費(1916年上期5,656円から1926年上期55,766円)と運輸費(1916年上期9,792円から1926年上期99,393円)は、およそ10倍の増加となった。とくに運輸費は、駅要員の人件費の増加が著しかった。後述するが、一連の設備投資に対する借入金の利子も収益を圧迫する要因となった。

　そして益金処分の項目から利益処分の内訳をみると、配当金の割合が高いことがわかる。実際、益金合計に占める配当金の比率は常に50％を超えており、なかでも1922年下期には81％を占めていた。その反面、積立金は配当金の3分の1程度でしかなかった。つまり、利益をあげても、その多くが内部留保ではなく配当に廻されていたことが把握できる。これは、1923年下期を除き配当率は10％以上を維持したことを踏まえると、相次ぐ増資に

表 3-7 熊谷−秩父間開業後の輸

年・期		旅客			貨物		営業収入	営業費	営業係数	当期益金
		人数（人）	収入	収入小計	トン数（トン）	収入				
1916	上	200,915	48,786	50,607	60,269	27,282	77,890	53,465	68.6	27,854
	下	220.915	53,000	55,126	68,000	30,123	85,249	53,268	62.5	32,153
17	上	241,376	58,351	60,795	76,412	33,840	96,964	56,724	58.5	40,241
	下	266,916	65,633	69,358	69,217	36,253	109,676	65,413	59.6	44,263
18	上	266,220	80,164	83,562	85,605	52,183	139,051	88,846	63.9	50,205
	下	286,119	80,836	89,289	85,468	65,165	159,336	93,269	58.5	66,068
19	上	307,856	94,424	102,022	141,874	101,019	209,416	127,664	61.0	81,753
	下	379,848	106,933	117,493	120,177	100,513	226,198	146,320	64.7	79,879
20	上	382,489	145,135	152,731	162,167	117,369	278,049	177,281	63.8	100,768
	下	367,067	131,860	142,535	151,428	112,932	265,692	180,583	68.0	85,109
21	上	368,752	139,316	152,399	141,035	125,788	290,717	179,525	61.8	111,192
	下	407,898	149,220	168,565	145,105	136,147	319,748	179,628	56.2	140,120
22	上	446,141	164,948	178,277	190,255	167,401	359,642	219,621	61.1	140,022
	下	629,512	202,362	228,962	203,825	167,728	418,250	289,449	69.2	128,802
23	上	785,398	254,687	276,309	225,194	191,078	483,650	302,810	62.6	180,840
	下	792,219	244,173	277,689	190,338	164,793	459,481	294,923	64.2	164,559
24	上	941,345	297,600	322,177	257,002	195,985	541,016	310,688	57.4	230,329
	下	931,505	288,806	321,452	252,737	203,543	548,128	325,268	59.3	222,860
25	上	905,234	284,525	308,509	274,385	206,789	535,180	322,830	60.3	212,351
	下	1,038,392	303,397	336,619	368,406	283,942	645,536	374,739	58.1	270,798
26	上	963,246	288,480	312,962	425,290	326,594	840,273	569,694	67.8	270,580
	下	806,599	232,760	260,658	371,096	290,895	742,660	418,070	57.1	314,590

出所）秩父鉄道株式会社『営業報告書』各年各期版から作成。
注1）金額の1円未満は切り捨て。
注2）旅客収入小計には、手荷物収入と郵便手数料を含む。
注3）営業収入には、運輸雑収入と雑収入を含む。
注4）益金合計には、前期繰越金を含む。また諸積立金には、積立金のほか役員賞与金、職員積立
注5）株式配当率について、1919年上期に普通株（表中：普通、以下同）・第1優先株（1優）・第新株（第1新）として、新たに第2新株（第2新）を発行。そして、1926年下期にさらに第3

ともなう株主への見返りであったと言えるが、他方で、事業拡大を賄うための積立金が低位に抑えられる状況であった。

2　自己資本の調達先

それでは、1916年以降における株主構成から、自己資本の状況を確認することにしたい。まず、表3-1と表3-7から、1916年から1926年にかけて、輸送量の伸びに比例するように公称資本金が増資されたことがわかる。秩父

送・利益金処分状況（1916〜26 年）

(単位：特記以外は円)

益金処分					配当率（％）							
益金合計	諸積立金	%	配当金	%	普通	1優	2優	旧	新	第1新	第2新	第3新
27,854	5,366	19.3	22,488	80.7	1	9	9					
32,153	3,673	11.4	28,480	88.6	2	10	10					
44,355	11,019	24.8	33,336	75.2	2	10	10					
48,782	12,062	24.7	36,720	75.3	2	10	10					
55,067	12,987	23.6	42,080	76.4	2	10	10					
71,555	19,963	27.9	51,592	72.1	3	11	11					
90,416	22,592	25.0	67,824	75.0				11	11			
89,471	19,071	21.3	70,400	78.7				11	11			
109,940	33,140	30.1	76,800	69.9				12	12			
99,749	21,029	21.1	78,720	78.9				11	11			
120,221	41,021	34.1	79,200	65.9				11	11			
152,641	66,241	43.4	86,400	56.6				12	12			
170,592	84,972	49.8	85,620	50.2				11	12			
169,972	32,214	19.0	137,757	81.0				11	12			
192,054	47,554	24.8	144,500	75.2					10	10	10	
187,113	51,221	27.4	135,892	72.6					8	8	8	
257,550	75,050	29.1	182,500	70.9					10	10	10	
258,410	75,910	29.4	182,500	70.6					10	10	10	
254,261	71,761	28.2	182,500	71.8					10	10	10	
312,559	111,809	35.8	200,750	64.2					11	11	11	
339,389	120,389	35.5	219,000	64.5					12	12	12	
384,979	157,526	40.9	227,453	59.1					11	11	11	11

金、次期繰越金を含む。
2優先株（2優）は、旧株（旧）に切り替え、新株（新）を新たに発行。1923年上期に新株は第1新株（第3新）を発行した。

鉄道は、1910 年上期に 100 万円に増資した後、1916 年上期の 140 万円への増資、1919 年上期の 200 万円への増資を経て、1922 年下期には 555 万円への増資を行った。

　1916 年 2 月 25 日の臨時株主総会で全株式の引当完了が報告された第 2 優先株（40 万円、8,000 株）は、秩父－影森間の延長線の建設資金として[33]、1916 年 1 月 1 日時点の株主のうち 385 名に配分された[34]。払込資本金総額である 40 万円の払い込みを 6 回で完了する第 2 優先株は、各回わずかな遅

滞を生みつつも、1918年12月21日をもって全額払い込まれた[35]。これにより、秩父鉄道は、影森延長線の工事費支払いはもちろん、1911年以来数回におよんだ第一銀行と浪速銀行東京支店からの借入金を完済したのである。両行からの借入金の期末残高は1915年上期を頂点に漸減し、1919年上期には皆無になった。

秩父鉄道にとって、第一次世界大戦直後の1919年は、急増する貨物輸送に対応するため電化事業へと進む転機となった。これは、第一銀行と浪速銀行への借入金を完済した上で、公称資本金を200万円に増資したことが傍証している。

1919年2月28日、熊谷の本社で開かれた臨時株主総会では、公称資本金を140万円から200万円に増資する議案が満場一致で可決された。この手続きは[36]、従前の普通株と第1、第2優先株をすべて旧株にして、いったん140万円から120万円に減資した後に[37]、新たに新株1万6,000株（80万円）を発行することで200万円に増資するものであった。この割当方法は、旧第1、第2優先株（合計1万6,000株）1株につき新株1株とされた。つまり、1919年の増資は、従来の優先株主により調達されることになったのである。そして、増資の理由として明記されたとおり、「運輸ノ状況ニ鑑ミ車両ノ増加電気設備ノ改良」といった[38]、設備投資が実施された。

さらに、秩父鉄道の資本金は1922年上期に500万円、同年下期には555万円に増資された。前者は、電化工事と影森－白久間の延長線の建設を目的とした増資であり、後者は、部分開業していた北武鉄道との合併によるものである。このうち、1922年上期の増資は第2新株300万円の発行をもって調達された。

表3-8は、1925年6月末における大株主（1,000株以上所有）の氏名、住所、株数および職業等の明細である。32名の該当者のうち、埼玉県在住者は25名、東京府在住者は7名となっている。最多数の埼玉県在住者の職業をみると、秩父銀行や西武銀行（1920年に西武商工銀行から改称）といった地元銀行の重役、また1923年1月に設立した秩父セメントの重役が目立

第3章　戦前期秩父鉄道にみる資金調達と企業者活動　　119

表 3-8　秩父鉄道の持ち株数 1,000 株以上の大株主（1925 年 6 月末）

氏名	住所	株数	旧株	新株	職業等
諸井 恒平	東京	5,580	1,475	4,105	日本煉瓦製造専務取締役、秩父セメント社長
大森 長次郎	埼玉	4,500	1,328	3,172	大森喜右衛門長男、秩父銀行取締役
渋沢同族	東京	4,280	1,020	3,260	
東武鉄道	東京	3,294	3,294	0	
柿原 定吉	埼玉	2,434	784	1,650	西武銀行頭取、秩父化工、秩父木材、武州銀行、武州貯蓄銀行、西武鉄道監査役
斉藤 一郎	埼玉	2,028	534	1,494	
大森 喜右衛門	埼玉	1,950	520	1,430	秩父銀行頭取、大宮貯金銀行頭取、呉服染絹商
松本同族合名会社	埼玉	1,859	388	1,471	
西武銀行	埼玉	1,750	350	1,400	
沼田 文次郎	埼玉	1,686	216	1,470	絹綿紡織（川越町）
町田 徳之助	東京	1,680	420	1,260	東京貯蓄銀行、東京人造絹糸取締役、町田糸店、東京糸問屋組合顧問、東京商工会議所議員
秩父銀行	埼玉	1,434	385	1,049	
荒船 愛次郎	埼玉	1,400	488	912	秩父銀行、大宮貯金銀行取締役、秩父絹織物共販社長
町田 芳治	埼玉	1,300	350	950	秩父縞、原糸商、秩父絹織物共販取締役
井上 重一郎	埼玉	1,204	52	1,152	西武銀行取締役、秩父織物社長、秩父銘仙製造販売
富田 嘉作	埼玉	1,154	406	748	
埼玉学生誘掖会	東京	1,120	280	840	
久喜 武蔵	埼玉	1,100	0	1,100	
山中 勇	東京	1,100	450	650	山中隣之助長男、東京山中銀行取締役、富士身延鉄道監査役
柿原 万蔵	埼玉	1,050	150	900	埼玉県多額納税者（1919 年 5 月、万三から改名）
斉藤 輝之助	埼玉	1,023	215	808	西武銀行監査役、絹綿紡織
高木 好二	埼玉	1,007	196	811	
富田 金八郎	埼玉	1,004	498	506	
久喜 文十郎	埼玉	1,002	500	502	秩父絹織物原糸商、秩父絹織物共販取締役
内田 角之助	埼玉	1,000	409	591	西武銀行監査役、秩父町議員（1917 年以降）
矢尾 喜兵衛	埼玉	1,000	300	700	
坂田 廣三郎	埼玉	1,000	285	715	
水野 梅蔵	埼玉	1,000	520	480	水野工場主（秩父織物製造）、秩父絹織物共販副社長
浅見 せへ	埼玉	1,000	800	200	
浅野 泰治郎	東京	1,000	477	523	浅野同族、浅野セメント専務取締役、浅野物産、浅野石材工業、関東水力電気、秩父セメント、五日市鉄道、南武鉄道取締役
上石 喜平	埼玉	1,000	0	1,000	秩父自動車取締役社長
中村 陸三郎	埼玉	1,000	20	980	羽生銀行専務取締役

出所）秩父鉄道株式会社『営業報告書』（1925 年上期）所収株主名簿などから作成。
注）職業等項目における会社名について、「株式会社」等は省略した。

つ。だが、他方で秩父郡の絹織物生産者や絹織物、林業関係の会社重役も少なくなかった。

すでに示したように（第2章、表2-7）、秩父絹織物共同販売と秩父木材の2社は、それぞれ公称資本金を50万円と30万円とする比較的規模の大きな会社で、重役に秩父鉄道の株主・重役経験者を含んでいた[39]。両社の例は、秩父鉄道の株主が自ら起業した後も同鉄道への出資を継続したことを示すものであった。

つまり、以上のことから分かった大正期における秩父鉄道の資金調達の傾向は次のとおりである。すなわち、他人資本では地方から東京に調達先を移す傾向がみられるが、これに対して自己資本では内部留保と地方株主による払込資本金が主な調達先であった。ただし、秩父鉄道では益金の多くを配当していたため、電化工事に際して他人資本の調達が必要であった。それでは、1921年以降の他人資本調達の実態と、その際の柿原定吉の行動を検討することにしたい。

第4節　東京からの借入金調達の展開

ここでは、1921年と1924年の順で秩父鉄道の借入金調達を検討することで、電化をはじめ一連の輸送設備の更新を資金面で支えた他人資本の実態を明らかにしたい。そして、その際に柿原定吉のいかなる行動が資金調達を可能にしたのかという点を考察する。

1　反動不況期の資金調達

秩父鉄道が電化に着工した1920年は、「一転機トシテ反動期ニ入レル我国経済界」と言われ[40]、第一次世界大戦後の好況が不況に転ずる時期であった。だが、当時の秩父鉄道の経営展開を象徴する電化工事は、車両などの更新と相俟って、前項で挙げた貨物輸送の急増に対応するための輸送能力の拡充を実現させたのである。

奇しくも設立期と同様、不況期に建設工事に着手した秩父鉄道は、建設費のうち自己資本を超過する分を借入金による他人資本で調達した。これには、第一銀行と武州銀行東京支店からあわせて100万円が調達され、さらに1924年には電化後の設備改良工事費として、第一生命保険ほか13社から200万円の借入金調達が行われた。この2回の借入金は、鉄道抵当法に基づいて調達された。鉄道抵当法は、自社鉄道の全資産を一括して鉄道財団として登記し、抵当権を設定することを認める法律である[41]。これにより鉄道会社は、他人資本（借入金・社債）の調達を行うことが可能になる。もっとも、1932年の日本興業銀行の調査によると、鉄道国有化後の鉄道抵当法について、「一般ニ担保付社債ハ稀」とされ、むしろ「低利且長期ノ資金ヲ得セシムル便法」として[42]、低利かつ長期の借入金調達の制度として機能した。

鉄道財団を設定した上での資金調達は、従前の重役個人の信用や将来の有望性に基づくものではなく、経営の現状を踏まえることで行われる。それでは、いかにして借入金調達を遂行したのかを柿原定吉の行動から明らかにする。

2 武州銀行への経営参加

いま一度、表3-6をみると、1921年上期の100万円と、1924年下期と翌25年上期の200万円の借入金調達が確認できる。秩父鉄道は、1921年上期の調達について、「電化事業資金ニ充当ノ目的ヲ以テ前期末ニ於テ施行セル鉄道財団抵当権ニ基ク借入金ハ第一順位トシテ第一銀行ヨリ金六十万円ヲ第二順位トシテ武州銀行東京支店ヨリ金四十万円ノ借入ヲ為セリ」と報告した[43]。これは、前年の1920年に具体化した、全線にわたる電化工事資金のうち、自己資本を超過する部分を借入金で補ったことを意味している。

すでに述べたように、秩父鉄道の資金調達は、自己資本として主に埼玉県在住の株主からの払込資本金、および他人資本としての第一銀行と埼玉県内の中央銀行と称された武州銀行からの借入金調達という特徴をもっていた。これまで秩父鉄道に融資を続けてきた浪速銀行が調達先から外れた理由に、1919年の山中隣之助の死去が考えられる。

だが、より重要な点は、柿原定吉が経営に参加した武州銀行によって、秩父鉄道に新たな資金調達の途が拓かれたことである。それでは、武州銀行の設立に渋沢栄一が関わっていることに注意しながら、柿原定吉の関わりを検討したい。

1919年1月19日に公称資本金500万円をもって開業した武州銀行の設立目的は、初代頭取の尾高次郎によると第1に、「爾来埼玉県に小さな銀行はあるにはあるが、みな個々分立している」状態を調節することで県内銀行間の資金の遍在を改め、第2に東京に支店を設置することで、東京の金融市場と「直接連絡をとる機関」にすることであった[44]。さらに、県政から同行の設立を推進した埼玉県知事の岡田忠彦は、より具体的に、県内銀行は比較的小資本であるため県下の企業や産業に融資する資金が不足しがちであり、事実、産業界では東京から資金調達している事例があることを指摘した[45]。ここから、東京に資金調達先を求めた埼玉県内の企業は、秩父鉄道だけではなかったことがわかる。このため、「銀行其ものを株主としたる中央銀行を造り合同的の権威を確立し県外信用の保障を為す事」が求められたのである[46]。

開業前年の1918年8月6日、埼玉県会議事堂で開かれた武州銀行の発起人集会で、創立委員長と創立委員36名が選出され、委員長に尾高次郎（元、第一銀行監査役、当時、東洋生命保険社長）が選任された。このとき、柿原定吉は大森喜右衛門や松本平蔵とともに創立委員に選出された[47]。そして同年11月6日の銀行設立の際に、柿原定吉は同行の監査役に就任した。「県下各郡から代表的な人が重役に入れられました」という証言に従えば[48]、柿原定吉は秩父郡を代表する重役であったことになる。これは柿原定吉にとって、埼玉県内とはいえ秩父郡以外で初の会社重役への就任であった。また、大里郡からは熊谷銀行頭取で、かつ秩父鉄道取締役である松本真平が監査役に着任した。

表3-9が示すのは、1919年時点の重役である。まず、住所別にみると、頭取の尾高次郎が東京府であるほかは、常務取締役以下全員が埼玉県在住であった。次に職業別にみると、頭取の尾高と常務取締役の柴田愛蔵は、とも

表 3-9 武州銀行設立時の重役（1919 年）

氏名	役職	住所	職業等
尾高 次郎	頭取	東京府	元・第一銀行監査役、東洋生命保険社長
柴田 愛蔵	常務取締役	埼玉県北埼玉郡	東洋生命保険名古屋支店長
発智 庄平	取締役	埼玉県入間郡	黒須銀行頭取
大島 寛爾	〃	埼玉県北足立郡	浦和商業銀行頭取
田中 四一郎	〃	埼玉県南埼玉郡	埼玉県信用組合連合会会長
松岡 三五郎	〃	埼玉県北埼玉郡	忍商業銀行頭取
小林 辰蔵	〃	埼玉県北埼玉郡	埼玉県会議長
斉藤 安雄	〃	埼玉県大里郡	深谷銀行頭取
斉藤 善八	〃	埼玉県南埼玉郡	埼玉農工銀行取締役
原 鉄五郎	監査役	埼玉県児玉郡	大地主
岡田 健次郎	〃	埼玉県北足立郡	大宮商業銀行頭取
渡辺 混	〃	埼玉県北葛飾郡	大地主
柿原 定吉	〃	埼玉県秩父郡	西武銀行頭取、秩父鉄道取締役社長
松本 真平	〃	埼玉県大里郡	熊谷銀行頭取、松本米穀製粉取締役社長、秩父鉄道取締役
綾部 利右衛門	〃	埼玉県入間郡	第八十五銀行頭取
森田 熊吉	〃	埼玉県比企郡	埼玉県信用組合連合会専務理事

出所）埼玉銀行調査部『武州銀行史』1988 年、28、29 頁から作成。
注）職業等項目における会社名について、「株式会社」等は省略した。

に東洋生命保険の重役を兼任していたことがわかる。武州銀行における重役人事の特徴は、第一銀行とのつながりをもつ尾高次郎が、当時社長を務めていた東洋生命保険から柴田を常務取締役として招き、残りの役職に埼玉県内各郡の有力者を配置したことであった。

もっとも、株式所有の点では、武州銀行の株式総数 10 万株のうち渋沢同族会社の渋沢敬三、第一銀行熊本支店長の永田甚之助、および渋沢の親類の大川平三郎と尾高次郎あわせても 4,000 株（全体比：4％）にとどまることから、渋沢と第一銀行の関係者による資本的な経営支配は必ずしも認められない。だが、「同銀行（武州銀行）の首脳部については、おそらく渋沢（栄一）さんのお考えで決まったものと思います……武州銀行創立やその後の経営などにつき、渋沢さんの役割ははなはだ大きかったものと思います」（括弧内引用者）と[49]、1923 年に武州銀行へ入行し、6 代目の取締役頭取となる長島恭助の述懐から[50]、故郷の埼玉に大規模な資本を擁する銀行を設立させ

る際に、渋沢栄一は意図的に親近者を重役に据えるなどして経営に関与したことが窺える。実際、「東京第一銀行と併合すべしとの説ありて最近武銀（武州銀行のこと）株は又復昂騰し始め」（括弧内引用者）たと[51]、両行の合併も憶測された。いずれにせよ、武州銀行の重役人事を通じて第一銀行の重役と交流できた柿原定吉は、浪速銀行や地元銀行に替わる他人資本の調達先として、第一銀行と武州銀行を確保することが可能であったと言える。それでは次に、秩父鉄道における電化工事費の借り入れを検討することにしたい。

3　電化事業費の調達

1920年10月25日、「鉄道財団担保借入金ノ件」を審議した臨時株主総会の議決内容は、以下の2点であった。すなわち、①当社所有の鉄道に属する一切の財産をもって鉄道財団を組織し、100万円を借り入れること、②借入金の償還方法、利率、期間および利子の支払方法等については全て取締役会に一任することであった[52]。この議決を受けて、10月27日には、「電化事業ノ進捗ニ並ニ車両ノ増備ニ伴ヒ資金ヲ必要トスルモ経済界ノ現況ニ鑑ミ株金払込ニ拠リ難キ」という理由で[53]、借入金調達が申請された。すなわち、「今回鉄道抵当法ノ規定ヲ遵ヒ第一順位トシテ金六十万円ヲ東京市日本橋区兜町一番地株式会社第一銀行ヨリ借入度候」[54]、また「第二順位トシテ金四十万円ヲ東京市日本橋区蠣殻町三番地株式会社武州銀行東京支店ヨリ借入度候」と[55]、第一銀行から60万円、武州銀行東京支店から40万円、総額100万円を借入金で調達する内容であった。

この申請に基づき、全16カ条からなる「契約証書」が作成され、秩父鉄道は第一銀行、武州銀行とそれぞれ契約を締結した[56]。この要点は以下の5点である。

（ⅰ）　債務者の借用金額は、60万円（第一銀行）・40万円（武州銀行）とする（第1条）。
（ⅱ）　借用金は、1922年12月25日に30万円（第一銀行）・20万円（武

州銀行）を返済し、1923年12月25日に残金を完済する（第2条）。
（ⅲ）借用金利息は元金100円に付き日歩金3銭の割とし、毎年6月25日と12月25日の2回に分けて6カ月分の後払いとする（第3条）。
（ⅳ）鉄道財団に属する線路は、熊谷－武甲間、国神－荒川間とする。また全ての車両、附帯施設、器械類も財団に属する（第6条）。
（ⅴ）返済期日に遅延した際には、期日の翌日から返済日まで、返済額に対して100円に付き日歩4銭の遅延利息が発生する（第12条）。

　秩父鉄道は、既設鉄道の全区間と全ての車両・施設・器械類一式を鉄道財団として抵当権を設定し、総額100万円を日歩3銭（≒年利11％）で借り入れ、利息返済を1年に2回、元金返済を1年に1回にすることで、1923年12月25日に全額償還する契約を締結した。表3-10は、第一銀行と武州銀行への償還計画を示すが、利息の合計額である27万3,750円は、元金の3割弱に相当した[57]。

　1920年に借入金100万円と自己資本をもって着手した電化工事は、1921年下期には貨物専用線の影森－武甲間、国神－荒川間を残して完成し、翌1922年4月までに全線の電化が完成した。これにより、同年5月から秩父鉄道は電車、電気機関車牽引による運転に切り替えられた。電化後の状況は「列車回数ノ増加ト牽引力及速度ノ増進トニ因テ輸送能率大ニ昂上セルヲ以テ今後日ヲ経ルニ従ヒ相当ノ成績ヲ見ルニ至ルコトハ確信シテ疑ハサル処ナリ」と言わしめるほど[58]、輸送量が増加したのである。

　さて、1922年4月の全線電化の完成と、1923年1月の秩父セメントの設立を受けて、1924年に秩父鉄道は、「主要駅ノ拡張側線ノ増設及乗降場及建造物ノ増築車両ノ増備其他遊園地施設ノ拡張等改良計画」を定め[59]、輸送力の拡充と旅客誘致のための設備投資に着手した。次に、この「改良計画」を資金の面から支えた、1924年の借入金調達を検討することにしたい。

表 3-10　借入金償還計画（第一銀行・武州銀行）

(単位：円)

貸借契約先：　第一銀行

元利支払年月日		借入元金	元金償還額	利息	支払金合計
1921 年	6 月 25 日	600,000	−	32,760	32,760
	12 月 25 日	−	−	32,940	32,940
1922 年	6 月 25 日	−	−	32,760	32,760
	12 月 25 日	−	300,000	32,940	332,940
1923 年	6 月 25 日	−	−	16,380	16,380
	12 月 25 日	−	300,000	16,470	316,470
計		600,000	600,000	164,250	764,250

貸借契約先：　武州銀行

元利支払年月日		借入元金	元金償還額	利息	支払金合計
1921 年	6 月 25 日	400,000	−	21,840	21,840
	12 月 25 日	−	−	21,960	21,960
1922 年	6 月 25 日	−	−	21,840	21,840
	12 月 25 日	−	200,000	21,960	221,960
1923 年	6 月 25 日	−	−	10,920	10,920
	12 月 25 日	−	200,000	10,980	210,980
計		400,000	400,000	109,500	509,500
両行合計		1,000,000	1,000,000	273,750	1,273,750

出所)「元利支払ノ予算」、「元利支払金銭財源説明」1920 年 10 月 18 日、『鉄道財団関係書類綴』（秩父鉄道株式会社総務部保存文書 125）から作成。

4　輸送設備改良費の調達

　ここでは、1921 年に調達された借入金 100 万円の償還プロセスと、電化後の輸送設備の改良に要する新たな資金調達について検討する。1924 年 7 月 31 日、熊谷の本社における臨時株主総会での議案である「当会社鉄道財団ヲ担保トシ金二百万円以内ノ借入ヲ為ス件」は[60]、満場一致で可決された。この理由は、「主要停車場ノ拡張支線ノ建設及車両ノ増備等急施ヲ要スル事業及旧債ノ償還ニ充当セントスル」ためで[61]、新たな設備改良資金と、第一銀行ならびに武州銀行に対する借入金償還の原資という 2 つの目的が明示された。そして、200 万円の借り入れに際して、再び鉄道財団を組成することとされた。

　同年 9 月 8 日に、秩父鉄道は、既設の全線と全施設[62]、器械類一式で組成

表 3-11　借入金拠出者と拠出額（1924 年）

(単位：円)

債権者	第1回出金額 1924年9月25日	第2回出金額 1924年10月25日	第3回出金額 1925年1月25日	各債権者出金合計
第一生命保険	75,000	112,500	112,500	300,000
東洋生命保険	75,000	112,500	112,500	300,000
帝国生命保険	75,000	112,500	112,500	300,000
共済生命保険	37,500	56,250	56,250	150,000
常磐生命保険	37,500	56,250	56,250	150,000
国光生命保険	25,000	37,500	37,500	100,000
太平生命保険	25,000	37,500	37,500	100,000
太陽生命保険	25,000	37,500	37,500	100,000
有隣生命保険	25,000	37,500	37,500	100,000
高砂生命保険	25,000	37,500	37,500	100,000
日華生命保険	25,000	37,500	37,500	100,000
日清生命保険	25,000	37,500	37,500	100,000
万歳生命保険	12,500	18,750	18,750	50,000
蓬莱生命保険	12,500	18,750	18,750	50,000
各回出金額の合計	500,000	750,000	750,000	2,000,000

出所）「元利支払ノ予算」、「元利支払金銭財源説明」1924 年 9 月 22 日、前掲『鉄道財団関係書類綴』から作成。

された鉄道財団を担保にして、抵当権登録で第 3 順位の借入先とした「第一生命相互会社外十三社」から 200 万円を借り入れる計画をたてた[63]。この抵当権設定の申請は、第 1 順位の第一銀行と第 2 順位の武州銀行の承諾を得た上で、同月 22 日に認可され、「契約証書」が調印された。

契約上の出金方法は、表 3-11 のように総額 200 万円を 3 回に分割し、さらに全 14 社の生命保険会社が分担して拠出するものであるが、拠出額は会社ごとに異なり、最大でも第一生命保険、東洋生命保険、帝国生命保険のそれぞれ 30 万円であった。また、払い込みが 3 回に分けられたため、第 1 回には 50 万円（1924 年 9 月 25 日）、第 2 回に 75 万円（同年 10 月 25 日）、および第 3 回も 75 万円（1925 年 1 月 25 日）とされた。このほか契約の要点は以下の 4 点である。

（ⅰ）借入金の償還期限は 1929 年 10 月 25 日限りとして、債務者は 1926

年10月25日以降、毎年10月25日に50万円を4回に分けて債権者に返済する。
(ii) 借入金利息は年利9朱5厘（年利：9.5％）として、債務者は毎年6月25日と12月25日に、当月末までの6カ月分の利息を債権者に支払う。
(iii) 債務者はすみやかに第一銀行と武州銀行に対する抵当権登録を抹消し、現債権者を第1順位とする。
(iv) 債務返済が償還期限を超過した場合には、返済日まで日歩4銭の延滞利息が生じる。

　契約では、個別債権者に対する返済要領は記載されなかったが、まず秩父鉄道は1926年10月25日から1929年10月25日の4年間に、毎年50万円ずつ返済することとされた。次いで貸付金利は借入金に対しては年利9.5％と、前回の年利11％から若干低下したが、延滞利息については、日歩4銭と、前回と同様の規定となった。そして第3に、第一銀行と武州銀行への50万円の未償還の借入金は、第1回払い込みの翌日、1924年9月26日に完済され[64]、両行に対する抵当権登録は翌月の10月4日に抹消された。これにより、これまで第3順位に登録されていた第一生命保険ほか13社の抵当権は、規定のとおり第1順位に繰り上がった。

　表3-12は、「契約証書」に基づき、秩父鉄道が作成した借入金償還計画であるが、利息も含めた最終的な支払額は260万円を超え、また各年の支払額も元金償還が始まる1926年には68万円になり、全額償還の1929年にかけて漸減するとはいえ借入額相応の利子負担となったのである。

5　資金拠出者との関係

　1924年の借入金調達先は、14社すべて生命保険会社であることが特徴である。なかでも最多額の拠出者のひとつ、東洋生命保険は、前述のとおり武州銀行頭取の尾高次郎が社長を、常務取締役の柴田愛蔵が名古屋支店長をそ

表 3-12　借入金償還計画（第一生命ほか 13 社）

(単位：円)

受払年月日		受入額	借入高	元金償還額	利子	支払金合計	年間支払額
1924 年	9 月 25 日	500,000	–	–	–	–	–
	10 月 25 日	750,000	–	–	–	–	–
	12 月 25 日	–	125,000	–	27,106	27,106	27,106
1925 年	1 月 25 日	750,000	–	–	–	–	–
	6 月 25 日	–	2,000,000	–	78,664	78,664	173,664
	12 月 25 日	–	2,000,000	–	95,000	95,000	–
1926 年	6 月 25 日	–	–	–	95,000	95,000	681,352
	10 月 25 日	–	–	500,000	–	500,000	–
	12 月 25 日	–	1,500,000	–	86,352	86,352	–
1927 年	6 月 25 日	–	–	–	71,250	71,250	633,870
	10 月 25 日	–	–	500,000	–	500,000	–
	12 月 25 日	–	1,000,000	–	62,620	62,620	–
1928 年	6 月 25 日	–	1,000,000	–	47,500	47,500	569,280
	10 月 25 日	–	–	500,000	–	500,000	–
	12 月 25 日	–	500,000	–	21,780	21,780	–
1929 年	6 月 25 日	–	500,000	–	23,750	23,750	523,750
	10 月 25 日	–	–	500,000	–	500,000	–
合計		2,000,000	2,000,000	2,000,000	609,022	2,609,022	2,609,022

出所）「元利支払ノ予算」、「元利支払金銭財源説明」1924 年 9 月 22 日、前掲『鉄道財団関係書類綴』から作成。
注）金額の 1 円未満は切り捨て。

れぞれ務めており、前回の借り入れと同様の人的つながりが活かされたと推測できる。一方、東洋生命保険を除いた各社は、いかなる関係をもったのであろうか。そこで、武州銀行とならび柿原定吉が設立から関与した秩父セメントに着目したい。

東京市場に参入するセメント企業として後発であった秩父セメントは、「発起人賛成人に財界有力者多数の積極的参加を得」て[65]、1923 年 1 月 30 日に設立され、柿原定吉は取締役のひとりに就任した。セメント工場を石灰石採掘地に近接した秩父駅近傍に設置し、操業を開始する同社にとっては、セメント製品の輸送ルートの確保は必須であった。すでに、全線の電化を完成させ、北武鉄道の合併により事業拡大を進めていた秩父鉄道は、貨物の増

発に必要な駅構内の貨物側線等の附帯的設備を一部未整備としていた。

前述の1924年における設備改良の理由には、旅客誘致のための駅の整備が挙げられていたが、これには、貨物輸送のための施設整備という側面もあったのである。

その秩父セメントの重役の多くは東京府に集中し、秩父地域で操業するのとは対照的に柿原定吉が唯一の秩父郡の在住者であった。ほかの重役をみると、秩父セメントの取締役社長で、1925年以降、秩父鉄道の3代目取締役社長に就任する諸井恒平は、第一生命保険の矢野恒太と「日本橋倶楽部における交友を通じて昵懇の間柄」といわれ[66]、監査役の鈴木六郎も、第一生命保険の調査役の職にあった。また、取締役の小倉常吉は、武蔵国大里郡深谷宿出身で、富国徴兵保険、愛国生命保険の取締役を務めており、生命保険事業の関わりが深かった。秩父鉄道と、14社すべての関わりを解明することはできないが、なかでも拠出額が多かった生命保険会社と、秩父セメントの重役を兼任している人物が多く、これに柿原定吉が秩父セメントの取締役に就任したことによって、つながりをもったと考えられる。また、1923年に秩父鉄道が合併する北武鉄道の取締役社長である指田義雄は、太陽生命保険の取締役社長でもあった[67]。旧債の50万円の償還資金と、設備改良資金の150万円の借入先を考慮すると、1924年の借入金調達は、秩父セメントの重役を介した、セメント輸送に対応する設備投資の性格を帯びたものとなった。1920年以降の反動不況期における秩父鉄道の設備投資に要する資金は、輸送需要の増加を背景として柿原定吉による他会社への経営参加を通じた人的つながりの拡大によって実現したと考えられる。

ところが、度重なる借入金調達は、電化後における秩父鉄道の経営状況の好転を阻碍するひとつの要因となった。図3-1で示すとおり、1921年から1926年にかけて、借入金にともなう支払利子は一挙に増加し、秩父鉄道の収益を圧迫することになった。

1926年4月5日の臨時株主総会の決議では、取締役社長の諸井恒平の提議による旧債200万円の償還を目的とした350万円以内の社債発行、もしく

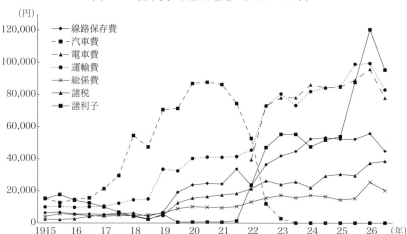

図 3-1 営業費の内訳と推移（1915〜26 年）

出所）『自大正二年 至大正十年 事業報告書株主総会関係書類綴』（秩父鉄道株式会社総務部保存文書112〜114）から作成。

は借入金調達という新たな外部資金調達が承認された。6月11日、取締役会を経て社債200万円の登記が行われ、日本興業銀行による引き受けが決定した。この社債発行の経緯を明らかにすることはできないが、発行条件は、①利息は年利7分5厘（7.5％）、②償還方法は1年間の据置後4年以内に随時償還、③利息支払は年2回（6月1日、12月1日）④担保は鉄道財団にすることと、概ね過去2回の借入金の調達方法に倣っていることから[68]、貸付金利の低さによるものと考えられる。実際、借入金の貸付金利は1921年の11％弱、1924年の9.5％と徐々に低下しており、また社債は旧債償還に全額用いられる以上、支払利子による収益圧迫の回避が重視されたものと推察できる。

　1922年以降、秩父鉄道は柿原定吉の経営の下で長瀞の遊園施設を建設し、東京市内から直通列車を運転させるなど旅客誘致につとめ、また貨物輸送への対策として、秩父駅をはじめ各駅で貨物側線を増設し、貨車の新規発注をおこなった。そして、3代目取締役社長に就いた諸井恒平は、秩父鉄道を利用した秩父セメントのセメント製品などの輸送を本格化させ、貨物輸送の拡

大を図っていくのである。

おわりに

　ここで、本章を通じて明らかになった諸点を整理することにしたい。

　第1に、1900年代の設立・建設期における上武鉄道の借入金調達の実態をみると、重役の兼任がみられる沿線の地元銀行からの少額かつ短期の調達であった。これは、脆弱な経営基盤のもと建設を進める地方鉄道会社にとって、ほぼ唯一の他人資本の調達手段であり、上武鉄道においても恐慌下の建設費調達として1907年まで継続した。ただし、借入金調達には担保が必要であった。この担保には、重役や株主がもつ有価証券のほか、株式払込金の預金があった。特に後者は、上武鉄道の株式払込金を取り扱う地元銀行間で、支払保証のネットワークが構築されていた。だが、地元銀行からの少額かつ短期の借り入れでは、建設費を充足することができなくなったのである。

　第2に、1907年2月に取締役社長に就任した柿原定吉は、減資による払込未済株の整理を行い、埼玉県出身の東京の財界人の人脈を辿って渋沢栄一の知遇を得た。そして、秩父の石灰石工業の有望性を認めた渋沢の決断によって、第一銀行と浪速銀行東京支店からの融資が実現した。この融資は、未成区間の建設費を十分に賄え、かつ低金利、長期な条件であった。これが契機になり、上武鉄道は他人資本を東京からの調達に切り替えていくのである。

　第3に、1916年の影森への延伸開業後、貨物輸送の伸びで営業収入と利益金は急増した。だが、益金処分において秩父鉄道は、配当金の比重を高めたことで、相対的に内部留保が薄い状況になった。秩父鉄道の自己資本は、1919年の増資後も多数を占めた埼玉県の地方株主の払込資本金により調達されたのである。つまり、他人資本の調達先は東京、そして自己資本の調達先は地方、という傾向がみられた。だが、いずれにせよ、電化に着手する1920年以降には、再度の借入金調達が必要であった。

　第4として、電化事業費を充足するための借入金調達は、新設の武州銀行

に柿原定吉が経営参加することで実現をみた。すなわち、1921年に第一銀行と武州銀行から借入金を調達したのである。これは、地方の会社にとどまらず、より中央（東京）の事業に関わるという、柿原定吉の積極的行動の結果であった。これに次ぐ、1924年の施設改良にともなう借入金は、柿原定吉が設立から経営に関与した秩父セメントの重役を介すことで、合計14社の生命保険会社から調達を行ったのである。そして、1921年以降の借入金を制度面から支えたのが、自社鉄道の全資産を鉄道財団として抵当権を設定することを認める鉄道抵当法であった。1924年の借入金200万円は、当初の償還予定を早めて1926年に同額の社債を発行することで全額償還された。この社債による資金調達は、これまでにない低金利を実現した。

　では、本章における秩父鉄道の資金調達分析は、研究史上いかに位置づけられるであろうか。まずは、冒頭でも示した株式担保金融の運用の実態である。株式担保金融の制度は、普通銀行による株主個人を対象に、その所有株式を担保として貸し付けるものであった。だが、秩父（上武）鉄道においては、株主個人の所有株式――しかも自社株ではない――を担保品として、地元銀行が会社に資金を直接貸し付ける方法が採られていた。つまり、会社による借入金調達の便法として、株式担保金融の制度が用いられる場合もあったのである。次に、戦前期株式会社において他人資本の重要性はあまり指摘されなかったが、秩父鉄道においては建設資金を充足させる他人資本の有無が決定的に重要であった。さらに、借入先はその都度異なっており、具体的には一貫して低金利で長期借り入れが可能という、借り入れ条件が重視された。

　そして、より低コストの資金調達を実現する背景として、企業者活動を指摘することができる。1907年までの秩父鉄道は、いずれも地方からの資金調達を展開した。ところが、2代目取締役社長の柿原定吉は、自己資本については地方株主の払込資本金に、また他人資本は主として中央における大規模金融機関からの調達という、調達元のすみ分けを行った。これは、より低金利かつ長期借り入れとするように、柿原定吉が借入先を選定したことによ

るが、その結果として、前者については、第一次世界大戦後の好況期と相俟って、地方での起業を促す一因になった。また、後者は、秩父鉄道の大規模な資金需要に応じうる武州銀行に、渋沢栄一と関わりをもつ柿原定吉が経営に参加することを契機として、地方と中央との資金的・人的つながりを構築することになったと言えよう。

多くの株主と重役を埼玉県地方にもつ戦前期の秩父鉄道では、一貫して渋沢とその人脈を生かし、中央での事業参加を通じて、設備投資への好機を逃がさず大規模な事業資金を調達した柿原定吉による積極的かつ能動的な企業者活動があったのである。

注
1) 本章において使用する企業者活動という言葉は、経営者ないし重役による企業外の人脈、すなわち人的ネットワークを構築していく活動という意味をもつものとして捉えることとする。
2) 伊牟田敏充「明治中期における工業会社の資本構成」『明治期株式会社分析序説——講義用テキスト』法政大学出版会、1970 年、第 3 論文。
3) 野田正穂『日本証券市場成立史——明治期の鉄道と株式会社金融』有斐閣、1980 年、189 頁。
4) 同上 196 頁。
5) 同上。
6) 同上。
7) 老川慶喜「明治期地方的中小鉄道の建設と資金調達——上武（秩父）鉄道会社を事例として」『関東学園大学紀要経済学部編』第 11 集、1986 年、119-145 頁（のち、老川慶喜『産業革命期の地域交通と輸送』（鉄道史叢書 6）（第 4 章、第 1 節「上武（秩父）鉄道会社の建設と資金調達」）、日本経済評論社、1992 年、305-342 頁に収録）。
8) 小川功は 1890〜1900 年代にかけての鉄道会社の他人資本の調達先やその形態（借入金、社債）の変遷の解明を試みているが、資金調達に際しての企業者活動までは触れられなかった（小川功「播但鉄道の資金調達」野田正穂・老川慶喜編『日本鉄道史の研究——政策・経営／金融・地域社会』八朔社、2003 年、第 5 章、146-185 頁）。
9) 「電化した秩父鉄道を視る」『鉄道時報』1922 年 5 月 31 日、4 頁。
10) 渋沢研究会編『公益の追求者・渋沢栄一——新時代の創造』山川出版社、1999 年、79 頁（松本和明執筆部分）。

11) 斉藤直蔵『柿原万蔵翁伝』柿原万蔵翁頌徳会、1939 年、35 頁。
12) 同上。
13) 株式払込金の取扱銀行は、たとえば第 1 回払込（9 万円）では、第三銀行（1 万 4,425 円）、秩父銀行（4 万 3,230 円）、熊谷銀行（1 万 4,090 円）、寄居銀行（1 万 1,770 円）および西武商工銀行（6,485 円）の 5 行であったが、第 3 回払込以降は、1910 年まで秩父銀行、熊谷銀行、寄居銀行、西武商工銀行および本社の地元銀行と本社の取り扱いとなった（『明治三十二年ヨリ 文書類 会計部第一類』）（秩父鉄道株式会社総務部保存文書 30〜31）。
14) 株式会社秩父銀行『営業報告書』（1902 年上期）4 頁（以下、秩父銀行の営業報告書は、秩父市教育委員会所蔵分を利用）。なお、決算期は上期（1 月 1 日から 6 月 30 日）と下期（7 月 1 日から 12 月 31 日）からなっている。
15) 株式会社秩父銀行『営業報告書』（1902 年下期）4 頁。
16) 埼玉銀行調査課『出牛充二郎に西武銀行を聴く（埼玉銀行史料 No.2）』21 頁（埼玉銀行文書 383-3）（埼玉県立文書館所蔵）。
17) 「上武鉄道株式会社臨時株主総会決議録」1907 年 1 月 19 日、『自明治三十九年至明治四十四年 事業報告書 株主総会関係書類綴』（秩父鉄道株式会社総務部保存文書 65〜67）。
18) 1907 年 1 月 19 日の臨時株主総会の詳細は、前掲斉藤『柿原万蔵翁伝』27-28 頁に詳しい。
19) 「西武財界の慌恐」『埼玉新報』1907 年 7 月 21 日、2 頁（埼玉新報 19）。
20) 「柿原商店と西武商工銀行」『埼玉新報』1907 年 7 月 26 日、2 頁（同上）。
21) 「上武鉄道株式会社臨時株主総会決議録」1908 年 2 月 28 日、前掲『自明治三十九年 至明治四十四年 事業報告書 株主総会関係書類綴』。
22) 表 3-1 によると、借入金残高が無くなるのは 1907 年上期であるため、資料上の記述とおよそ 1 年のずれが生じている。しかし、1907 年上期に会計上の操作がなされた形跡がないことから、今後の調査課題とした上で、本章では誤差の範囲として述べることにした。
23) 斉藤直蔵『秩父鉄道沿革史』1933 年、33 頁（復刻版＝野田正穂・原田勝正・青木栄一編『大正期鉄道史資料』第 2 集第 7 巻（国有・民営鉄道史、常総鉄道株式会社三十年史他）日本経済評論社、1984 年）。
24) 渋沢青淵記念財団竜門社編『渋沢栄一伝記資料』渋沢栄一伝記資料刊行会、第 52 巻、1963 年、541 頁。
25) 渋沢青淵記念財団竜門社編『渋沢栄一伝記資料』渋沢栄一伝記資料刊行会、第 51 巻、1963 年、551-552 頁。
26) 前掲斉藤『秩父鉄道沿革史』33 頁。なお、引用文中の「浪華銀行」とは浪速銀行を指しているものと思われる。また、石井寛治『経済発展と両替商金融』（有斐閣、2007 年、266 頁、表 4-12）によると、山中隣之助は浪速銀行の頭取ではなく取締役であった。

27) 同上（『秩父鉄道沿革史』33頁）。
28) 上武鉄道株式会社『営業報告書』(1913年上期) 6頁。なお、上武鉄道・秩父鉄道の決算期は上期（1月1日から6月30日）と下期（7月1日から12月31日）からなっている。
29) 井上啓蔵編『秩父鉄道五十年史』秩父鉄道株式会社、1950年、20頁。
30) 秩父鉄道株式会社『営業報告書』(1919年上期) 10頁。以下、秩父鉄道の営業報告書は、雄松堂出版によるマイクロフィルム収録版を利用（1R245、3R50、5R616、6R119）。
31) 「貨物哩制定ノ件」1918年1月9日、『大正七年 官公署稟申往復録』（秩父鉄道株式会社総務部保存文書123～124）。
32) 前掲『秩父鉄道五十年史』31-34頁。
33) 「上武鉄道株式会社第二優先株募集ニ関スル報告」1916年2月25日、『自大正二年 至大正十年 事業報告書 株主総会関係書類綴』（秩父鉄道株式会社総務部保存文書112～114）。
34) 秩父鉄道株式会社『営業報告書』(1916年上期) 7頁。
35) 「商法ニ依ル登記事項届」1918年12月27日、前掲『大正七年 官公署稟申往復録』。
36) この理由は、「普通株及優先株ノ区別ヲ廃シ総テ平等ノミノニ株式ヲ整理スルノ必要ヲ認メタルニ依ル」とされた（「秩父鉄道株式会社臨時株主総会決議録」1919年2月28日、前掲『自大正二年 至大正十年 事業報告書 株主総会関係書類綴』）。
37) 減資方法は、「普通株一株半ヲ併合シ新タニ金五十円払込済ノ一株ヲナス」と、普通株1.5株を1株とする処理がなされた（同上）。
38) 同上。
39) 東京興信所『銀行会社要録』1921年版、役員録（復刻版＝柏書房、1989年、第6巻）に採録されている埼玉県秩父郡内の会社のうち、重役名が明記されている会社は表中の2社と秩父鉄道だけである。
40) 日本興業銀行調査係『本邦社債略史』1927年、52頁。
41) 鉄道抵当法に関する法制史側からの説明として、関本健男（『鉄道抵当法論』有斐閣、1935年、4頁）、岩崎平八郎（『鉄道抵当法 軌道ノ抵当ニ関スル法律』（特別法コンメンタール）第一法規出版、1972年、1頁）を挙げておく。
42) 日本興業銀行調査課編『地方鉄道ノ経営難ト其ノ将来』1932年、35頁。
43) 秩父鉄道株式会社『営業報告書』(1921年上期) 6頁。
44) 埼玉銀行調査部編『武州銀行史』1988年、22-23頁。
45) 同上、11頁。
46) 「信用あり権威ある 中央銀行の設立を望む 県会議員飯野喜四郎談」『国民新聞』1918年3月21日、4頁（国民新聞埼玉版32）。
47) 「株式会社武州銀行創立ニ関スル事項報告」1918年11月6日（埼玉銀行文書3255）（埼玉県立文書館所蔵）。

48) 前掲『武州銀行史』29 頁。
49) 同上、26 頁。
50) 埼玉銀行史編集委員会編『埼玉銀行史』1968 年、付表「役員異動表」。
51) 「武州銀行が東京の第一銀行と合併説 本店を移す事は確実 一躍七十円の高値を呼ぶべし」『国民新聞』1919 年 11 月 11 日、4 頁（国民新聞埼玉版 37）。
52) 「秩父鉄道株式会社臨時株主総会議事及決議要約書」1920 年 10 月 25 日、『鉄道財団関係書類綴』（秩父鉄道株式会社総務部保存文書 125）。
53) 「鉄道財団公告申請書」1920 年 10 月 27 日、同上。
54) 「鉄道抵当権設定認可申請書第一案」1920 年（作成月日不明）、同上。
55) 「鉄道抵当権設定認可申請書第二案」1920 年（作成月日不明）、同上。
56) 「鉄道財団抵当金銭消費貸借契約証書」1920 年（作成月日不明）、同上。
57) 1920 年当初の契約条項に従えば、100 万円の借入金は、1923 年 12 月 25 日と、1924 年 12 月 25 日の 2 回で全額償還されるはずである。しかし、実際はいずれの返済期日にも 25 万円が返済されるにとどまり、契約上の償還期日の 1924 年 12 月 25 日には借入総額の半額に相当する 50 万円が未償還であった。最終的に借入金 100 万円全額の償還が完了するのは、さらに翌年の 1924 年 9 月 26 日である。従って、秩父鉄道が第一銀行と武州銀行の間で締結した契約証書の記載事項には違反する。だが、この間の 1922 年 3 月 10 日に秩父鉄道の公称資本金は第 2 新株式 6 万株（300 万円）により 500 万円へと増資され、さらに同年 8 月 31 日には北武鉄道の合併で 555 万円まで増資されている。このような積極的な事業展開をみせた秩父鉄道が、借入金 100 万円の償還期限を遅延した理由は明らかでないが、他方で債権者である第一銀行と武州銀行からの督促や延滞利子請求の記録もなく、事前に契約内容が変更された可能性がある。
58) 秩父鉄道株式会社『営業報告書』（1922 年上期）9 頁。
59) 秩父鉄道株式会社『営業報告書』（1924 年上期）7 頁。
60) 「秩父鉄道株式会社株主総会議事及決議要領」、前掲『鉄道財団関係書類綴』。
61) 同上。
62) なお、1924 年 9 月 22 日に追加担保として、羽生－熊谷間の鉄道が鉄道財団に登録された（「追加担保トシテ羽生熊谷間鉄道財団組成及抵当権設定認可申請書」1924 年 9 月 25 日、同上）。
63) 「鉄道抵当権設定認可申請書」1924 年 9 月 8 日、同上。
64) 「証明書」1925 年 9 月 26 日（差出：株式会社第一銀行頭取佐々木勇之助、株式会社武州銀行常務取締役永田甚之助、双方から各 1 通）、同上。
65) 秩父セメント株式会社『秩父セメント五十年史』1974 年、19 頁。
66) 同上、25 頁。
67) 行田市史編纂委員会編『行田市史』下巻（執筆者：山口平八）1964 年、1049-1050 頁。
68) 秩父鉄道株式会社『営業報告書』（1926 年上期）8-9 頁。

第4章
北武鉄道の成立と秩父鉄道

はじめに

　1914年10月に熊谷－秩父間を開業させた秩父鉄道（1916年2月に上武鉄道から商号変更）は、1917年9月に秩父－影森間、翌年9月に影森－武甲間を延伸させると、東京市内の南千住および隅田川の両駅に向けて主に浅野セメントへの石灰石輸送を開始した。また、1925年8月には秩父駅近傍に建設した秩父セメント工場から主に東京市内に向けて発送されるセメント製品と、同工場に到着する石灰石、容器類および燃料の石炭などの輸送を開始した。秩父鉄道は貨物輸送を通じて東京市内との結び付きを強めていくなかで羽生－熊谷間を延伸したのであるが、羽生において東武鉄道に接続することで東京市内（浅草）までのルートを確保したのであった。

　もともと羽生－熊谷間の敷設と経営を計画したのは、1911年に設立した北武鉄道であった（図4-1）。同鉄道の計画した区間は、羽生を起点として熊谷までの全長9哩15鎖（およそ14キロメートル）であったが、1922年8月には秩父鉄道への吸収合併を経て1923年にようやく開業した。管見の限り、北武鉄道に関する言及は、老川慶喜による秩父鉄道の電化や観光開発に並ぶ積極的な経営戦略のひとつであるとする指摘があるに過ぎない[1]。また、秩父鉄道の社史および『行田市史』から、北武鉄道は、敷設免許状の失効後の1919年に再出願したことが明らかとなるが、いかなる経緯で敷設免許状

が失効し、一転して開業にこぎ着けたかに関しての具体的な記述はない[2]。

そこで、本章では、1911年に設立された北武鉄道が開業に至るまでの史実を把握するとともに、出資が募れずに1918年に敷設免許状が失効した経緯、翌年の再出願から3年余で全線開業に至った要因について、沿線地域において出資を募る経営者の行動を検討することで明らかにすることにしたい。

北武鉄道が敷設される北埼玉地域についてみれば、1903年4月に浅草と足利を結ぶ東武鉄道伊勢崎線が南北方向の「縦貫鉄道」として開業したのとは対照的に、東西方向の「横貫鉄道」はなかなか実現をみなかった[3]。とくに、東武鉄道の経路から外れた忍町では、輸送需要が見込まれたにもかかわらず、1901年に開業した忍馬車鉄道（のち行田馬車鉄道）が吹上まで運行したに過ぎなかった[4]。そこで検討に際しては、北武鉄道の設立、建設そし

図 4-1　北武鉄道の周辺図（1922年7月）

出所）5万分の1地形図「古河」（大日本帝国陸地測量部、1925測量）、「幸手」（内務省地理調査所、1934年測量）、「熊谷」（大日本帝国陸地測量部、1925年測量）などから作成。
注1）1922年7月時点では行田－熊谷間は未成。縮尺不同。
注2）停車場名の括弧内は、開業前の地点名。

て開業後の忍町を中心とした北埼玉地域の出資者の行動に注目することにしたい。

第1節　北武鉄道の設立と建設着工

まず、北武鉄道の敷設目的および設立活動を概観し、次いで敷設免許状の失効に至るまでの経緯を明らかにしたい。

1　敷設目的と発起人

1910年10月14日に北埼玉郡羽生町の綿糸卸小売商であった斉藤平作ほか15名の発起人によって出願された北武鉄道は、翌年2月25日に敷設免許状の下付によって公称資本金20万円で設立された。創立趣意書にみる出願の目的は、「北埼玉郡忍町ハ同郡ノ首府ニシテ郡衙、警察署、税務署其ノ他ノ官署アリ且ツ足袋ノ生産地トシテ全国ニ名アル工業地ナルニモ拘ハラス未タ鉄道ノ便ヲ利用スルコト得サルハ遺憾ニ堪ヘサル」と[5]、忍町への交通機関を整備することにあった。そして、「羽生、忍、熊谷ヲ連絡スルニ止ラス加須、館林、佐野、足利、桐生、伊勢崎等ハ勿論秩父方面ト両毛各地トヲ連絡」するという[6]、沿線町村のみならず、秩父と両毛の両地域間の輸送面での紐帯になることが示された。埼玉県による調査でも「沿道町村ハ交通機関ニ乏シク常ニ不便ヲ感」じているため、開業の暁には「東武線ト中仙道官線トノ連絡」によって「地方産業ノ発達及商工業ノ発展ニ裨益ヲ与フル鮮ナカラサルハ論ヲ俟タサル」とされた[7]。北武鉄道に期待されたことは、鉄道の空白地域であった忍町を中心とする北埼玉郡の商工業を発展させることであった。

両端の羽生と熊谷では、それぞれ東武鉄道と上武鉄道の駅施設を共用する計画であった。出願書類に明記こそされていないが、双方の鉄道との直通運転も視野に入れた敷設構想であったと言えよう。

ところで、近世から続いてきた忍町の行田地区における足袋工業では、

1892年頃から安価な手ミシンや八方ミシンが導入され、さらに1896年に忍商業銀行が設立、1910年に行田電灯が営業を開始したことで、機械化と金融、電動力の設備を調えてきた。これらが功を奏して1900年に300万足であった足袋の年間生産量は、1912年には1,000万足に達するまでに発展していた[8]。

表4-1から発起人をみると、16名は商人や地主であったが、うち10名が羽生町、残りの6名もその近隣村に在住していた。このなかには羽生町長であった峰才三郎や、のちに秩父セメントのセメント製品の埼玉県東部地区の販売代理人となる侭田勝次郎が名を連ねていたのであるが、忍町の商工業、とりわけ足袋工業に関わる人物は含まれていなかった。

この理由のひとつは、行田の足袋工業の順調な発展が、あえて鉄道の敷設を必要としなかったことにあった。当時、足袋製品は忍町から荷車や荷馬車

表4-1 北武鉄道の発起人

	氏名	住所 (北埼玉郡)	株数	職業等
1	斉藤 平作	羽生町	100	綿糸卸小売商
2	侭田 勝次郎	〃	100	綿糸卸小売（堺屋本店）
3	入江 治兵衛	〃	100	大地主
4	入江 治助	〃	100	綿糸卸小売商
5	堀越 寛介	川俣村	100	大地主
6	杉下 為吉	羽生町	50	呉服太物商
7	古市 国太郎	〃	50	煙草商
8	中村 重左衛門	〃	50	米雑穀肥料商（大日本人造肥料（株）埼玉特約店）
9	峰 才三郎	〃	50	醤油、味噌醸造業
10	伊藤 弘通	〃	50	
11	中島 貞次郎	〃	50	酒造業、醤油煙草商（住吉屋）
12	吉田 順夫	井泉村	50	
13	中村 陸三郎	〃	50	大地主
14	田口 与左衛門	村君村	50	大地主
15	落合 清太郎	村越村	50	
16	野中 広助	大越村	50	大地主

出所）「軽便鉄道敷設免許申請書」『鉄道院文書 北武鉄道 失効 全』（国立公文書館所蔵）、商工社編『日本全国商工人名録』第5版、1914年5月、埼玉県の部、『埼玉県各郡大地主名簿』（復刻版＝渋谷隆一編『都道府県別資産家地主総覧』埼玉編、1988年9月、日本図書センター）から作成。

第4章　北武鉄道の成立と秩父鉄道

によって高崎線の吹上駅もしくは東京市内まで直送されており、馬車鉄道によって一応の貨客輸送は成り立っていたのである[9]。

　もうひとつの理由は、これまで北埼玉地域に発生した鉄道計画が、一度も実現をみなかったことにあった。1890年代後半以降、熊谷鉄道、北埼玉鉄道、川俣鉄道、利根鉄道、および東武鉄道が相次いで出願されたのであるが、東武鉄道以外の諸鉄道は実現しなかった。かつて忍町の商工者らは、北埼玉鉄道（熊谷－栗橋間）の敷設を計画し出願したことがあったが、申請却下をうけて敷設区間と資本規模を縮小した忍馬車鉄道を設立したのであった[10]。このような経緯から北武鉄道では、本来、鉄道の輸送市場の中心になるはずの忍町から発起人はあらわれず、かえって周辺の地域で鉄道敷設の計画が進展したのであった。

　北武鉄道は、いくつかの鉄道計画と競合するかたちで出願された。すなわち、埼玉鉄道（熊谷－忍－久喜間）、板東鉄道（八王子－鴻巣－忍－大間々間）および中央鉄道（川口－岩槻－久喜－忍間）は、いずれも忍町を主な経由地として位置づけていた。北埼玉地域は、いくつもの鉄道計画が錯綜したことで「恰も蜘蛛の巣を張りたる如く」と喩えられた[11]。ただし、これらの鉄道は、「重役にありながら凡て株金の払込もなさず唯地方民を瞞着し」た者によって設立されたと報じられたように[12]、実態が明らかでない会社が少なくなかった。

　北武鉄道の場合は、「加須町は埼玉鉄道の運動に加担し羽生町は北武鉄道の応援となりこれに両町の競争となりしが遂に北武鉄道の勝利」というように[13]、忍町周辺の地域において鉄道誘致運動が功を奏して設立に至った。このように北武鉄道は、忍町に敷設することを目的としていたが、その一方で忍町の人々はその動向に関心をもたなかった。そのため、北武鉄道の株式募集が開始されても、「忍町附近の町村民は該事業に対し冷淡に構へ」ており、ほとんど引き受けることがなかったのである[14]。

　北武鉄道の設立活動は主に羽生町において進められたが、敷設免許状の下付とともに東武鉄道取締役社長の根津嘉一郎が経営に関与するようになった。

144

図 4-2 北武鉄道の

		1912年		1913年		1914年		1915年	
		3月	9月	3月	9月	3月	9月	3月	9月
取締役社長	杉原栄三郎	●							
常務取締役	吉野伝治	●							
取締役	根津嘉一郎	●							
	堀越寛介	●							→
	斉藤平作	●							
監査役	野中広助	●							
	吉田順夫	●							
	浅田正文	●▶	死亡						
	指田義雄			●					
相談役									

出所）北武鉄道株式会社『営業報告書』各年各期版（前掲『自第一回　至第102』）。

注）北武鉄道の決算期は、上期が4月1日から9月30日まで、下期が10

　1911年10月5日の創立総会では根津が議長になり、取締役社長に杉原栄三郎、常務取締役に吉野伝治、取締役に根津、堀越寛介、斉藤平作、監査役に浅田正文、野中広助、吉田順夫が選出された（図4-2）[15]。注目すべきは取締役社長と常務取締役の人選である。当時、杉原は東京商業会議所の理事であり、吉野は東武鉄道の専務取締役であった。根津嘉一郎は、東京商業会議所の議員でもあったことから、杉原と吉野は県外在住ながらも根津を中心とした人脈で重役に名を連ねたと考えられる。また、根津は出資面でも中心的な存在であった。表4-2のとおり、根津は、北武鉄道の資本金20万円（4,000株、1株につき50円払込）の39％にあたる7万8,000円（1,560株）

第 4 章　北武鉄道の成立と秩父鉄道　　145

重役推移

	1916年		1917年		1918年		1919年		1920年		1921年	
	3月	9月	3月	9月	3月	9月	3月	9月	3月	9月	3月	

　　　　　　　　　　　　　　　指田義雄

死亡
　　　　死亡
　　　指田義雄
　　　出井兵吉
　　　　　　　　　　吉野伝治
　　　　　　　　　　諸井恒平
　　　　　　　　　　松本真平
　　　　　　　　　　石島儀助

　　　　堀越祉
　　　　　　　　　　田島竹之助
　　　　　　　　　　杉原栄三郎
　　　　　　　　　　柿原定吉
　　　　　　　　　　中村房五郎

二十一回 北武鉄道営業報告』）から作成（秩父鉄道株式会社総務部保存文書

月1日から3月31日までである。

を引き受けた筆頭株主であった[16]。北武鉄道の所有と経営は、根津を中心とした重役グループによって支配されたことになる。根津が北武鉄道に出資した理由を語った史料を見つけることはできていないが、北武鉄道の沿線各駅から東武鉄道に乗り入れてくる貨物と旅客に期待したものと思われる。

2　建設の開始と頓挫

　北武鉄道は、9哩ほどの短距離であるため起工後およそ半年間で竣工すると見込まれていたが、実際にはほとんど作業がなされないまま1918年4月に敷設免許状の失効を迎えた。なぜならば、北武鉄道が着工と同時に2つの

表 4-2　北武鉄道の大株主一覧

1913 年 3 月 31 日			1920 年 9 月 30 日				
氏名	住所	株数	氏名	住所	株数	旧株	新株
根津 嘉一郎	東京	1,560	東武鉄道	東京	4,891	1,460	3,431
堀越 寛介	埼玉	229	秩父鉄道	埼玉	1,350	0	1,350
杉原 栄三郎	東京	100	指田 義雄	東京	600	100	500
吉野 伝治	千葉	100	堀越 昶	埼玉	300	279	31
石井 宗四郎	埼玉	100	野中 広助	埼玉	250	50	200
出井 兵吉	埼玉	100	大森 長次郎	埼玉	200	0	200
遠藤 弥市	埼玉	100	柿原 万吉	埼玉	200	0	200
斉藤 平作	埼玉	100	柿原 定吉	埼玉	200	0	200
指田 義雄	東京	75	中村 房五郎	埼玉	200	0	200
寺井 力三郎	東京	50	諸井 恒平	東京	200	0	200
堀江 忠四郎	埼玉	50	橋本 喜助	埼玉	200	0	200
吉田 順夫	埼玉	50	田島 竹之助	埼玉	170	20	150
横川 宗作	埼玉	50	古市 国太郎	埼玉	120	20	100
侭田 勝次郎	埼玉	50	松本 真平	埼玉	110	10	100
斉藤 善八	埼玉	50	出井 兵吉	埼玉	105	105	0
野中 広助	埼玉	50	石島 儀助	埼玉	100	0	100
峰 才三郎	埼玉	50	青木 輪吉	埼玉	100	0	100
杉下 為吉	埼玉	50	杉原 栄三郎	東京	100	0	100
遠藤 君蔵	千葉	50	杉山 仁三郎	埼玉	100	0	100
			堀江 忠四郎	埼玉	100	100	0
			吉野 伝治	千葉	100	100	0
			根津 嘉一郎	東京	100	100	0
			遠藤 弥市	埼玉	100	100	0
発行株式総数		4,000	発行株式総数		18,000		
株主総数（人）		159	株主総数（人）		538		

出所）北武鉄道株式会社「株主名簿」1912 年 3 月 31 日現在、1920 年 9 月 30 日現在（『営業報告書』（第 3 回）、『営業報告書』（第 18 回）付録）から作成（前掲『自第一回 至第二十一回 北武鉄道営業報告』）。

注）大株主は、1913 年 3 月 31 日現在の 50 株以上、1920 年 9 月 20 日現在の 100 株以上とした。

問題に直面したからである。第 1 に敷設ルートを巡る沿線町村との問題、第 2 に増資株の引き受けの問題であった。

　前者について北武鉄道は、1912 年 2 月 24 日に工事着手の認可を受け、羽生側から鉄道用地の買収を開始した。ところが 1 カ月を過ぎた 4 月 5 日に埼玉県知事名で工事方法の変更を申請する書状が鉄道院に提出された。北武鉄

道では、忍町付近の土地が周辺部と比較して低地であることから、対応策として盛土による築堤を造成してその上に線路を敷設する建設計画を立てていた。

ところが埼玉県は、「利根川ノ越水及ヒ破堤水ノ押来ルハ勿論」、「少シク降雨ノ打続ク時ハ池水ノ氾濫スル為メ」に、「鉄道布設ニ方リ多大ノ築堤若クハ盛土ヲナサ丶ル様」に求めたのである[17]。同年7月22日には、沿線の大里郡と北埼玉郡の町村長7名の連署をもって請願書が提出された。すなわち、熊谷付近の国有鉄道線を跨ぐ高架部分に対し、「荒川増水ノ為メニ不幸堤塘ノ欠潰」に遭うと、「高架線已西ニ属スルトキハ水勢為メニ抑止セラレ線路已北部落ノ惨害トナ」るため、当該部分の線路の高さを地平から1尺（約38センチメートル）以内にすることを求めたのである[18]。

たしかに、荒川と利根川に近接する大里郡と北埼玉郡では水害が多く、1890年8月、1907年8月、そして1910年8月には大雨による堤防の決壊で大規模な水害が発生していた。なかでも直近の1910年8月の水害は、大里郡大麻生付近の荒川から出水し大里、北埼玉両郡を広範囲にわたり水没させていた[19]。

とはいえ、北武鉄道にとって国有鉄道線を高架で横断できないことは、上武鉄道との接続計画を見直さざるを得ない事態であった。北武鉄道は、やむなく建設作業を中止して鉄道院の指示を待つことになったのである。

1913年4月の鉄道院による調査結果は、北武鉄道の計画を支持する内容であった。まず埼玉県からの要望については、「内務省ニ照会候処……支障ナキ旨回答有之」と[20]、工事計画の変更は不要とされた。次いで、北埼玉郡の町村長らの要望については、鉄道院工務局の調査を経て「北武鉄道線高架横断ノ義ハ治水上差シタル悪影響ナキモノト認メ候」と判定され、請願書の内容を取り入れたとしても「線路勾配ヲ変更シ勾配線延長ヲ短縮スルト共ニ数箇所ニ溝橋ヲ施設セハ充分」であるとされた[21]。北武鉄道は工事方法を一部変更したうえで、同年10月11日に建設作業の準備を再開したのである。

3 増資株に対する忍町の反応

　後者について、北武鉄道の工事進捗を妨げたのが増資株の引き受けをめぐる問題であった。1912年2月22日の臨時株主総会では、「両端羽生熊谷ニ於テ既設鉄道線ト連絡ヲ取ル」ため[22]、18ポンド軌条から50ポンド軌条への重軌条化によって生じる追加的な資金調達に対応するため増資案が提議された。当初の計画である低規格な軌条と車両では、東武鉄道と上武鉄道との直通運転ができないことが明らかになったのである。とりわけ貨物輸送において貨車の直通運転ができないことは、羽生と熊谷で「貨物積替等ニ非常ノ手数ト経費ヲ要」するため非効率であるとされた[23]。この資金には20万円が見積もられ、北武鉄道には倍額増資を決断することが求められたのであった。

　当日の臨時株主総会では結論が出なかったため、増資株の引き受けが確実になってから再議決されることになった。なぜならば、この増資株は、重役だけで引き受けることができず、沿線地域にも割り当てる必要があったからである。すなわち、重役に5万円（1,000株）、沿線の忍町に10万円（2,000株）、羽生町と熊谷町あわせて5万円（1,000株）を割り当てることとされた[24]。つまり、増資株の半数を割り当てられた忍町および熊谷町の対応が、北武鉄道の建設の成否を左右することになった。

　北武鉄道の重役は、1912年10月に忍町との交渉役として東京在住の指田義雄を招いた。忍町出身の指田は、英吉利法律学校（現・中央大学）の卒業後に弁護士になると、帝国製油取締役、東亜製糖監査役そして帝国電気工業監査役などの諸会社の経営に参加していた。1916年には東京米穀取引所理事長に就任し、東京商業会議所2代目会頭を務めた人物であった。また、1912年には第11回衆議院議員総選挙（埼玉選出）で初当選すると、第14回まで連続当選を果たした[25]。指田は、地元出身者でなおかつ会社重役としての経歴が評価され、東京商業会議所における根津とのつながりで北武鉄道の経営に関与するようになったと考えられる。

　指田は、忍町の商工者との意思疎通を図るために、1912年11月に北武鉄

道と忍町の関係者を集めた懇親会を催し、席上で忍町の人々に鉄道の有用性を講演した[26]。だが、忍町の人々には、「鉄道の必要痛切に感ずる迄に諒解され」ず、せいぜい「該鉄道の為め殆ど得る所無し只無いより有る方が増し」という程度であった[27]。1913年3月に指田は、北武鉄道の監査役に就任した。

忍町の商工者から出資を得ることは容易ではなく、依然として1917年に至っても増資株の引き受け先がまとまらなかった。同年5月に監査役の野中広助と吉田順夫、株主の杉下為吉、峰才三郎、伈田勝次郎、増田清助、および入江治一郎は、北武鉄道速成委員会を組織すると、忍町との出資交渉について指田と協議会を開いた[28]。その協議会において、入江治一郎と杉下為吉が忍町との交渉を担当する常務委員に選出された[29]。同年9月に指田は北武鉄道取締役に就任することになるが、それに先んじて羽生町の株主が具体的な行動を起こしたのである。

北武鉄道は、忍町における「実業家の向背如何によりて其運命を決す」る状況にあった[30]。常務委員の入江と杉下は、出資を募るための協力を依頼するべく忍町の商工会長で北武鉄道の賛同者の一人である吉羽昌太郎を訪ねた。吉羽によると、北武鉄道への出資に消極的な忍町民の意見は、「何れの方面より観ても（将来の営業成績は）不振」（括弧内引用者）であるため、「結局は東武鉄道に二束三文に買収されるのが落ち」というものであった[31]。忍町においては、北武鉄道の低い収益予測と東武鉄道の関係者による実質的な経営支配が、出資を忌避する要因になっていた。入江らは、「会社の株其物は損失となるも各種商工業及旅客の受くる将来永遠の利益の均霑は一千株や二千株を償ひて余りある」と訴えて[32]、吉羽に忍町での株主募集に協力してくれるよう求めたのである。

入江らの交渉と並行して、北埼玉郡須影村出身の出井兵吉も、忍商業銀行頭取の松岡三五郎と同取締役の田島竹之助に出資を依頼していた。出井は、慶應義塾大学を卒業後、北埼玉郡会議員、須影村会議員、須影村長を経て埼玉県会議員、同副議長と議長を歴任した人物であった。出井と指田はともに

1917年9月に北武鉄道取締役に就任すると「会社の説明誠意行田町に徹底」させる運動を展開した[33]。

一方の忍町商工会では、1917年7月16日に北武鉄道協議会を開催し、会長の吉羽昌太郎と副会長の石島儀助を調査委員として、町内の商工人に同鉄道への出資の意思を確認した。その3日後に忍町内のある有力実業家の談話が、以下のように発表されたのである[34]。

> 行田より吹上駅迄年々足袋其他を運送する賃金は実に約六、七万円の巨額を要しあるに最近吹上運送業者より六分の賃金値上を要求し来り……将た行田今日の富力の充実より観て同鉄道に対し十万円位放資するは敢て難事とせず……公共的事業の交通機関の整備に向つて其土地は応分の援助を与ふるは当然の責務なり

この実業家の見解は、北武鉄道の開業によって既存の運送業者との間で足袋運賃の値下げ競争が生じると輸送費の低減につながるため、他産地との価格競争の点で有益であるというものであった。このような意見を受けた忍町商工会は、1917年のうちに北武鉄道株を2,000株（10万円）引き受ける決定を下したのであった。

4　敷設免許状の失効

1914年10月14日であった北武鉄道の工事竣工期限は、すでに3回延期されていた。延期の理由をみると、初回は「近時財界不振ノ為メ諸種ノ困難ヲ来シ」たためで[35]、2回目以降は「欧州戦乱ノ変ニ遭ヒ諸種ノ材料供給ノ途殆ト途絶ノ結果物価ハ逐次昂騰」と[36]、いずれも景況の悪化と第一次世界大戦の勃発にともなう物資不足を挙げていた。もちろん、それだけでなく予定された増資ができなかったこと、さらに表4-3のとおり、株式払込金の募集が1914年以降に停滞したことによる資金不足も大きな要因であった。北武鉄道の収入の大半は、預金利子に依存していたのである。

建設工事についても、鉄道用地の買収価格の高騰にともない地権者との交渉がまとまらずに停滞していた[37]。1916 年 11 月に指田は、取締役社長の杉原に対して軽便鉄道補助金を申請するよう進言したのであった[38]。

その一方で指田は、1917 年 10 月、株式の引き受けを依頼するため熊谷を訪れた。指田は、「密接なる関係あり」とされた熊谷における有力実業家の一人であった松本平蔵を訪ねて北武鉄道への出資を依頼した[39]。

松本は、秩父鉄道の重役であったが、すでに同鉄道は熊谷を起点にして秩父郡の武甲山麓に位置する影森まで延伸し、石灰石輸送などで運輸収入をあげていたため、「北武鉄道としては募株に絶好の機会」であった[40]。かつて指田も上武鉄道の監査役だったこともあり、松本個人から出資の約束を取り付けることに成功したのである。ところが、1918 年 1 月に熊谷町商工会の理事会において、出資者への説明会を行うはずの出井が欠席したことで状況が一変した。ことの詳細は明らかではないが、松本を含めた熊谷の有志者は、北武鉄道の「態度兎角熱誠を欠く嫌ひありとて憤慨」し[41]、指田に出資を取り消す旨を通告したのであった。秩父鉄道取締役社長の柿原定吉も、北武鉄道の重役らの鉄道敷設に対する「不熱誠と努力不足」を批判した[42]。

たしかに、柿原が指摘したとおり、杉原と根津そして吉野は北武鉄道の重役であったにもかかわらず沿線町村に赴いて出資者を募ろうとしなかった。出井によると「根津嘉一郎君等東武鉄道側が該（北武）鉄道が熊谷に於て院線並に秩父鉄道と連絡するに於ては営業政策上東武の収利は却つて」（括弧内引用者）不利になるとして「踏跙逡巡」したためである[43]。もっとも、指田と出井の出資依頼についても、町村内の 2、3 人の有力者と 1 回会食する程度であったという[44]。

柿原は、自らの経験に照らして指田に「重役全員日夜奮闘」して資金調達をしなければ鉄道敷設を成し遂げることはできないと助言した[45]。この点は、鉄道経営者として先輩の柿原から後輩の指田に向けた経営ノウハウの授受としてとくに留意したい。このことは、たとえ東京で複数の会社経営に関与していたとしても、地方において鉄道会社を起業することは決して容易でない

表 4-3　北武鉄道の

年・期		公称資本金	払込資本金	建設費	支払手形	営業収入	雑収 利子
1911	下	200,000	20,000	2,334	-	-	541
12	上	200,000	20,000	4,357	-	-	430
	下	200,000	39,950	5,847	-	-	754
13	上	200,000	59,765	9,258	-	-	1,302
	下	200,000	59,875	15,599	-	-	1,427
14	上	200,000	59,900	23,441	-	-	1,324
	下	200,000	59,900	27,534	-	-	1,266
15	上	200,000	59,900	28,770	-	-	1,137
	下	200,000	59,900	29,584	-	-	867
16	上	200,000	59,900	29,859	-	-	802
	下	200,000	59,900	30,133	-	-	931
17	上	200,000	59,900	30,390	-	-	939
	下	200,000	59,900	30,728	-	-	942
18	上	200,000	59,900	30,785	-	-	962
	下	200,000	59,900	31,003	-	-	1,083
19	上	800,000	119,900	31,753	-	-	1,502
	下	800,000	373,835	37,873	-	-	6,394
20	上	800,000	378,420	48,173	-	-	12,560
	下	800,000	419,500	432,697	120,000	-	8,444
21	上	800,000	499,610	537,583	163,508	20,781	455
	下	800,000	734,165	789,451	124,882	24,699	348

出所）北武鉄道株式会社『営業報告書』(第1回～第21回) から作成 (前掲『自第一回 至第
注1）金額の1円未満は切り捨て。
注2）配当率は、1919年下期と1920年上期ともに新旧株1株につき0.5%。
注3）雑収入中のその他項目は、銀行手数料と株式名義書換手数料。
注4）1911年下期の営業費項目の金額は創業費。
注5）表中の「-」は該当するデータ無し。

ことを指田らに認識させたのである。

　1918年3月15日付の北武鉄道による4回目の竣工期限の延期申請は、4月11日に「聴届ケ難シ」として却下された[46]。これにより敷設免許状は失効し、同時に軽便鉄道補助申請も却下となった。却下の理由は、「既ニ三回ニ渉リ三ヶ年半ノ延期ヲ重ネタルニ拘ハラス工事ノ具体的進捗ヲ見ス到底成業ノ見込ナキ」というものであった[47]。北武鉄道の建設工事は羽生町内における用地買収を終了したところで中断していたのである。

経営状況（1911～21年）

(単位：円)

入 その他	営業費	当期純益	益金処分				
			繰越金	益金合計	配当金	積立金	期末繰越
2	260	283	-	283	0	0	283
12	0	443	283	726	0	0	726
1	0	756	726	1,482	0	0	1,482
4	0	1,306	1,482	2,788	0	0	2,788
1	0	1,429	2,788	4,217	0	0	4,217
0	0	1,324	4,217	5,541	0	0	5,541
0	0	1,266	5,541	6,808	0	0	6,808
0	0	1,137	6,808	7,944	0	0	7,944
0	0	867	7,944	8,811	0	0	8,811
2	0	804	8,811	9,615	0	0	9,615
0	0	931	9,615	10,546	0	0	10,546
0	0	940	10,546	11,486	0	0	11,486
1	0	943	11,486	12,429	0	0	12,429
1	0	964	12,429	13,393	0	0	13,393
3	0	1,087	13,393	14,480	0	0	14,480
4	0	1,507	14,480	15,987	0	0	15,987
17	0	6,411	15,987	22,398	6,160	2,300	13,938
18	0	12,578	13,938	26,516	9,500	700	16,316
9	0	8,453	16,316	24,769	0	0	24,769
455	28,433	−7,196	14,769	7,573	0	0	7,573
348	22,870	2,177	7,573	9,750	0	0	9,750

二十一回 北武鉄道営業報告』）。

第2節　北武鉄道の再出願と開業

　北武鉄道は、敷設免許状の失効後も指田と出井を中心に出資者を募る活動を続け、1919年に再出願するに至った。そこで指田と出井の活動を中心に検討することで、1922年における秩父鉄道との合併と、その翌年の開業に至るまでの経緯を明らかにしたい。

1　指田義雄の取締役社長就任

　北武鉄道は、敷設免許状の失効後も解散することなく事業活動を継続した。指田と出井は、羽生町、忍町および熊谷町の各商工会に数回にわたり出向いて北武鉄道への出資を求めた[48]。1919年2月25日に指田と出井が北武鉄道再興協議会を結成したところ[49]、羽生町、忍町そして熊谷町の有志者からの賛同と出資を得ることができた。熊谷町では、「高校問題に関連し交通機関整備の必要」によるものであったが[50]、指田と出井の運動によって北武鉄道はようやく沿線地域からの支持を得ることができたのである。

　さらに、これまで「極めて冷静の態度に出て同（北武）鉄道の渦中に入る事を絶対的に回避し」（括弧内引用者）てきた秩父鉄道が、「同鉄道布設の有利有望なるを言明し相当株引受」ることを表明したことも追い風となった[51]。当時の新聞は、秩父鉄道のある有力者の談話として、「北武鉄道に関する従来の運動は熱誠と労力が足らなかつた今度出井主として活動しているやうだが……熱心と努力とが有れば必ず今回は物になる」と報じた[52]。これを聞いた出井は、「殊に勇気を百倍」にしたという[53]。2度目となる敷設免許状の出願に際して、埼玉県知事が「役員ノ熱心ナル奔走ニヨリ用地ノ買収モ之ヲ了シ看々事業計画ノ歩ヲ進メ其準備成ラム」と副申したことから分かるように[54]、地権者との交渉を要する鉄道用地の買収も並行して進められた。

　1919年8月20日に北武鉄道は地方鉄道法に拠り再出願し、同年9月29日に電気鉄道として敷設免許状の下付を受けた[55]。北武鉄道への電力供給者は、秩父鉄道と同じく武蔵水電とされた[56]。柿原定吉、諸井恒平そして指田義雄がともに武蔵水電の重役を務めていたためだと思われる。

　もっとも、北武鉄道の本社は敷設免許状の下付にともない羽生町内から東京市の東武鉄道本社内に移転したことから、東武鉄道との関係を断ち切ったわけではなかった。

　同年8月23日に北武鉄道の臨時株主総会が、東京市の東武鉄道本社で開催され重役全員の辞任と補欠選挙が行われた[57]。図4-2のように、新たに取締役社長に指田が、取締役に松本真平（熊谷町）と石島儀助（忍町）、監査

役に田島竹之助(忍町)が就任した。その一方で、前取締役社長の杉原は相談役に、前常務取締役の吉野は取締役に転じたことで、北武鉄道の経営体制は、実質的な経営を担う指田と出井を中心としたものへと改められた。そして見落とせないのは、北武鉄道取締役に諸井恒平が、相談役に柿原定吉と中村房五郎が就任したことから明らかなように、秩父鉄道の重役が名を連ねていたことである。

　1917年9月に秩父－影森間を延伸した秩父鉄道は、東京市内における浅野セメントの工場に向けた石灰石輸送を開始していた[58]。柿原定吉と中村房五郎そして諸井恒平は、東京市内への輸送ルートの一部として北武鉄道を位置付けたのだと思われる。このことは、表4-4で示した北武鉄道の予想貨物輸送量につき、秩父鉄道線からの通過貨物、具体的には石灰石(原石)輸送が、年間で3万6,500トン(月平均3,000トン強)も計上されたことが傍証している。秩父鉄道線内から発送される通過貨物は、トン哩基準で北武鉄道の貨物輸送全体の66.4％を占めた。これに次いで、東武鉄道発の通過貨物が17.5％を占めており、北武鉄道の各駅において発着する貨物は、全体の16.1％と予想された。

表4-4　北武鉄道の予想貨物輸送量(年間)

品目	輸送区間	哩数	トン数	トン哩	トン哩計	％
石灰石(原石)	秩父鉄道発通過貨物	10	36,500	365,000	475,000	66.4
砂利他		10	3,500	35,000		
木材、薪炭、その他		10	7,500	75,000		
石灰石、麦粉 甘藷、その他	東武鉄道発通過貨物	10	12,500	125,000	125,000	17.5
米、肥料、綿糸布 足袋、酒	羽生－行田	5	10,000	50,000	115,000	16.1
米、足袋、その他	行田－熊谷	5	7,000	35,000		
雑品	羽生－熊谷	10	3,000	30,000		
合計			80,000	715,000		

出所)「羽生熊谷間運輸数量表」『鉄道省文書 地方鉄道免許 秩父鉄道(元北武鉄道)全』(国立公文書館所蔵)。
　注)羽生－熊谷間の距離は9哩15鎖だが、原資料では10哩で計算されている。

当時の秩父鉄道による東京市内への石灰石輸送は、熊谷から国有鉄道を経由していたのであるが、1920年7月には国有鉄道の貨物運賃の値上げが現実味を帯びていた。「貨物等級表に改正を加うることゝなりたるを機とし貨物賃率にも変更を加え総平均に於て約二割八分方の引上を行」うことが新聞で報じられていたのである[59]。こうした事情によって、柿原定吉と中村房五郎そして諸井恒平は、国有鉄道を経由せずに東京市内への輸送ルートを確保するべく北武鉄道相談役や取締役の立場で経営に関わるようになったと思われる。

北武鉄道の公称資本金は、80万円（1万6,000株、1株につき50円払込）であったが、全株式が引き受けられた。具体的には、従前の20万円に加えて、東武鉄道の重役に15万円（3,000株）、羽生町7万5,000円（1,500株）、忍町10万円（2,000株）、秩父鉄道の重役と熊谷町で7万5,000円（1,500株）、その他で20万円（4,000株）と[60]、大部分が沿線町村で引き受けられた。

出井は、北武鉄道の株式募集に際して忍町の足袋同業組合、足袋原料組合、米穀肥料商組合に出資を再三にわたり依頼したところ、各組合長は「忍町行田の財力豊富にして又同（北武）鉄道に対する機運熟したる」（括弧内引用者）と出資を約束した[61]。

表4-2から、1920年9月時点の大株主を確認すると、東武鉄道、秩父鉄道の順になり、それ以下には両会社の重役ないし大株主が多く含まれた。だが、それだけでなく、当時における行田足袋同業組合の組合長であった橋本喜助が200株を所有したことが分かる。また、少数持ち株ではあるが、同組合評議員の大沢専蔵が50株、副組合長の森三七吉と評議員の鈴木新太郎が10株を所有し、3代目組合長となる千代田徳次郎は50株を所有した。このように相当数の足袋製造者が北武鉄道に出資していたことが確認できる。ようやく北武鉄道は、足袋業者から出資を得ることができたのであった。

2　秩父鉄道への吸収合併

北武鉄道は、敷設免許状を下付されると実地測量を経て羽生から忍にかけ

て着工し、1921年3月23日に羽生－忍（行田として開業、以下、行田とする）間が竣工すると、同月31日に営業運転を開始した。もっとも、事前に発注していた車両の到着が遅れたために東武鉄道から蒸気機関車2両と客車、貨車各2両を借用したうえでの開業であった[62]。同年4月2日に行田駅において記念式典が催され、忍町と羽生町の人々は鉄道の開業を歓迎したのである[63]。

未成区間の行田－熊谷間は、熊谷駅構内における秩父鉄道との連絡設備の調整を終えた同年12月8日に着工したのであるが、またも資金不足が明らかになった。北武鉄道の公称資本金は80万円であるが、1921年下期において73万4,165円が払込済みとなっていた。ところが、羽生－行田間の建設に65万円を費やしたうえに、行田－熊谷間の建設費は45万円と見積もられたため、差引およそ36万円の不足となったのである[64]。表4-3のとおり、北武鉄道の営業状況は決して良好ではなく、1921年上期にはおよそ7,000円の欠損を計上しており、同年下期に若干の好転をみたとはいえ、100円の営業収入に占める営業費の割合を示す営業係数は92.6となっていた。

北武鉄道取締役社長の指田は、東武鉄道と秩父鉄道に対して合併を打診するようになった。これに対して東武鉄道は明確な意思表示をしなかったが[65]、秩父鉄道取締役社長の柿原定吉は合併の意思を示した。指田と柿原は「協商」をすすめ[66]、1922年4月22日に両者の間で合併の「仮契約書」を締結した。主な条項は以下のとおりである[67]。

　　第一条　甲（秩父鉄道、以下同）ハ乙（北武鉄道、以下同）ノ権利義務一切ヲ継承シテ存続ス
　　第二条　乙株主ニ対スル甲株式ノ割当ハ乙株式五十円払込済三個ニ対シ甲株式五十円払込済二個ノ割合
　　第四条　甲ハ引継キタル従業員ニ対シテハ最初ヨリ自己ニ於テ採用シタルモノトシ甲ノ諸規定ヲ適用スルモノトス
　　第九条　甲ハ取締役監査役中ニ乙ノ株主中ヨリ三名ヲ選任スルコト

（括弧内引用者）

　北武鉄道の株主と従業員、重役の待遇に配慮した契約内容であった。この「仮契約書」は1922年5月22日に開催された秩父鉄道の臨時株主総会において承認された。

　これにともない秩父鉄道は定款を変更した。まず、公称資本金は、北武鉄道の合併による新株発行のため500万円から550万円に増資した。次に、北武鉄道の重役を登用するため取締役の定員を7名以内から10名以内、監査役の定員を3名以内から5名以内へと増員した[68]。

　同日付けで秩父鉄道取締役に指田義雄と根津嘉一郎、監査役に出井兵吉がそれぞれ就任した。とくに、根津が取締役に就任したことで、「北武鉄道（秩父と併合決定）の延長連絡工事完成し姉妹会社たる東武鉄道と連絡を□（汚損のため判読不能）し得るに至らば裏秩父の石灰石や秩父線特産の砂利は此等の線路に依り大量的に東京市内浅草駅へ搬出される計画」であることが報じられた[69]。秩父鉄道は、北武鉄道を吸収合併し、東武鉄道に乗り入れることで浅草までの輸送ルートを確保したのであった。

3　羽生－熊谷間の開業と貨物輸送

　秩父鉄道は、未成区間の行田－熊谷間の敷設工事と並行して羽生－熊谷間の電化工事に着手した。1922年7月27日に羽生－熊谷間の全区間が開業[70]、翌年11月には同区間の電化が完成した。

　北埼玉地域の中心地で「足袋の製産地」であった忍町は、羽生－行田間の部分開業を契機に「工業地として異常な発展」をみていた[71]。行田駅長によると、当駅で「最も出入りの多いのは足袋原料で次では石炭木材木炭等の順」であった。そのため、羽生－熊谷間が開業することによって、「信越線東上線秩父線東武線の四線路が遺憾なく連絡」されることで「上武一帯の産業は格段の発展」が期待されたのである[72]。

　羽生－熊谷間が開業した後の忍町では、羽生町や加須町から「侵略的の商

戦」が展開されたことで、「非常に興味ある経済戦」の様相を呈した。忍町の農家は、「肥料や鉄物などを羽生や熊谷に相場を問ひ合せてわざわざ買いに出」るようになったことで、羽生駅では「東武鉄道時代に比較して倍加するやうな勢い」で旅客数の増加をみた[73]。1922年におよそ4万人であった羽生駅の乗降者数は、1924年にはおよそ15万人に増加したのであった[74]。

羽生町では、「行田足袋工業をそのまゝ移植して漸次町勢の拡張に努力」する産業振興策が採られてきたのであるが、北武鉄道が開業したことにより「町民に全く革命的影響を与え」[75]、地域産業における忍町との差別化が意識されるようになったという。

秩父鉄道と東武鉄道を結ぶ羽生－熊谷間の開業は、秩父セメントの東京市場における低価格販売の実現にも寄与した。渡邉恵一は、1925年に秩父セメントによって東武鉄道浅草駅構内に製品倉庫が建設されたこと、1929年に浅草駅が東京市内においてセメントの到着量の最も多い駅になったことを指摘している[76]。

1926年4月に『東洋経済新報』は、秩父セメントのセメント価格について「東武鉄道と特別契約を結んで、浅草駅着の運賃が一樽四十銭」であることから「東京着の原価は、恐らく四円二、三十銭」と予測した[77]。この価格は、東京市場において競合関係にあった浅野セメント川崎工場製のセメント原価とされた4円40銭と比較すると「甚だ割安」であった。

低価格でなおかつ高品質のセメントを生産することを強みにしていた秩父セメントは、新興企業であることを理由に、カルテル組織であるセメント連合会の「アウトサイダー」としてとどまり、同連合会に加入後も生産制限などを受けずに、精力的な生産活動を展開していた（詳細は第5章で検討する）。秩父セメントが生産活動を活発化することは、同社の貨物輸送を担う秩父鉄道に大きなメリットを生んだ。昭和初期以降、秩父鉄道における貨物輸送は、セメント製品輸送を中心としたものになっていくのである。

おわりに

　最後に、本章の検討で明らかになった諸点を整理することにしたい。
　北埼玉地域の中心地である忍町の商工業を発展させる交通機関として期待された北武鉄道は、建設費の増額にともなう増資の際に忍町での株主募集に難航したことで、建設工事を中断せざるを得なくなった。東武鉄道取締役社長の根津嘉一郎を中心に、地元出身の指田義雄や出井兵吉などの有力者が重役として経営に関与したにもかかわらず、忍町において株主を確保することができなかったのである。
　過去に多くの鉄道計画が立てられては消えていった忍町では、総じて鉄道会社への出資に消極的であった。北武鉄道の事例は、地元出身の有力者が参加する事業というだけで地元の出資を得ることは難しく、出資者個人あるいは組織への説得活動が必要であることを示すものとなった。
　1919年に再出願した北武鉄道は、忍町を中心にした北埼玉地域で出資者を確保することに成功したことで羽生－行田間の部分開業に至った。秩父鉄道取締役社長の柿原定吉らによる助言を得て指田と出井らが沿線地域において北武鉄道の出資説明会を開催するなど、鉄道事業への理解を図ってきたことが功を奏したのであった。
　北武鉄道には柿原定吉、中村房五郎そして諸井恒平といった秩父鉄道の重役も出資した。秩父鉄道では国有鉄道とは別の東京市内への輸送ルートを構築する必要から、羽生において東武鉄道に接続する北武鉄道への関心を高めていたのである。
　秩父鉄道による羽生－熊谷間の電化開業は、北埼玉地域における商取引の活性化だけでなく、秩父セメント工場から発送されるセメント製品の輸送ルートの一部になった。東武鉄道に乗り入れて浅草まで低運賃でセメントを輸送できたことは、価格競争の面で秩父セメントの強みになり秩父鉄道の貨物輸送を支える要因になるのであった。

注

1) 老川慶喜「明治期地方的中小鉄道の建設と資金調達——上武（秩父）鉄道会社を事例として」『関東学園大学紀要経済学部編』第11集、1986年、119-145頁（のち、老川慶喜『産業革命期の地域交通と輸送』（鉄道史叢書6）（第4章、第1節「上武（秩父）鉄道会社の建設と資金調達」）日本経済評論社、1992年、305-342頁に収録）。
2) 井上啓蔵編『秩父鉄道五十年史』秩父鉄道株式会社、1950年、31-34頁および行田市史編纂委員会編『行田市史』下巻（執筆者：山口平八）1964年、907-911頁に北武鉄道の沿革が述べられている。
3) 老川慶喜『明治期地方鉄道史研究——地方鉄道の展開と市場形成』（鉄道史叢書1）（第Ⅱ章第2節「埼玉県下北埼玉地域における横貫鉄道」）日本経済評論社、1983年、86-122頁。
4) 同上、第Ⅲ章（「埼玉県下における馬車鉄道の展開」）171-196頁。
5) 「北武鉄道株式会社創立趣意書」北武鉄道株式会社『営業報告書』（1911年上期）（秩父鉄道株式会社総務部保存文書102）。
6) 同上。
7) 「北武軽便鉄道特許願ニ対スル取調」『鉄道院文書 私設鉄道及軌道 北武鉄道 失効 全』（1910～18年）（昭47 運輸 00132100-本館-3A-013-02）（国立公文書館所蔵）。
8) 以上、行田の足袋工業については、大沢俊吉『行田足袋工業百年の歩み』行田足袋商工共同組合、1971年、19-55頁、および埼玉県編『新編埼玉県史』通史編6 近代2、1988年、181-186、740-744頁を参照。
9) 前掲大沢『行田足袋工業百年の歩み』74-77頁。
10) 前掲老川「埼玉県下における馬車鉄道の展開」180-192頁。
11) 「東武方面の鉄道悉く立消へんとす」『埼玉日日新聞』1914年7月28日、2頁（埼玉日日新聞10）。
12) 同上。
13) 「軽便鉄道敷設 熊谷羽生間の許可」『国民新聞』1911年3月9日、5頁（国民新聞埼玉版11）。
14) 「北武鉄道の前途有望 行田商工会の態度にて運命を決せむ 二千株持つて呉れとの註文」『国民新聞』1917年7月8日、6頁（国民新聞埼玉版30）。
15) 「北武鉄道創立総会」『国民新聞』1911年10月10日、6頁（国民新聞埼玉版13）。
16) 「北武鉄道発起会」『国民新聞』1911年6月13日、5頁（国民新聞埼玉版12）。
17) 「工事施行認可申請書進達」1912年4月5日、前掲『鉄道院文書 北武鉄道 失効 全』。
18) 「北武鉄道線路設計変更ノ請願」1912年7月22日、同上。
19) 『荒川上流改修六十年史』建設省関東地方建設局荒川上流工事事務所、1979年、34頁および大熊孝『利根川治水の変遷と水害』東京大学出版会、1981年、188-

196 頁。
20) 「北武鉄道工事施行ノ件」1913 年 4 月、前掲『鉄道院文書 北武鉄道 失効 全』。
21) 「回答」(差出：鉄道院工務課長、宛先：同監理部長) 1913 年 1 月 20 日、同上。
22) 「臨時株主総会決議ノ要領書」1912 年 2 月 22 日、同上。
23) 同上。
24) 同上。
25) 古林亀治郎『実業家人名辞典』東京実業出版社、1911 年(復刻版＝由井常彦・浅野俊光監修『実業家人名辞典』1990 年、立体社) サ 36 頁、また前掲『行田市史』下巻、1049-1050 頁。
26) 「北武鉄道懇親会」『国民新聞』1912 年 11 月 18 日、6 頁 (国民新聞埼玉版 16)。
27) 前掲「北武鉄道の前途有望」。
28) 「北武速成協議」『国民新聞』1916 年 5 月 12 日、6 頁 (国民新聞埼玉版 27)。
29) 「北武鉄の其後」『国民新聞』1916 年 5 月 22 日、6 頁 (同上)。
30) 前掲「北武鉄道の前途有望」。
31) 同上。
32) 同上。
33) 同上。
34) 「名称を「行田鉄道」とせよ 北武鉄道と行田実業家の意向」『国民新聞』1917 年 7 月 19 日、6 頁 (国民新聞埼玉版 30)。
35) 「工事竣成延期願」1914 年 9 月 26 日、前掲『鉄道院文書 北武鉄道 失効 全』。
36) 「工事竣成延期許可申請」1916 年 3 月 14 日、同上。
37) 同上。
38) 「軽便鉄道補助願」1916 年 11 月 16 日、同上。
39) 「北武鉄増資株の前途」『国民新聞』1917 年 10 月 14 日、4 頁 (国民新聞埼玉版 31)。
40) 「北武鉄道と熊谷町 近く商工会の活動を見む」『国民新聞』1918 年 1 月 9 日、4 頁 (国民新聞埼玉版 32)。
41) 「町営電気と北武鉄 電気問題は来る一日町民大会 北武鉄当事者の不熱誠を憤る」『国民新聞』1918 年 1 月 30 日、4 頁 (同上)。
42) 同上。
43) 「北武鉄道は遂に解散か 出井の経過談」『国民新聞』1918 年 4 月 27 日、4 頁 (同上)。
44) 同上。
45) 前掲「町営電気と北武鉄」。
46) 「北武鉄道工事竣功延期願却下ノ件」1918 年 4 月 11 日、前掲『鉄道院文書 北武鉄道 失効 全』。
47) 「理由」同上。
48) 「北武鉄道ニ関スル説明」『官庁往復』(秩父鉄道株式会社総務部保存文書 131)。

49)「北武鉄道速成運動 今回は成立せん 出井等奔走」『国民新聞』1919年3月1日、4頁（国民新聞埼玉版35）。
50)「最初回避した熊谷も 今や北武鉄の熱望 忍町有力家も賛成 東武秩父両鉄道の尽力を見ん」『国民新聞』1919年3月19日、4頁（同上）。
51)「熊谷地方民と北武鉄道前途 不断の努力が必要 今度こそモノになる」『国民新聞』1919年3月8日、4頁（同上）。
52) 同上。
53) 同上。
54)「調査書」『鉄道省文書 地方鉄道免許 秩父鉄道（旧北武鉄道）全』（1919〜22年）（平12運輸02283100-本館-3B-014-00）（国立公文書館所蔵）。
55)「官報掲載案」同上。
56)「企業目論見書」同上。1920年に電力供給元は、いったん利根発電株式会社に変更されたが、1924年に全線電化した際には武蔵水電によるものとなった（秩父鉄道所属石原変電所からの受電）。
57) 北武鉄道株式会社『営業報告書』（1919年上期）。
58) 渡邉恵一『浅野セメントの物流史――近代日本の産業発展と輸送』（第6章「第一次世界大戦以降における浅野セメントの原料調達戦略」）立教大学出版会、2005年、第1節3、199-201頁。
59)「鉄道貨物運賃値上 平均二割八分等級改正」『中外商業新報』1920年10月18日（神戸大学付属図書館デジタルアーカイブ・新聞記事文庫）。
60) 前掲「熊谷地方民と北武鉄道前途」。
61)「羽生熊谷間の電鉄 開通は明年の今頃 忍行田有力者の奮発」『国民新聞』1919年7月17日、4頁（国民新聞埼玉版36）。
62)「急 蒸気列車運転並車両借入使用ノ件」1921年3月24日、前掲『鉄道省文書 秩父鉄道（旧北武鉄道）全』。なお、同年4月中に浅野セメントと常総鉄道から蒸気機関車各1両を購入している。
63)「北武鉄道の開通式 四月一日行田で」『東京日日新聞』1921年3月18日、5頁。以下、東京日日新聞は、埼玉県立文書館所蔵の埼玉版複製史料を利用（東京日日新聞埼玉版23）。
64)「行田熊谷間工事施行ノ件」作成日不詳、前掲『鉄道省文書 秩父鉄道（旧北武鉄道）全』。
65) 前掲『秩父鉄道五十年史』32頁。
66) 同上。
67)「総会目的事項 仮契約書」『自大正十一年 事業報告書株主総会関係書類綴』（秩父鉄道株式会社総務部保存文書132〜135）。
68) 秩父鉄道株式会社『営業報告書』（1922年上期）7-8頁。
69)「鉄道電化（五）」『時事新報』1922年6月25日（神戸大学付属図書館デジタルアーカイブ・新聞記事文庫）。

70) 「北武鉄道行田熊谷間運輸営業開始ノ件」1922 年 7 月 28 日、前掲『鉄道省文書 秩父鉄道（旧北武鉄道）全』。
71) 「北武鉄道全通と上武地方の発展 秩父の宝庫開かれん」『東京日日新聞』1922 年 5 月 16 日、5 頁（東京日日新聞埼玉版 28）。
72) 同上。
73) 「北武鉄道の全通から忍町対羽生の商戦 愈々面白い競争となる」『東京日日新聞』1922 年 9 月 26 日、5 頁（東京日日新聞埼玉版 29）。
74) 埼玉県編『埼玉県統計書』1922 年度版、1924 年度版。羽生駅の乗降客数は北武鉄道および秩父鉄道の数値である。
75) 同上。
76) 前掲渡邉『浅野セメントの物流史』（第 5 章「大正期東京のセメント市場と流通」）157-187 頁（とくに第 4 節）。
77) 「秩父洋灰の近況」『東洋経済新報』1926 年 4 月 3 日、23 頁。なお、秩父鉄道は、秩父セメントに対して製品 1 トンにつき、99 銭という特約運賃を締結していた。よって、引用文の 40 銭とは、東武鉄道線内の運賃であると考えられる。

第5章
戦間期秩父鉄道の貨物輸送と地方株主
―秩父地域を中心に―

はじめに

　本章では戦間期における秩父鉄道の経営を貨物輸送を中心に検討することにしたい。当該期の秩父鉄道は、秩父セメントのセメント製品と主原料の石灰石、燃料の石炭などの輸送を一手に担った。秩父鉄道にとって秩父セメントは単なる荷主にとどまらず、両社の取締役社長である諸井恒平（1925年12月に秩父鉄道3代目取締役社長に就任）によって「鉄道・セメント両社の総合運営の基礎を固めた」と言われたように、両社は密接な関係を構築した[1]。

　秩父セメントについては、カルテル組織であるセメント連合会（1924年10月設立）に加盟しない「アウトサイダー」にとどまったこと、また加盟する際にも生産設備の拡張計画の容認と生産制限の緩和などを要求したことで知られている[2]。秩父セメントは、セメント連合会の「アウトサイダー」として関東地域に集中的に出荷していたのであるが、当時の最新技術を導入したセメント生産は既存企業にとって脅威であった[3]。

　本章は、このような秩父セメントの旺盛な生産・出荷活動を輸送面で支えた秩父鉄道について注目するものである。先行研究では、セメント原料の石灰石を大量かつ低廉な価格で調達しようとするセメント企業が、輸送費を圧縮するため鉄道会社と交渉して大幅な運賃割引を実施したことが明らかにさ

れている[4]。本章では、先行研究で十分に検討されなかった、沿線地域における地方株主の動向にも注目することにしたい。

第1節　諸井恒平の社長就任と秩父セメントの設立

秩父セメントのセメント製品輸送の開始が、戦間期における秩父鉄道の経営と貨物輸送を発展させた。そこでまず秩父セメントが設立されるまでの経緯を諸井の企業者活動に即して概観し、次いで秩父鉄道との関係を株主構成と重役の兼任に注目して検討することにしたい。

1　諸井恒平によるセメント工業のための人脈形成

諸井恒平がセメント製造業を起業するに至るまでの経緯を概観する。すでに知られているように諸井は、母佐久の従弟であった渋沢栄一の勧めで日本煉瓦製造会社の書記に就いた。1901年1月に同社の取締役、1907年7月には専務取締役に就任して経営権を握り、明治後期から大正初期にかけて事業の最盛期を築いた。

諸井が、秩父でのセメント工業の可能性を意識するきっかけになったのは、1907年9月に渋沢栄一の私邸で欧米留学から帰国した本多静六を迎えた晩餐会であった。本多は、武蔵国埼玉郡河原井村出身の東京帝国大学教授の林学博士で、諸井とは旧知の仲であった。渋沢の目的は、欧米留学を経験した本多と埼玉県の産業振興策を議論することであり、諸井の他にも田島竹之助（株式会社忍商業銀行取締役）、鈴木兵右衛門（酒造業）、大川平三郎（株式会社武州銀行頭取、製紙業各社重役）、尾高次郎（渋沢栄一の娘婿、株式会社第一銀行監査役）といった埼玉県内外で事業活動を展開する企業家も列席した。

本多は、渋沢のことを「何でもよいと思ったことはすぐ実行に移す徳と力と頭のヒラメキ」と「合理的な公利公益主義」をもつ人であると評している[5]。そのため、渋沢とその相客に帰京談を話すときには「いゝ加減なこと

第 5 章　戦間期秩父鉄道の貨物輸送と地方株主　　　　　167

や、デタラメの資料では済まされな」かった[6]。本多は、秩父における山林資源、天然資源を開発することが何よりも肝要であると論じ、荒川での水力発電事業、武甲山の石灰石を利用したセメント事業、および製材業の有望性を説いた。そして、「諸井君の煉瓦会社は所詮速かにセメント会社に発展すべき」であると主張した。その理由は、欧米において煉瓦建築からセメントを使用した鉄筋コンクリート建築が主流になりつつあること、北米のセメント工業では徳利窯に代わり「殆んど人手を要せぬ新式」である回転窯によって「其企業利益は頗る大」だからであった[7]。

　もっとも、秩父への交通機関が不備で、煉瓦事業が好調であった当時に諸井が直ちにセメント工業を起業することは必ずしも現実的ではなかった。諸井は、1910年代を通じていくつもの会社の経営に関わることで、後に秩父セメントを設立する際の知見や人脈を得ていったのである。

　1910年6月に諸井は、上武鉄道取締役に就任した。当時の取締役社長の柿原定吉が、同鉄道の資金難を解消するため渋沢栄一に資金援助を依頼したときに、渋沢の指示で武甲山麓の石灰石資源を調査したのが諸井であった（第2章）。渋沢が、秩父の石灰石資源を開発することによる産業発展の有望性を認めたことで上武鉄道への援助がなされ、諸井の取締役就任となった。諸井はまた、武蔵水電の取締役に就任することで荒川の水力発電事業の経営陣に名を連ねた。武蔵水電は、川越およびその周辺地域への電灯電力供給を目的に渋沢栄一、浅野総一郎、綾部利右衛門、山中隣之助、鶴田勝三そして柿原定吉の賛助や経営参加によって設立された。武蔵水電は、1914年以降に秩父地域一帯に電灯と電力を、そして1922年に電化した秩父鉄道に電力を供給した。

　これに先立って、1906年11月に諸井は、渋沢、大倉喜八郎、日比谷平左衛門らによって設立された東京毛織物の常務取締役に就任した。その後、1916年に東京毛織物に合併した東京製絨専務取締役の塚口慶三郎を知ることになり、繊維事業のつながりから富士瓦斯紡績の取締役社長で財界の世話人と言われた和田豊治との知遇も得た。大分県出身の和田は、大分セメント

の設立に関与したことがあり、セメント工業の有望性を理解する人物であった。和田による斡旋や紹介によって、諸井は旭セメント取締役社長の楠本武俊、第一生命保険相互会社調査役の鈴木六郎を知ることとなった。東京毛織物では、東京高等工業学校の教授を辞して入社した大友幸助と知遇を得た。大友は、同社大垣工場の監督を経て取締役に名を連ね、秩父セメントの設立とともに諸井の誘いで取締役に就任した。このようにして諸井は、起業する際の相談者、賛同者そして出資者を確保していったのである。

2 秩父セメントの設立

1917年9月に秩父鉄道は武甲山麓の影森に路線を延ばし、翌年9月に石灰石採掘施設を備える武甲まで延伸した。1917年5月に秩父鉄道は、浅野セメントとの間で秩父－影森間の延伸後に武甲山麓で採掘される石灰石を東京深川に立地する浅野セメントの工場に毎月2,000トン以上（影森－武甲間の延伸後には毎月9,000トン以上）を供給する契約を締結した[8]。

この頃になると諸井は、セメント工業の事業構想を具体化するために行動するようになった。諸井は、事業活動を通じて知遇を得た企業家らで1919年2月に武蔵電化株式会社、翌年3月に日本煉瓦セメント株式会社の設立を計画したのであるが、1920年の恐慌に端を発する財界混乱の影響を受けて創業を断念した。

しかしながら、諸井にとって武蔵電化および日本煉瓦セメントの設立を断念したことは、セメント会社を起業するために必要な設備の調査研究や工場建設予定地の実地調査などを行う機会になった。諸井によると、「旭、大分両社の技術当局者が代わる代わる秩父に至り実地調査」を行い[9]、さらに大阪窯業株式会社の支配人を務めた谷口徳政による調査も行われた。旭セメント取締役社長の楠本武俊は、工場建設予定地と石灰石採掘場を現地視察して、おおよその生産量とそれに要する回転窯などの機械設備について自らの経験を踏まえて諸井に助言した[10]。

第一次世界大戦後の関東地方におけるセメントの供給過剰状態が収まりつ

つあった1922年秋に、諸井はセメント事業の設立計画を具体化させた。9月14日に開催された会社設立準備会第1回会合には大橋新太郎、大倉喜七郎、小倉常吉、和田豊治、渡辺勝三郎、柿原定吉、根津嘉一郎、楠本武俊、三輪善兵衛、増田明六、渋沢正雄そして諸井が参集した。

諸井は、セメントの需要量に対して供給量が過少であるとの認識のもと、東京を中心とする関東をはじめ東北、北陸の各地方を主な販売市場に見据えたセメント生産に乗り出した。外国の最新技術を導入して生産費を低減することで、同業他社よりも低廉な販売価格を実現することを自社の強みとしたのである。同年10月の第2回会合で社名を秩父セメントにすることが決定した。

諸井ら発起人によって作成された「起業目論見書」においても、秩父セメントの強みとして低廉な販売価格の実現が示された。その仕組みは、生産設備、工場用地、石灰石採掘施設などの固定資本費、原料や輸送にともなう生産費を低減して製品原価を安くすることにあった。外国製の最新の生産設備を整えて、原料地付近に工場を立地することで工場用地、石灰石採掘施設、原料費の低減が図られた。

秩父セメントは、「販路関係に付ては僅々七十哩（内秩父線三十哩）にして東京を擁し」ているため[11]、セメント製品にかかる輸送費の低減も図った。同社は、秩父鉄道影森駅付近の武甲山麓で採掘した石灰石を利用して秩父駅近傍に立地する工場でセメント生産を行う計画であった。秩父鉄道を利用することで、羽生経由で東武鉄道、熊谷経由で国有鉄道に乗り入れ、近い将来には寄居経由で東武東上線に乗り入れることができ、東京はもちろん信越方面、両毛・東北方面についても「頗る供給至便」であった[12]。秩父セメントは、秩父鉄道を「原石供給者にして同時に唯一の運輸機関」であるとして武蔵水電とともに「熱誠なる共鳴者」であることを強調した[13]。

1923年1月30日に日本工業倶楽部で開催された秩父セメントの創立総会では取締役と監査役、翌月5日の重役会では役付取締役と相談役が選任された。取締役社長には諸井恒平、常務取締役には大友幸助、取締役には小倉常

吉、渡辺勝三郎、柿原定吉、塚口慶三郎、楠本武俊、浅野泰治郎そして三輪善兵衛、監査役には根津嘉一郎、増田明六そして鈴木六郎、相談役に和田豊治が就いた。諸井が関わってきた諸会社の経営を通じて知遇を得てきた人々が多く名を連ねていたことが分かる。諸井は、「凡ゆる経験を集大成して理想的経営を実現する意図で」秩父セメントを設立したというが[14]、その一端は重役人事にも現れていたのである。

3　秩父セメントと秩父鉄道の株主構成

1922年10月に秩父セメントの株式募集が開始されたのであるが、翌月20日には満株の見通しが立つほど順調であった。1928年12月に秩父セメント取締役に就いた深谷辰次郎によると、後に諸井が株式募集のことを述懐して「渋沢子爵、和田豊治さんの御配慮の賜物」と述べたという[15]。渋沢栄一をはじめとする有名な企業家や財界人の関与が、秩父セメント株の信用を高めたと言えよう。

秩父セメントの大株主の多くは、秩父鉄道の株主によって占められることになった。表5-1は、1926年12月末における秩父鉄道株と秩父セメント株を1,000株以上保有する主要株主の一覧である。このうち両社の株式を1,000株以上保有する株主は、諸井恒平、渋沢同族、柿原定吉、大森長次郎（秩父町／絹織物買継商）、根津嘉一郎（東京市／東武鉄道株式会社取締役社長）、出牛充二郎（秩父町／西武銀行頭取）、塚口慶三郎そして浅野セメントであった。秩父セメントの総株式数のうち31.9％が、彼らによって所有された。

また、両社の株式を所有し、かついずれかの株式を1,000株以上所有した株主は、渡辺勝三郎、柿原亀吉（秩父町／秩父鉄道取締役）、山中勇（東京府／東京山中銀行頭取）、小原敬博（東京府／秩父鉄道営業課長）、柿原万蔵（秩父町／秩父鉄道取締役）、指田義雄（東京府／秩父鉄道取締役、武蔵水電監査役）、久喜文重郎（秩父町／絹糸商）、斎藤安雄（東京府／武州銀行取締役）であった。秩父セメントが発送するセメント製品などの貨物輸送による

表 5-1 秩父鉄道と秩父セメントの持ち株数 1,000 株以上の株主（1926 年 11 月末）

氏名	住所	秩父鉄道株				秩父セメント株	
		合計	小計	旧株	新株	合計	
諸井恒平	東京	2,800	100	0	100	10,100	100
諸井合資会社	東京		2,700	900	1,800		5,000
日本煉瓦製造株式会社	東京						5,000
渋沢同族株式会社	東京	4,280	4,280	1,020	3,260	1,300	1,300
柿原定吉	埼玉	2,934	2,434	784	1,650	13,000	3,000
秩父鉄道株式会社	埼玉						10,000
柿原定吉（保積会）	埼玉		500	0	500		
第一生命保険相互会社	東京					5,000	5,000
三輪善兵衛	東京					5,000	5,000
小倉常吉	東京					4,500	4,500
大森長次郎	埼玉	3,176	3,176	956	2,220	1,000	1,000
根津嘉一郎	東京	2,394	100	100	0	1,600	100
東武鉄道株式会社	東京		2,294	2,294	0		1,500
渡辺勝三郎	東京	500	500	0	500	3,000	3,000
出牛充二郎	埼玉	2,132	632	293	339	1,080	1,080
株式会社西武銀行	埼玉		1,500	400	1,100		
大森喜右衛門	埼玉	4,836	1,950	520	1,430		
大森喜右衛門	東京		452	146	306		
株式会社秩父銀行	埼玉		2,434	385	2,049		
塚口慶三郎	東京	1,000	1,000	0	1,000	2,000	2,000
大倉喜七郎	東京					3,000	3,000
浅野セメント株式会社	東京	1,000	1,000	477	523	1,800	1,800
諸井貫一	東京	2,280	2,280	575	1,705		
柿原亀吉	埼玉	754	754	201	552	1,300	1,300
齊藤一郎	埼玉	2,028	2,028	534	1,494		
和田豊治	東京					2,000	2,000
神田雷蔵	東京					2,000	2,000
水野栩蔵	埼玉	1,970	1,970	520	1,450		
山中勇	東京	1,100	1,100	450	650	650	650
小原敬博	東京	1,517	1,517	900	617	200	200
矢尾喜兵衛	埼玉	1,700	1,000	300	700		
合名会社矢尾商店	埼玉		650	200	450		
合名会社矢尾商店皆野支店	埼玉		50	50	0		
町田徳之助	東京	1,680	1,680	420	1,260		
柿原万蔵	埼玉	665	665	0	665	1,000	1,000
町田芳治	埼玉	1,500	1,500	350	1,150		
髙田釜吉	東京					1,500	1,500
小池国蔵	東京					1,500	1,500
荒船愛次郎	埼玉	1,400	1,400	488	912		
指田義雄	東京	400	400	400	0	1,000	1,000

(続) 表 5-1

氏名	住所	秩父鉄道株				秩父セメント株	
		合計	小計	旧株	新株	合計	
富田源之助	埼玉	1,360	1,360	412	948		
日比谷新次郎	東京					1,300	1,300
井上重一郎	埼玉	1,204	1,204	52	1,152		
久喜文重郎	埼玉	1,002	1,002	500	502	200	200
財団法人埼玉学生誘掖会	東京	1,120	1,120	280	840		
菊楓合資会社斎藤安雄	東京	106	106	53	53	1,000	1,000
坂本えけ	埼玉	1,080	1,080	20	1,060		
齊藤輝之助	埼玉	1,010	1,010	202	808		
松本真平	埼玉	150	150	0	150		
松本同族合名会社	埼玉	859	859	288	471		
富田金八郎	埼玉	1,004	1,004	498	506		
髙木好二	埼玉	1,002	1,002	191	811		
浜島誠蔵	埼玉	1,000	1,000	0	1,000		
内田角之助	埼玉	1,000	1,000	409	591		
久喜武蔵	埼玉	1,000	1,000	0	1,000		
浅見せへ	埼玉	1,000	1,000	690	310		
坂石仁兵衛	埼玉	1,000	1,000	0	1,000		
坂田広三郎	埼玉	1,000	1,000	285	715		
服部金太郎	東京					1,000	1,000
大川平三郎	東京					1,000	1,000
大谷藤三郎	埼玉					1,000	1,000
樺島礼吉	東京					1,000	1,000
団琢磨	東京					1,000	1,000
武政恭一郎	埼玉					1,000	1,000
楠本武俊	兵庫					1,000	1,000
前島弥	東京					1,000	1,000
榎本武憲	神奈川					1,000	1,000
青木五兵衛	東京					1,000	1,000
安部彦平	埼玉					1,000	1,000
清水釘吉	東京					1,000	1,000
大橋新太郎	東京					1,000	100
株式会社大橋本店	東京						900

出所）秩父鉄道株式会社『営業報告書』(1926年下期)、秩父セメント株式会社『営業報告書』(1926年下期) から作成。

注1）太字は秩父鉄道と秩父セメント両社の株式を1,000株以上所有する株主。

注2）「氏名」項目で1マス下げているのは、会社、団体で保有している分。名義人は、すぐ上の人物。

秩父鉄道の収益向上に期待した出資行動であると考えられる。こうして秩父鉄道の株主が秩父セメントに出資したことで、両社の利害が一致する関係が形成されたのであった。

4　諸井恒平の社長就任と増資

1925年12月に健康上の理由で秩父鉄道取締役社長を辞任した柿原定吉の後任に、諸井恒平が就任した。取締役社長の引き継ぎでは、以下のように柿原定吉から諸井に対して4つの条件、諸井から柿原定吉に1つの条件が提示され、互いに承諾した[16]。

柿原定吉から諸井への条件
- 渋沢子爵から訓示せられたる条項の一として鉄道会社は株主の利益配当一点張りでなく秩父開発の為に貢献し副系の産業勃興に全力を挙ぐること
- 秩父鉄道会社は先人首唱の下に創立しお互に今日迄努力し来りたる次第に付是非諸井氏の健康の許す限りは社長として在任し先人の遺志を相続しくるゝこと
- 秩父セメント事業は鉄道の副産物に付又諸井氏が最初より尽力し呉たるに付将来他人に任せず堅実の発展を謀られたし
- 創業当時より又は途中より鉄道の業務に服し格勤精励にして私なく従順の者は事情の許す限り愛護雇用せられたい

諸井から柿原定吉への条件
- 柿原亀吉（柿原定吉の実弟）君を推挙し常務取締役として社長を補佐せしめられたい

秩父鉄道と秩父セメントの取締役社長を諸井が兼務したことによって、両社間における重役の人事交流はより活発なものになった[17]。1925年12月に秩父鉄道常務取締役の米山熊次郎が「運輸関係の密接なる関係は一層重大」

という理由で秩父セメント取締役に就任したほか[18]、両社間で重役の兼務がみられるようになった。図5-1は秩父鉄道と秩父セメントの重役の兼務状況である。細線は秩父鉄道の重役在任期間、太線は秩父セメントの重役を兼務した期間を示している。昭和初期以降には取締役社長や常務取締役といった役職者も両社の重役を兼務した。諸井が、親類会社と表現したように[19]、重役の兼務によって秩父鉄道と秩父セメントは所有関係だけでなく、経営の意思決定においても密接な関係を構築した。

1926年7月に開催された秩父鉄道の定時株主総会において、公称資本金

図 5-1 秩父鉄道と秩父セメ

秩父鉄道		1922/上	1922/下	1923/上	1923/下	1925/上	1925/下	1926/上
取締役社長	柿原定吉						→	
	諸井恒平							
専務・常務	米山熊治郎							
	柿原亀吉							
	河野繁一							
取締役	柿原定吉						→ 死去	
	諸井恒平						→	
	中村房五郎							
	大森長次郎							
	渋沢正雄							
	渋沢秀雄							
	柿原万蔵							
	諸井四郎							
	根津嘉一郎							
	指田義雄							
	出井兵吉							
	岡野昇							
監査役	塚口慶三郎					→ 死去		
	出井兵吉							
	大友幸助							
	松本真平							
	山中勇							
	柿原万蔵							
	斎藤源太郎							
	石橋要							

出所）秩父鉄道株式会社『営業報告書』（1922年上期～1936年上期）、秩父セメント株式会社『営業報
注）太線は、秩父セメントの重役であった期間を示す。

を 555 万円から 1,200 万円に増資する決議が採択された。表 5-2 で示すように貨物輸送関連の設備費への配分比率は、増加資本である 645 万円のおよそ 39% を占めた[20]。電気機関車の新造費や引込線の建設費だけでなく、重軌条化にともなう軌道強化対策、各駅構内の線路延伸と側線の増設は、「貨物輸送数量増加ヲ生シタ」ために必要になった設備であった[21]。また、「列車運転ノ回数、速度ノ増加」にともなう電力不足を防ぐため、変電所の出力上昇工事と配電線・饋電線工事もあわせて計画された[22]。諸井恒平の取締役社長就任を契機にして、秩父鉄道の運輸設備は秩父セメントの生産開始にともな

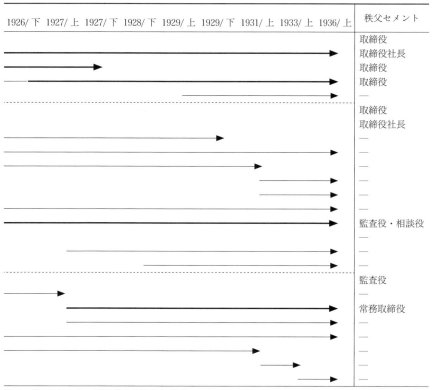

ントの重役（1922～36 年）

告書』（1923 年上期～1936 年上期）から作成。

表 5-2 秩父鉄道の資本金増額の明細（1926 年 8 月）

(単位：円)

資金		支出	
増加資本金	6,450,000	追加予算分	2,731,007
		電化工事追加予算	1,580,000
		電車新造費（7 両）	376,900
		各停車場改良工事	182,957
		付随客車新造費（7 両）	158,100
		秩父－秩父セメント工場引込線	77,000
		自動連結器改造	36,050
		羽生－熊谷間電化工事費	33,000
		電気機関車新造費（2 両）	20,000
		影森－三輪間引込線	11,000
		新規予算分	3,835,288
		変電所・電線路設備	1,184,888
		電車新造費（15 両）	750,000
		電気機関車新造費（6 両）	600,000
		各停車場拡張工事	560,000
		軌条交換	494,600
		工作場機械設備	130,000
		付随客車新造費（6 両）	115,800
合計	6,450,000	合計	6,566,295

出所）「増加資本ニ対スル支払明細表」『鉄道省文書 鉄道免許 秩父鉄道 巻六』（国立公文書館所蔵）
注）原資料によると、支出合計と資金合計の差分 116,295 円は増資後に借入金をもって調達することになっている。

う貨物輸送の増加に対応できるものへと改められたのである。

第 2 節　秩父セメントの生産開始と秩父鉄道の貨物輸送

　秩父セメントの生産開始は、秩父鉄道に運輸収入の増加をもたらした。秩父セメントが高品質かつ低価格のセメント製品を生産・出荷したためである。秩父セメント製品の低価格を実現した一因が、秩父鉄道による正規運賃を割引した特約運賃であった。本節では、秩父セメントの製品などの輸送に対する株主の反応を検討することにしたい。

第5章 戦間期秩父鉄道の貨物輸送と地方株主　177

1　セメント輸送の開始

　1923年初頭から秩父セメントは、工場用地の買収と機械設備の調達を進めた。同年9月1日に発生した関東大震災の影響で外国製機械の到着が遅れたものの、工場建設と機械の輸送・設置作業は順調に進み、1925年8月3日にセメント製品を初出荷した[23]。新興企業である秩父セメントの東京市場における製品販路の確保は決して容易ではなかったが、日本煉瓦製造会社の販売地盤を活かした建材界への売り込み、諸官庁や大手建設業者などへの精力的な販売活動によって同年末には需要家の認識と信頼を深めることができた[24]。

　秩父セメントの生産・出荷開始は、秩父鉄道の運輸収入に占める貨物輸送の重要性を高めるとともに経営の安定をもたらした。表5-3は、秩父セメントの生産開始前後における秩父鉄道の主要貨物品目とトン数を示したものである。

　1923年当時の発送品目は、沿線で産出される一次産品を中心とした構成になっており、砂利、鉱物および木材の上位3品目で発送貨物総量の90％

表5-3　秩父鉄道の主要発着貨物（1923年・1927年）

1923年			1927年					
発送			発送			到着		
品目	トン数	％	品目	トン数	％	品目	トン数	％
砂利	130,266	50.4	砂利	125,894	36.1	粉石炭	16,718	18.0
鉱物	95,534	37.0	セメント類	99,752	28.6	木材類	12,334	13.3
木材類	14,083	5.4	石灰石	98,646	28.3	塊石炭	11,973	12.9
木炭	6,138	2.4	木炭	6,093	1.7	米	8,184	8.8
石材	2,900	1.1	木材類	4,415	1.3	大豆粕	5,675	6.1
繭	2,011	0.8	繭	3,708	1.1	石膏	4,217	4.5
煙草	1,358	0.5	瓦	1,863	0.5	人造肥料	2,760	3.0
パルプ・襤褸	535	0.2	清酒	1,204	0.3	容器類	2,449	2.6
鉄・鋼	531	0.2	鉱物類	945	0.3	木炭	2,130	2.3
米	500	0.2	石材	901	0.3	鉄・鋼製品	1,641	1.8
発送貨物計	258,487		発送貨物計	348,285		到着貨物計	92,696	

出所）東京鉄道局『主要貨物統計年報』各年版から作成。
　注）1923年は到着貨物の記載なし。

以上を占めた。もっとも、砂利は主に大麻生－寄居間の各駅から熊谷までの短距離輸送であったことから貨物収入における割合は小さく、木材は主要貨物として有望視されていたものの鉄道輸送に便利な場所では既に伐り尽されており奥秩父地域に伐採地を移す必要があった[25]。

表5-4から運輸収入の推移を確認すると、1925年まで旅客収入が貨物収入を上回っていたことが分かる。秩父鉄道では地元有志とともに長瀞周辺を遊覧地として整備して都市部の行楽客や遊覧客の誘客を図ったこと、関東大震災による鉄道施設の被災を免れたことなどの理由で来訪者数と運賃収入を

表5-4 経営状況の

年	鉄道部収入			鉄道業営業費	営業係数	自動車部収支
		旅客	貨物			
1920	544	295	230	358	65.8	
21	610	321	262	359	58.8	
22	778	407	335	509	65.4	
23	943	554	356	598	63.4	
24	1,089	644	400	636	58.4	
25	1,181	645	491	698	59.1	
26	1,255	574	617	931	74.2	
27	1,424	640	643	861	60.5	
28	1,300	646	561	816	62.8	
29	1,243	593	561	795	64.0	
30	1,070	523	487	834	77.9	
31	985	447	480	800	81.2	
32	949	395	471	770	81.1	
33	1,180	410	534	932	79.0	
34	1,158	418	642	816	70.5	
35	1,099	415	584	788	71.7	
36	1,152	441	610	805	69.9	0
37	1,270	450	703	897	70.7	0
38	1,349	507	731	949	70.4	0
39	1,555	706	745	1,082	69.6	−1
40	1,876	970	789	1,371	73.1	−8
41	2,146	1,175	850	1,637	76.3	−10
42	2,447	1,378	949	1,902	77.7	
43	2,890	1,676	1,077	2,204	76.3	

出所）秩父鉄道株式会社『営業報告書』（1920年上期～1943年下期）から作成。

増加させていた。秩父セメントの生産・出荷開始以前における秩父鉄道は、「旅客収入が主であり、貨物収入が従」と評されていた[26]。

1926年になると秩父鉄道の貨物収入は、一転して旅客収入を上回る水準に達した。同年下期には「経済界ノ不況倍々深刻ナルガ為メ旅客及一般貨物ハ寧ロ不振」と、貨客輸送とも低迷しているなかで、「『セメント』輸送ノ増加ニ依リ」前年を超える運輸収入を得たのである[27]。1926年上期における秩父鉄道の株主配当率は12％への増配となった。

秩父セメントで生産されたセメント製品は低価格で販売されたが、東京市

推移（1920～43年）

（単位：千円）

索道部収支	純益金	前年繰越金	配当金	配当率（％）		配当性向(％)
				上期	下期	
	186	24	156	12.0	11.0	74.2
	251	22	166	11.0	12.0	60.7
	269	63	223	11.0	11.0	67.3
	345	34	280	10.0	8.0	73.9
	453	63	365	10.0	10.0	70.7
	483	84	383	10.0	11.0	67.6
	324	139	446	12.0	12.0	96.4
	563	132	442	11.0	10.0	63.7
	483	125	430	10.0	10.0	70.6
	448	28	387	10.0	8.0	81.2
	236	38	225	8.0	2.5	82.1
	185	49	155	3.6	3.6	66.3
	179	69	155	3.6	3.6	62.3
	248	92	193	4.0	5.0	57.0
	341	134	258	6.0	6.0	54.3
	311	163	258	6.0	6.0	54.3
	347	177	258	6.0	6.0	49.2
	372	199	258	6.0	6.0	45.1
	400	219	258	6.0	6.0	41.6
0	472	244	279	6.0	7.0	39.0
0	498	288	301	7.0	7.0	38.2
−10	489	323	344	7.4	8.0	21.2
−12	533	338	365	8.0	9.0	41.9
−10	677	341	387	9.0	9.0	38.0

と鉄道省の試験によって「浅野に次ぐ優良品」との高評価を得ていた[28]。1926年上期における秩父セメントの販売量はおよそ32万5,000樽（およそ5万6,030トン）で、表5-5のとおり、1樽あたりの販売価格は4円82銭程度であった。同業他社の1樽あたりの販売価格は5円40銭程度であったため[29]、市価よりも60銭程度の安値であった。同年下期の秩父セメントの1樽あたりの販売価格は4円87銭程度であり、上期と比べて微増したことになるが、1樽あたりの益金はおよそ78銭から85銭へと増加した[30]。秩父セメントによる収益増加策のひとつは、鉄道運賃の割引と樽から紙袋へのセメント容器の変更という荷造費・運賃の低減であった。1926年下期に1円68銭であった1樽あたりの荷造費・運賃は、1927年上期には1円63銭に減少し、営業支出全体の低減に寄与したのであった[31]。

　1927年6月に開催された秩父鉄道の定時株主総会において、秩父セメントからの運賃収入について質疑に立った株主の坂田広三郎（埼玉県／旧株285株、新株715株）に対して諸井は、特約運賃を適用して半年ごとにおよそ10万円を収得しており「貨車収入中主ナル利源」であると応答した[32]。

　あらためて表5-3を確認すると、発送貨物総量が1923年の25万トンから

表5-5　秩父セメントの1樽あたり生産費・販売利益

	1926年上期	1926年下期
製造高（樽）	322,000	406,000
（トン換算）	55,512.8	69,994.4
販売高（樽）	325,000	423,300
（トン換算）	56,030	72,976.92
工場生産費	1.89	1.96
荷造費・運賃	1.68	1.63
営業費	0.28	0.26
利息	0.22	0.17
計	4.06	4.02
販売価格	4.82	4.87
差引利益	0.78	0.85

出所）「秩父洋灰の今期」『東洋経済新報』1927年1月22日、26頁。
　注）1樽＝380ポンド＝172.4キログラムで換算。

27年の34万トンに増加するなかで、1927年には新たな品目としてセメント類が加わった。また、1927年においても到着貨物は発送貨物の3分の1以下のトン数にとどまっていたが、到着トン数で上位の粉石炭や塊石炭は秩父セメント工場における回転窯の燃料として納入された貨物であると思われる。秩父セメント工場を発着するセメント製品などの貨物は、秩父鉄道の収益源になっていたのである。

2　特約運賃の設定

　秩父セメントの順調な製品出荷と販売を支えたものが、秩父鉄道による正規運賃を割り引いた特約運賃であった。1925年8月1日付けで運賃低減の条件などを定めた「特約書」が、秩父鉄道株式会社取締役社長（柿原定吉）と秩父セメント株式会社取締役社長（諸井恒平）の間で取り交わされた。特約内容は、秩父鉄道の影森と秩父の両駅を発着地とする秩父セメントの貸切扱の貨物に限り、正規運賃の4割引（1トンあたり99銭）に低減すること[33]、秩父セメントが、影森と秩父を発駅、秩父鉄道線内各駅および連帯線各駅を着駅にして託送する石灰石とセメント（小口扱・貸切扱）の運賃を後払いにすることであった[34]。また、翌年12月には「覚書」により、秩父セメント工場から出荷され、国有鉄道に託送するセメント製品について、秩父鉄道線内の正規運賃の4割を翌月に割り戻すことも約定された[35]。つまり、秩父鉄道は、正規運賃の4割引にした特約運賃をもって秩父セメント工場に到着する原料の石灰石や燃料の石炭、同工場から発送されるセメント製品を輸送することができたのである。

　秩父鉄道は、東武鉄道に対しても秩父セメントにかかる貨物の運賃割引を認めさせ、羽生－浅草間を輸送するセメント製品およびセメント容器（袋・樽）に限り、正規運賃の4割を割り戻すようにした[36]。

　こうした秩父鉄道の経営行動に対する同社株主の評価はおおむね好意的であった。それは、「一般的不景気ノ大勢」のなか[37]、「セメントハ最近新ニ産出セル貨物ニシテ本期増収ノ一因」とあるように[38]、収益の向上が期待され

ていたからである。図 5-2 から明らかなように、1925 年には貨物輸送量の急増と、旅客輸送人員の停滞がみられるようになった。株主のなかには、一部区間を複線化することで浅野セメントと秩父セメント関連の貨物輸送に特化し、「直ちに利益を挙げ得る」経営体制にするべきだと考える者もいたのである[39]。

3 秩父セメントによる石灰石採掘権確保のための延伸計画

1926 年 4 月 5 日に開催された秩父鉄道の株主総会では、社債を発行して 200 万円を資金調達すること、そのうち 150 万円を影森－白久間の建設資金に充てることが諮られ、株主の賛成多数で可決された。終端駅の影森を起点にして白久（秩父郡白川村）に至る延伸計画は、1920 年 2 月の臨時株主総会における決議によって着工することになっていたのであるが、地権者との間で鉄道用地の買収価格をめぐる条件で折り合いがつかずに先送りになっていた。1925 年 8 月に延伸区間にあたる中川、白川そして大滝の各村長らは鉄道敷設期成同盟会を組織し、三峰神社社司の薗田稲太郎の支援によって

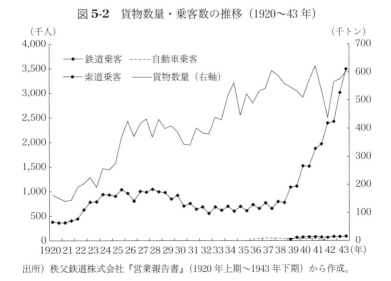

図 5-2　貨物数量・乗客数の推移（1920～43 年）

出所）秩父鉄道株式会社『営業報告書』（1920 年上期～1943 年下期）から作成。

「秩父鉄道招致の猛運動」を起こしていた[40]。とはいえ、秩父鉄道が影森－白久間を延伸することに対して「損失は免れぬ」とする消極的な評価もあった[41]。

しかも、秩父鉄道は、株主総会での審議を経ないまま飯能－秩父間、白久－大滝間の敷設免許を相次いで出願した。これらの行動は、武蔵野鉄道の秩父延伸計画に対する諸井の危機感を反映したものであった。

諸井が、影森－白久間の延伸着工と飯能－秩父間、白久－大滝間の敷設免許の出願申請を決断した要因に、常務取締役の米山熊次郎による調査報告があった。米山は、初代取締役社長の柿原万蔵に主任技術者として雇われ、上武鉄道の創立直後より実地測量や延伸工事を技術面で主導してきた人物であった。かねてより米山は、熊谷－波久礼間と石灰石の積出地である武甲－秩父間の複線化を完成させ、石灰石輸送の増加によって収益を安定させてから影森－白久間の延伸に手を付けるべきとの考えであった[42]。ところが、1926年1月末に米山は、影森－白久間の延伸着工について「賛成に豹変し」たのである[43]。

1915年4月に池袋－飯能（埼玉県入間郡飯能町）間を開業させていた武蔵野鉄道は、飯能－吾野（同県同郡吾野村）間の延伸工事を進めていたが、1927年10月には主に石灰石輸送を目的とした吾野－秩父間の敷設免許を出願した[44]。

当時の武蔵野鉄道の大株主であった浅野セメントは、前述のとおり、秩父の武甲山麓において石灰石採掘場とセメント工場用地を確保していた。浅野セメントの目論見は、武蔵野鉄道に吾野－秩父間を延伸させて、武甲山麓に新設するセメント工場で生産したセメント製品の輸送機関にすることであった[45]。

1926年3月に米山は、諸井からの指示を受けて武蔵野鉄道の想定ルートを踏査し、「飯能駅より秩父に至る線は正丸（峠）の難工事あるも400万円で出来る。これに依つて東京入りは著しく短縮できる」（括弧内引用者）と報告した[46]。

諸井は、1926年7月23日に武蔵野鉄道監査役の石川四郎から吾野－秩父間の敷設免許を出願すると連絡を受けたのであるが[47]、秩父鉄道では同年7月20日付けで飯能－秩父間の敷設免許を出願した。秩父鉄道は、「近来遊覧客ノ増加並ニ石灰石『セメント』ノ如キ大量貨物ノ激増ヲ来シ……秩父、東京間ノ運輸連絡ヲ倍々円滑至便ナラシムルコトハ即チ本鉄道ノ使命」であると説明し、鉄道敷設の正当性を主張した[48]。仮に、武蔵野鉄道の吾野－秩父間の延伸が実現すると、秩父から東京市内までは秩父鉄道を経由するよりも短距離になり運賃低減につながることから、秩父セメントにとって「実に死活問題」になるだけでなく、秩父鉄道も輸送量・運輸収入の減少に直面することが予想されたからである[49]。

1927年11月から同年末にかけて秩父鉄道は、浅野セメントからの提案を受けて武甲－熊谷間における石灰石輸送の特約運賃を改定する交渉を続けていた。浅野セメント側からの提案内容が運賃低減もしくは輸送距離の短縮であったことから[50]、秩父鉄道常務取締役と秩父セメント取締役を兼務する柿原亀吉は、秩父セメントとの関係や鉄道の営業方針を考慮して「貴案ノ何レニモ応シ兼候」と回答したのであるが[51]、結果として浅野セメントとの特約運賃を維持する一方で、1日あたりの石灰石の責任発送量を300トンから150トンに半減させた[52]。このような事情もあって諸井は、浅野セメントに主導された武蔵野鉄道の吾野－秩父間の延伸によって秩父鉄道ならびに秩父セメントの経営に打撃が加えられることを警戒したのである。

諸井は、武蔵野鉄道の動向に反応し、1927年12月に大滝村長との間で白久－大滝間の鉄道延伸（1927年12月5日に敷設免許状下付）を約束する代わりに、同村大達原付近における石灰石採掘権を確保するための交渉を進めた[53]。諸井が、未着工である影森－白久間のさらに先の区間の延伸計画を交渉の材料にして行動したところに、秩父セメントの経営者として石灰石採掘権の確保を急ぎたいという思惑がみてとれる[54]。つまり、武蔵野鉄道を意識した秩父鉄道による一連の延伸計画は、それぞれの鉄道会社の大株主である浅野セメントと秩父セメントの秩父地域における石灰石採掘権の確保をめぐ

る対抗関係を反映したものであった。

1928年2月に秩父鉄道は、建設資材や請負業者を選定して影森－白久間の延伸工事に着手した。ただ、翌3月には秩父郡大滝村における石灰石採掘権は秩父鉄道、武甲山東麓における石灰石採掘権は秩父セメントと浅野セメントによって確保されたことが報じられた[55]。もっとも、同年5月に秩父鉄道の飯能－秩父間と武蔵野鉄道の吾野－秩父間の出願申請はともに却下された[56]。次章において検討するように、秩父鉄道の影森－白久間は、石灰石採掘権の確保よりも三峰神社へのアクセスを重視する路線として開業に至るのであった。

第3節　秩父鉄道の業績悪化と地方株主による経営批判

昭和初期の恐慌にともなう業績悪化に直面した秩父鉄道では、秩父セメント製品の輸送量を増やすことによって運輸収入を確保しようとした。その一方で、貨物自動車の増加は、地元産品の輸送を鉄道から自動車へと移行させていった。本節では、秩父鉄道が、秩父セメントのセメント製品など輸送に特化することに対して、地方株主である秩父鉄道指定運送店の経営者や地元産品の生産者らがいかなる行動を起こしたのかについて検討する。

1　地元産品に対する運賃割引

表5-4のとおり、1929年における秩父鉄道の運輸収入に占める貨物と旅客の比率はおおよそ1対1であったが、貨物収入のうち60％程度は秩父セメントに関連する原料、石炭、製品などの輸送によるものであった。秩父セメントに関連する貨物輸送が伸びた反面でそれ以外の貨物輸送が停滞したわけであるが、この理由には景況悪化や貨物自動車の進出だけでなく秩父鉄道による運賃割引のあり方も関係していた。

周知のとおり、昭和初期の日本経済に打撃を与えた恐慌は、商取引の縮小を通じて地方経済に影響を及ぼした。秩父鉄道の沿線では、1929年5月に

秩父鉄道石原駅付近の熊谷木材会社が業績低迷のため解散、秩父の二大絹織物買継商といわれた大森商店が1931年に取引中止、柿原商店が翌年に支払停止に陥った。

1928年1月から5月にかけて782トンであった石原駅の到着貨物量は、翌年の同時期に195トンへと激減した。石原駅長によると熊谷木材会社の解散だけでなく、「運賃割引ノ恩典ニ浴スル能ハザルモ一因ナルベシ」と[57]、低廉な運賃を求める荷主に対して十分に対応できていなかった。国有鉄道経由で発着する貨物の場合、石原駅周辺の会社や工場向けであったとしても、多くの荷主は熊谷-石原間の運賃負担を避けるため、国有鉄道熊谷駅において荷揚げと荷積みを行うようになっていた。秩父鉄道では同年7月から11月末日まで、石原駅の指定運送店であった熊谷合同運送倉庫石原支店に対して国有鉄道からの到着貨物のうち貸切扱の石炭、木材、セメント、肥料、木炭の5品目に限り、1トンあたり10銭を割り戻すことを決めた。

上長瀞合同運送店の代表でなおかつ秩父鉄道指定運送店組合長の新井嶽（埼玉県／128株）は、秩父鉄道による5品目に限定した運賃割引策に対して対象品目を増やすよう求めた。運賃割引の対象から外れた品目を取り扱う荷主や運送店にとって不利であるため、国有鉄道からの到着貨物については品目を問わず、1トンあたり10銭を割り戻すよう提案したのである。また、新井は、秩父町の大橋浅五郎の意見として秩父産品である木材と木炭の貨物運賃について、以下のとおり正規運賃の4割引にするよう求めた[58]。

> 秩父セメント会社カ多量ノ貨物ヲ取扱ヲナスト雖モ四割減ヲ以テ発着貨物ノ取扱ヲナシ居秩父鉄道トシテハ秩父開発ノ目的要スルニ秩父特産ノ貨物ヲ輸送スル目的ニテ鉄道ノ敷設ヲナシタルニ此貨物ニ着目セズ一切御構ヒナシトシテハ近来ノ不景気ニ依リ運賃上ヨリシテ遠国ノ貨物ト競争出来ズ依テ此秩父特産ノ貨物ヲ広ク販売セシメラレンコトヲ御願ヒ申度候

新井は、1928年7月にも木材商からの要望を受けて、秩父鉄道線内の貸切扱の木材運賃について、「鉄道トシテ割引低減ナキ場合ハ自動車専属ニ輸送相成ル計画進ミ居候」と説明し、正規運賃の3割引の特約運賃を設けるよう申請したことがあったが、秩父鉄道によって却下されていた。

秩父鉄道は、「相当考慮研究ヲ要ス」と回答して運賃割引の確答を避けたが、秩父鉄道指定運送店組合で取り扱う木炭に限定した「出貨奨励策」として、1929年12月から翌年11月までの1年間について発送1トンあたり2割の割り戻しを承認した。そして、新井に「目下自動車輸送ニ蚕食セラレツ、アルニ付極力鉄道輸送ニ依ル様御努力ノ上相当ノ成績挙ゲラレ度」と[59]、荷主の確保を求めた。このように秩父鉄道では、秩父郡内から出材される木材をはじめとした地元産品に対する運賃割引には慎重であった。

しかしながら、一部の品目に限定した運賃割戻策では十分な効果をあげることができず、1929年11月に熊谷合同運送倉庫石原支店は、「営業開始以来ノ収支相償ヒ不申」との理由で、同年末限りで指定運送店の解除を申し出た[60]。新井が指摘したように、秩父鉄道による5品目に限定した割り戻しでは、運送店の経営を維持することはできなかったのである。

2　セメント製品中心の貨物輸送

秩父鉄道では、秩父セメントの第2次拡張計画による生産・出荷量の増加にともないおよそ25％の増収を見込んでおり、その完成に期待を寄せていた[61]。秩父鉄道は、秩父セメントに関連する貨物に対して運賃割引を継続することで出荷を促した。

1930年5月に秩父鉄道は、秩父セメントから発送されるセメント製品について同年下半期に出荷高45万樽（＝8万トン）を超過した場合に、超過分に対して規定運賃の6割引にする特約運賃を設定した[62]。また秩父鉄道は、東武鉄道に依頼して、寄居から東武東上線経由で池袋以遠にセメント製品（貸切扱）を輸送する場合に1トンあたり90銭に低減する「東上線通過特約運賃」を設定した[63]。

1930年上期には秩父鉄道の期待通りに「主要貨物中独リ『セメント』ノミ予期ノ出貨ヲ見タ」一方で、「其他ノ貨物ハ貸切及小口扱共ニ減少」したことが報告された[64]。ただし、表5-4で示すとおり、秩父鉄道では貨物収入と旅客収入がともに減少したことで収益が悪化し、1930年下期の配当率は2.5％への減配になった。表5-6は、1928年6月から10月までと翌29年の同時期における秩父鉄道線内から発送される主要貨物のトン数を比較したものであるが、秩父セメント関連と思われるセメント、石灰石（社線内）、石炭の3品目は1年間のうちに輸送量を増やしたことが読み取れる。その一方で、砂利、木材および木炭の輸送量が減少したことと、主に浅野セメント向けに輸送した石灰石であることを示す「石灰石（連帯線）」の激減は、貨物収入を落ちこませる要因となった。秩父鉄道の貨物輸送は、秩父セメントによって成り立っていると報じられたのである[65]。

　表5-7は、1933年5月末における秩父鉄道株あるいは秩父セメント株を1,000株以上所有する株主の一覧である。秩父鉄道と秩父セメントの取締役社長の諸井が両社の筆頭株主であり、渋沢栄一を祖父にもつ渋沢敬三（渋沢

表5-6　主要貨物の前年同期比較（1928年6～10月、1929年6～10月）

（単位：トン）

		石灰石（連帯線行）	石灰石（社線内）	砂利	セメント	石炭	木材	木炭
1928年	6月	4,575	15,372	16,291	9,713	7,058	1,864	499
29年		4,449	17,274	13,044	10,451	5,909	1,432	328
1928年	7月	6,313	14,694	18,718	10,960	7,054	2,157	572
29年		3,895	15,564	13,243	10,821	5,388	1,640	276
1928年	8月	4,679	14,148	27,945	11,679	6,635	1,179	465
29年		2,365	17,152	17,052	14,053	6,284	1,609	297
1928年	9月	4,962	15,003	23,866	8,273	5,805	2,122	504
29年		1,299	12,984	14,320	14,163	5,885	923	541
1928年	10月	5,816	13,164	18,916	10,396	5,621	1,542	674
29年		1,580	24,276	9,710	13,305	7,697	1,059	475
1928年	計	26,345	72,381	105,736	51,021	32,173	8,864	2,714
29年		13,588	87,250	67,369	62,793	31,163	6,663	1,917

出所）「貸切扱運賃割戻ニ関スル件」1929年11月28日、『昭和四年 文書庶務』（秩父鉄道株式会社総務部保存文書165～168）。

同族)、秩父セメントと秩父鉄道の長期借入金の融資元である矢野恒太(第一生命保険)、秩父鉄道と連帯輸送の関係を結ぶ東武鉄道取締役社長の根津嘉一郎などが名を連ねた。彼らの所有株数が秩父鉄道の総株式数に占める比率は、1926年の17.7％から32.4％へと上昇した。

しかし、依然として埼玉県在住者の比率は高く、地方株主の利害を無視できる状況ではなかった。表5-8から秩父鉄道の株主の地域分布を確認すると、株主総数のおよそ86％が埼玉県在住者であり、なおかつ持ち株数では1株から50株までの株主がおよそ65％を占めた。また、秩父鉄道の株主総数である1,710名のうち、秩父セメントの株主を兼ねたのは194名(株主数全体のおよそ11％)に限られた。秩父鉄道は、重役の兼務や大株主の思惑で秩父セメントと利害の一致した経営の意思決定を行っていたが、株主数全体でみれば少数であった。それゆえ、秩父鉄道の業績悪化が明らかになると、地方株主らは経営方針を批判するようになったのである。

3　地方株主による地元産品への運賃割引要求

地方株主のなかには、秩父鉄道の業績悪化を受けて、秩父セメントに関連する品目の輸送に特化することに懸念を示す者がいた。1930年11月に秩父鉄道の株主であった飯田一郎(大里郡大麻生村／130株)は、新聞報道で株式払込金の徴収があり得ることを知ると「実ニ困難ノ事」と述べて株主配当率を8％まで増配した後に検討するべきであるとの書簡を送った。また、飯田は、「セメント販売統制ニ成功シツツアル」ことを踏まえて、「浅野セメント会社ト協調シテ」石灰石輸送を増加させ、秩父鉄道の「機能ヲ発揮」するよう要望した[66]。

セメント業界では、生産制限を実施してきたセメント連合会のカルテルとしての弱点を補強して組織性を高めるために、1930年9月から11月にかけて各地方に販売協会を設立させていた。これが功を奏し、1930年11月には恐慌期にもかかわらずセメント市価は上昇し、セメント業界の安定に効果をあげていた[67]。地方株主のなかには、セメント業界の動向を捉えたうえで自

表 5-7 秩父鉄道と秩父セメントの

氏名	住所	秩父鉄道 合計	小計	旧株
諸井恒平	東京	36,482	11,663	1,275
諸井恒平（秩父セメント株式会社）	〃		22,319	789
諸井恒平（秩父鉄道株式会社）	埼玉			
諸井恒平（日本煉瓦製造株式会社）	東京		2,500	200
渋沢敬三（渋沢同族株式会社）	東京	8,926	8,926	1,053
矢野恒太	東京	2,200		
矢野恒太（第一生命保険相互会社）	〃		2,200	600
根津嘉一郎	東京	7,288	500	0
根津嘉一郎（東武鉄道株式会社）	〃		6,788	3,394
大森喜右衛門	埼玉	9,877	8,973	1,113
大森喜右衛門	東京		904	146
三輪善兵衛	東京	1,182	1,182	0
柿原武太郎	埼玉	5,178	5,178	784
大友幸助	東京	482	482	0
出牛充二郎	埼玉	3,457	237	279
出牛充二郎（株式会社西武銀行）	〃		3,220	150
松本真平	埼玉	4,018	200	200
松本真平（松本合名会社）	東京		3,818	388
井上重一郎	埼玉	2,814	2,354	252
井上重一郎（保積合資会社）	〃		460	0
柿原亀吉	埼玉	2,508	2,508	201
齋藤とき	埼玉	4,056	4,056	534
大橋新太郎	東京			
大橋新太郎（株式会社大橋本店）	〃			
矢尾喜兵衛	埼玉	3,400	2,000	300
矢尾喜兵衛（合名会社矢尾商店）	〃		1,300	200
矢尾喜兵衛（合名会社矢尾商店皆野支店）	〃		100	50
川崎甲子男	東京			
大倉喜七郎（合名会社大倉組）	東京			
浅野総一郎（浅野セメント株式会社）	東京	1,720	1,720	327
浅野総一郎	〃			
町田徳之助	東京	3,360	3,360	420
宮前進	埼玉	2,130	2,130	0
佐藤長太郎	埼玉			
山中勇	東京	2,700	2,700	450
柴崎啓蔵（埼玉学生誘掖会）	東京	2,240	2,240	280
大曾根子之作	埼玉	2,234	2,234	0
朝吹常吉（帝国生命保険株式会社）	東京			
日比谷平左衛門	東京			
久喜文重郎	埼玉	2,063	2,063	500
米山熊次郎	神奈川	2,140	2,140	120
水野樮蔵	埼玉	2,100	2,100	520
小泉国平	埼玉	2,063	2,063	0
齋藤輝之助	埼玉	2,046	2,046	215
中村陸三郎	埼玉	2,000	2,000	20
浅見せへ	埼玉	2,000	2,000	800
小倉常吉（小倉合名会社）	東京			
尾高豊作（尾高合名会社）	東京			
大川平三郎（大川合名会社）	東京			
団伊能	東京			

出所）秩父鉄道株式会社『営業報告書』（1933 年上期）、秩父セメント株式会社『営業報告書』
注）太字は秩父鉄道と秩父セメント両社の株式を 1,000 株以上所有する株主。

持ち株数 1,000 株以上の株主（1933 年 5 月末）

株		秩父セメント株			
第 1・2 新株	第 3 新株	合計	小計	旧株	新株
4,310	6,080	47,590	16,410	5,100	11,310
6,512	15,018				
		20,000	20,000	10,000	10,000
2,300			11,180	6,180	5,000
3,360	4,513	4,400	4,400	2,000	2,400
		10,950	250	0	250
500	1,100		10,700	5,500	5,200
0	500	4,600	3,000	1,000	2,000
0	3,394		1,600	800	800
2,770	5,090	350	350	0	350
306	452				
591	591	9,000	9,000	5,000	4,000
1,830	2,564	2,490	2,490	1,220	1,270
100	382	5,100	5,100	500	4,600
866		1,290	240	110	
1,870	1,200		1,050	650	400
0	0	1,000			
1,621	1,809		1,000	500	500
2,102	0	1,740	1,740	600	1,140
460	0				
553	1,754	1,820	1,820	300	1,520
1,494	4,056				
		4,000	1,000	0	1,000
		3,000	3,000	1,000	2,000
700	1,000	460	460	230	230
450	650				
0	50				
		3,800	3,800	1,850	1,950
		3,750	3,750	2,450	1,300
393	1,000	2,000	1,800	0	1,800
			200	200	0
1,260	1,680				
120	2,010	1,000	1,000	425	575
		3,000	3,000	0	3,000
650	1,600				
840	1,120				
0	2,234				
		2,200	2,200	2,200	0
		2,200	2,200	1,100	1,100
502	1,061	120	120	0	120
500	1,520				
480	1,100				
918	1,145				
808	1,023				
980	1,000				
200	1,000				
		2,000	2,000	0	2,000
		2,000	2,000	0	2,000
		2,000	2,000	1,000	1,000
		2,000	2,000	1,000	1,000

（1933 年上期）から作成。

表 5-8　秩父鉄道の株主分布（1933 年 5 月末）

住所	株主数								株式数	
	合計	%	1～10株	11～50株	51～100株	101～500株	501～1000株	1001株以上	株式数	%
埼玉県	1,469	85.9	560	555	152	132	18	37	154,503	62.9
東京府	132	7.7	29	35	19	25	8	16	85,784	34.9
群馬県	63	3.7	17	33	9	4	0	0	2,725	1.1
神奈川県	7	0.4	4	0	1	2	0	0	443	0.2
栃木県	4	0.2	1	1	0	2	0	0	514	0.2
長野県	2	0.1	1	1	0	0	0	0	50	0.0
大阪府	2	0.1	2	0	0	0	0	0	2	0.0
新潟県	1	0.1	0	1	0	0	0	0	24	0.0
愛知県	1	0.1	0	1	0	0	0	0	25	0.0
千葉県	1	0.1	1	0	0	0	0	0	10	0.0
その他	28	1.6	0	3	17	8	0	0	1,549	0.6
合計	1,710	100.0	615	627	181	165	26	53	245,629	100.0

出所）秩父鉄道株式会社『営業報告書』（1933 年上期）「株主名簿」から作成。
注）株式数の合計値は、新株と旧株の合算。

らの収益向上策を提言する者もいたのである。

　熊谷町では埼玉県在住の地方株主らを中心にした秩父鉄道株主有志大会が開催され、主に以下に示した 6 項目の決議文を採択すると、1931 年 6 月に「通告書」として諸井に宛てて送付した[68]。

　　一、諸井氏ノ秩父鉄道、秩父セメント両会社ノ二重社長タルコトハ弊害アリト認メ同氏ノ処決ヲ促ス
　　二、綱紀ヲ粛正シ冗費ヲ淘汰スベキ
　　三、株主ノ利益増進ト奥秩父富源開発ノタメ経営方針ヲ根本ヨリ改善スベシ
　　四、浅野鉱石輸送ノ復活、一般貨物運賃ノ増収ヲ図ルト同時ニ乗客利便ノタメ乗車賃ノ低減ヲ行フベシ
　　五、自動車運輸対策上秩父特産木炭、木材並ニ米穀類及行田足袋其他運賃率ヲ改正シ地方産業ノ発達ニ資スベシ

六、行田駅貨物取扱所ノ拡張

　秩父鉄道株主有志大会の総代は中根長治（熊谷町／5株）と佐藤梅太郎（北埼玉郡持田村／3株）であったが、ともに秩父鉄道株のみを所有する株主であった。佐藤は、1931年6月29日に開催された定時株主総会において同年上期の利益処分案の審議で出席株主のうち唯一反対票を投じた人物であった。中根と佐藤の主張は、秩父鉄道に対して沿線地域の資源開発と産業振興を促進するように運賃割引のあり方をあらため、収益と株主利益の向上を求めるものであった。それに加えて諸井が秩父鉄道と秩父セメント両社の取締役社長であることにも疑義を呈したのである。こうした地方株主からの相次ぐ要求を受けて秩父鉄道では、秩父地域から発送される地元産品について運賃割引を通じて出荷を促していくのであった。

第4節　地元産品に対する貨物運賃の低減

　秩父鉄道は、貨物自動車の脅威を把握すると、地方株主である指定運送店や地元産品の生産者らの要求に応えるようになった。貨物自動車や他産地品と競合する品目について運賃割引を行うことで、地元産品の販路拡大を目指したのである。本節では、まず秩父鉄道と貨物自動車の競合状況を概観し、次いで地元産品に運賃割引が実施される過程、そして秩父鉄道の貨物輸送の推移を検討することにしたい。

1　貨物自動車との競合状況

　秩父鉄道では、過去に何度か自社路線に並行する貨物自動車の競合状況について調査したことがあった。1927年2月に秩父鉄道が帝国鉄道協会に提出した調査書では、景況悪化に加えて貨物自動車との競合が秩父鉄道線内各駅相互間の小口扱貨物の取扱量を減少させたと報告した。ただし、「貸切扱並ニ連帯線ニ係ル小口扱貨物ニ於テハ殆ト影響ヲ認メス」と[69]、貨物自動車

の脅威を限定的に捉えていたことを窺わせる記述もみられた。1929年12月には埼玉・群馬県境の利根川に架かる昭和橋付近に行田駅助役を派遣して、一日の貨物自動車の通行量を観察させ、「僅ニ行田館林関係ノモノ十一両ヲ算セシノミニ候」と[70]、貨物自動車の通行量が少ない旨の報告を受けていた。

秩父鉄道は、貨物輸送の不振の原因を明らかにすべく、1930年9月に沿線地域における貨物自動車の競合状況を改めて調査した。その結果、熊谷－秩父間の路線便に加えて、「路線ヲ有セサル個人経営ノ貨物自動車ハ沿線ノ各地ニ散在シ小口貨物ハ之等ニ浸蝕セラレ漸次減少シツヽアリ」と[71]、貨物自動車の脅威がはじめて明確に認識された。貨物自動車の運行範囲は、秩父郡内から熊谷、羽生、高崎、川口そして浦和、行田駅付近から館林、太田、足利、秩父そして東京まで拡がっていた。秩父鉄道の沿線地域における貨物自動車の増加は著しく、上長瀞駅長は同駅から小鹿野町までの路線便を鉄道会社として兼営するべきであると意見したほどであった。秩父鉄道の年間の貨物輸送量のうち、およそ2.5％が貨物自動車に移行したと見積もられたのである。

とはいえ、貨物自動車の経営や営業状況は決して安定したものではなかった。貨物自動車は、「相手方ニ応ジ一時限リノ運賃ニテ輸送シ場合ニ依リテハ収支償ハザル料金ニテモ輸送シ」ており、「不眠ノ活動」を続けたとしても「一、二ヲ除ク外尚後ニカ年ノ営業継続困難」というのが実情であった[72]。ただし多くが中小零細規模の個人事業者であるため、自動車の修繕や補充で資金繰りに困難をきたすと廃業に至るのであるが、すぐに「新ラシキ者出デテ開業スル」ため、鉄道貨物輸送を脅かす存在になっていた[73]。貨物自動車は、低運賃だけでなく「便宜ニシテ且速達ヲ期ス上ニ於テハ鉄道ノ比ニアラス」というように、荷主にとって好都合な輸送手段であった。

秩父鉄道は、貨物自動車との競合状況を踏まえて対策を講じた。すなわち、主要駅に荷物案内所を開設して荷主の相談に応じるほか、主な荷主に職員や指定運送取扱人を派遣して「出貨ヲ勧誘」した。また、運賃や関連費用を算出したうえで他の輸送機関と比較して「運賃割引ノ余地アル場合ハ之等ノ運

賃ニ匹敵スル程度迄低減」する、運賃割引を積極的に実施したのである[74]。

2 「秩父地方生産工業奨励」による地元産品の運賃割引

　秩父鉄道は、指定運送店からの申請を受けて貨物自動車に対抗するための地元産品への貨物運賃割引を実施するようになった。1930年9月に新井嶽は、秩父郡上吉田村の女部田材木店から熊谷町の福島材木店に輸送する杉丸太尺〆3,000本について鉄道貨物として輸送する案件を持ち込んだ。上長瀞合同運送店の顧客であった女部田材木店は、運賃の安さゆえ貨物自動車で輸送する計画を立てていたのであるが、「輸送費ガ自動車ト大差無之ノ場合ハ鉄道輸送ニ致ス」との意向を示していた[75]。新井は、貨物の集荷・配達料金と積卸手数料を含めると、鉄道の正規運賃を4割引にすることで貨物自動車と対抗できると算定して秩父鉄道に運賃割引を申請した。秩父鉄道は上長瀞駅長に事情を調査させたところ、「貨物自動車営業者ノ営業状態ハ意外ノ苦境ニ陥」っており、「資本ハ勿論中ニハ原動油ヲ食ヒ軽フジテ日々ノ生活ヲ継続シ居ル程度ノ逆境」にあり、「責任感念モナク」（ママ）低廉な運賃を示して荷主を勧誘していることが明らかになった[76]。秩父鉄道は、「前例ニ比割引率ガ過大ノ嫌アリ」としつつも、新井の申請通り、木材輸送では初めて正規運賃の4割引の運賃割引を承認した[77]。

　また、同年10月には秩父木材商組合の諸平五郎が、「木材ノ如キ大貨物輸送ニ在リテハ素ヨリ鉄道ニ依ルヲ理想ト」するため、長年にわたり秩父鉄道で輸送してきた経緯から、貨物自動車と対抗できる運賃であれば秩父から浅草まで鉄道輸送に切り替えたいとの嘆願書を秩父鉄道に送付した[78]。諸は、秩父鉄道株を200株、秩父セメント株を110株所有する株主であったが、戸口から戸口まで速達できるうえ「途中貨物ノ損傷絶無且賃率低廉」の貨物自動車を1年前から利用するようになっていた。秩父鉄道では、東京市内における木材の市価が低落したことで鉄道運賃が割高になっていると判断して、三峰口－樋口間の各駅から発送される木材の正規運賃を、石原－羽生間の各駅までの間で4割引とすることを承認し、さらに東武鉄道に依頼して羽生－

浅草間についても正規運賃の4割引にした[79]。秩父鉄道は、株主の求めに応じて運賃割引率を引き上げ、木材輸送を貨物自動車から取り戻したのであった。

翌月には景況悪化のため休業状態であった秩父石灰工業取締役社長の上石喜平が、石灰製品の運賃割引を申請した。秩父鉄道は「秩父工業ノ小ナルモノ」として月産240トンの生産量を「甚ダ少量」であると評価していたのであるが、栃木県葛生産の石灰製品と競合関係にあることから「秩父地方工業奨励ノ意味ニ於テモ相当ノ割引ヲナス」必要を認めた[80]。秩父鉄道は、武甲、秩父そして上長瀞から発送される秩父石灰工業の石灰製品について正規運賃の4割引にした。

秩父鉄道は、短距離輸送にともなう収入減を避けるため、寄居から東武東上線経由で池袋方面に輸送する貨物について、秩父セメント関連品目を除いて運賃割引を適用してこなかった。

ところが、秩父石灰工業が、「吾野ノ東京セメント及青梅ノ同業者等」との価格競争に対抗できないことを理由に、寄居から東武東上線経由で川越までの運賃割引を申請したところ、秩父鉄道はこれに応じた。1トンあたりにおける石灰製品の運賃は、吾野－川越間で1円70銭（東京セメント）、青梅－川越間で1円89銭（青梅産）であったのに対して、武甲－川越間では2円22銭（秩父石灰工業）であった[81]。

秩父鉄道は、石灰製品の「需要ニ於テ有望」な東武東上線沿線への運賃割引を実施することで、秩父石灰工業の販路拡張につながる「秩父地方生産工業奨励」に結び付くと判断して、東武鉄道に依頼して1トンあたりの武甲－川越間の運賃を1円70銭（秩父鉄道・東武鉄道とも85銭）に設定した[82]。このように秩父鉄道は、少量の貨物であったとしても他産地との運賃比較で地元産品が不利になるような場合には、運賃割引を行うことで出荷を促進したのであった。

3　運輸収入の回復

　秩父鉄道の輸送状況を確認すると、図5-2のとおり1931年から貨物輸送量が上昇に転じたことが分かる。もっとも、1931年上期には「石炭及木材ノ少量」のみ増加したに過ぎず、「主要貨物ハ何レモ減少」したため、前年同期と比較すると貨物収入は減少した[83]。秩父鉄道では、貨物輸送を増加させるために「アラユル方策ヲ講シ」たことで、1931年8月以降にはセメント製品の輸送量が増加し、表5-4のとおり旅客収入を上回るほどの貨物収入を計上した。秩父鉄道は、秩父セメントのセメント製品などの輸送を増加させて安定的な貨物収入を維持しつつ、他方で木材や石灰製品など比較的少量の地元産品の出荷を促進させたのであった。

　1937年下期には秩父セメントのセメント製品が「記録的ノ出荷」になったのであるが、同時に石灰石、石炭、石灰砕石、スレート、そして木材輸送も増加した[84]。指定運送店の代表であった新井や林業の諸をはじめとする地方株主の要求に応えて運賃割引を実施した木材が、貨物収入の増加に寄与したことになる。表5-4のとおり、1936年に61万円であった貨物収入は、翌37年に70万円に増加した。1939年上期にはセメント製品の出荷量が伸び悩む一方で、石灰砕石、木材、木炭の出荷量が増加し、貨物収入の総計は前年比で増加した。秩父鉄道の貨物輸送において石灰砕石、木材、木炭といった地元産品は、セメント製品と同様に収益を高める品目になった。

　秩父鉄道の収支状況であるが、1931年に81.2であった営業係数は、34年に70.5、39年に69.6に好転した。1934年上期に6.0％へと増配になった株主配当率は、1939年下期には7.0％へと再び増配することで株主利得の増加を実現したのであった。

おわりに

　最後に、本章で検討したことを整理することにしたい。
　秩父鉄道の3代目取締役社長に就任した諸井恒平は、かねてより渋沢栄一

が有望視していた秩父の石灰石資源を活用したセメント工業の起業を、秩父セメントの設立によって具体化させた。秩父鉄道では、増資して秩父セメントの輸送に対応する設備を整え、セメント製品や原料の輸送にあたり運賃割引を実施したのであるが、地方株主は鉄道の収益向上を期待して賛意を表した。

秩父セメントによって先進諸国の最新技術を駆使して生産されたセメント製品は、低コストゆえの低価格かつ高品質で、初出荷から数カ月で需要家の信頼を得た。セメント連合会の「アウトサイダー」にとどまった秩父セメントが、生産制限を受けずに大量に出荷・販売できたことは、秩父鉄道に安定した収益基盤をもたらした。

渋沢が有望視した秩父の石灰石資源は、諸井だけでなく浅野セメントも注目した。浅野セメントもまた武甲山麓に石灰石採掘場と工場を設けて、セメント製品を東京に向けて鉄道で輸送する計画を立てたのである。諸井にとって、浅野セメントの計画の完成は、秩父鉄道の収益基盤の崩壊を意味するため受け入れられるものではなかった。諸井は、浅野セメントの鉄道延伸計画の競合線を秩父鉄道の延伸という形で出願したのであった。

他方で、昭和初期の恐慌に端を発する財界混乱と貨物自動車の台頭は、地元産品の輸送を安価で迅速な自動車に移行させ、地方株主である指定運送店に打撃を与えた。指定運送店は、秩父鉄道が秩父セメントのセメント製品などの輸送を運賃割引で優遇する一方で、地元産品を冷遇していると認識していたのである。地方株主は、秩父鉄道の収益が悪化すると、浅野セメントへの石灰石輸送、地元産品の輸送など秩父鉄道の役割を果たすように求めた。秩父鉄道は、地元産品について貨物自動車との対抗に加えて他産地品とも対抗できる運賃水準に正規運賃を割り引くことで木材や石灰製品などの出荷を奨励した。こうして、セメント製品だけでなく木材や木炭を輸送するようになった秩父鉄道は、貨物収入の増加によって経営状況を好転させた。

秩父鉄道は、販路拡大の可能性をもつ地元産品を対象に運賃割引を実施することで地方株主の要求に応えた。戦間期の秩父鉄道は、秩父セメントの製

品などの輸送に精力的に取り組むとともに、地元産品の出荷を促進することで秩父地域の産業振興に努めたのである。

注

1) 秩父セメント株式会社『秩父セメント五十年史』1974年、9頁。
2) 橋本寿朗「セメント連合会」橋本寿朗・武田晴人編著『両大戦間期日本のカルテル』御茶の水書房、1985年、127-168頁（のち、橋本寿朗『戦間期の産業発展と産業組織Ⅱ——重化学工業化と独占』東京大学出版会、2004年、第4章、223-258頁に収録）。
3) 同上、156頁。
4) 渡邉恵一『浅野セメントの物流史——近代日本の産業発展と輸送』（第6章「第一次世界大戦以降における浅野セメントの原料調達戦略」）立教大学出版会、2005年、189-224頁。
5) 本多静六『本多静六体験八十五年』大日本雄弁会講談社、1952年、249、274頁。
6) 同上、274頁。
7) 本多静六「諸井君とセメント会社創立当時の思出」諸井大友記念出版委員会『諸井会長と大友社長』秩父セメント株式会社、9-10頁（刊行年は「序」に記載されている1950年と思われる）。
8) 前掲渡邉『浅野セメントの物流史』200頁。
9) 前掲『秩父セメント五十年史』19頁。
10) 『諸井恒平日誌』1920年4月9日。諸井恒平日誌は、秩父セメント社史編纂のために「恒平日誌」のうち関係事項を抜粋した資料の複製版を利用した（日誌精読者・杉下捨蔵、ワープロ転記者・正木荒一）。
11) 「設立趣意書」1922年10月、前掲『秩父セメント五十年史』370頁。
12) 同上、373頁。
13) 同上。
14) 諸井貫一「諸井会長と大友社長」前掲『諸井会長と大友社長』3頁。
15) 深谷辰次郎「創業当時の思出」同上、35頁。
16) 斉藤直蔵『柿原万蔵翁伝』柿原万蔵翁頌徳会、1939年、65-66頁。
17) 諸井によると、秩父セメントと秩父鉄道の取締役社長を兼務することで「此上の疑惑」を受ける可能性があるため固辞したというが、最終的には渋沢栄一と他の重役からの推薦を受け容れたという（『諸井恒平日誌』1925年12月29日）。
18) 『諸井恒平日誌』1925年12月28日。
19) 『諸井恒平日誌』1927年1月26日。
20) 「資本増加認可申請書」1926年8月17日、『鉄道省文書 鉄道免許 秩父鉄道 巻六』（1923～26年）（平12運輸02284100-本館-3B-014-00）（国立公文書館所蔵）。
21) 「改良工事施行認可申請書」1926年8月26日、同上。1926年当時における秩父

鉄道の1日あたりの貨物列車運行本数は、羽生－熊谷間の4往復、熊谷－石原間の1往復、熊谷－永田間の1往復、熊谷－寄居間の1往復、熊谷－秩父間の4往復、熊谷－武甲間の2往復であった。これに加えて秩父－武甲間に3往復、影森－三輪採掘場間に5往復が設定されていた（「羽生武甲間貨物列車運転時刻表」および「秩父武甲三輪間貨物列車運転時刻表」『大正十五年 官公署稟申往復録』）（秩父鉄道株式会社総務部保存文書143～144）。

22）　前掲「改良工事施行認可申請書」。
23）　秩父セメントは、セメント原料の石灰石を既存の武甲駅ではなく、影森駅から新たに引込線を敷設した三輪採掘所から調達した。1924年末に三輪採掘所は開設されたが、用地買収の不調のため本格稼働したのは翌年10月から12月にかけてのことであった（前掲『秩父セメント五十年史』37頁）。
24）　同上、42-43頁。
25）　「電化来の秩父鉄道（中）」『東洋経済新報』1924年7月12日、31-32頁。
26）　「電化来の秩父鉄道（上）」『東洋経済新報』1924年7月5日、31頁。
27）　秩父鉄道株式会社『営業報告書』（1926年下期）15頁。
28）　「秩父セメントの下期」『ダイヤモンド』1926年11月11日、43頁。
29）　同上。
30）　「市況好転とセメント各社」『エコノミスト』1927年4月15日、49頁。
31）　「秩父洋灰の決算と次期」『東洋経済新報』1927年7月16日、21-22頁。
32）　「第五十六回定時株主総会出席株主質問事項」『自大正十一年 事業報告書株主総会関係書類綴』（秩父鉄道株式会社総務部保存文書132～135）。
33）　「特約書」（運賃低減）1925年8月1日、『第三号非現行契約書類綴』（秩父鉄道株式会社総務部保存文書57～59）。
34）　「特約書」（運賃後払扱い）1925年8月1日、同上。
35）　「覚書」1927年2月16日、『昭和六年 文書庶務 営業課関係』（秩父鉄道株式会社総務部保存文書184～187）。
36）　「回答「対六月一日東運外第七二号」」『大正十五年 文書庶務』（秩父鉄道株式会社総務部保存文書140～142）。
37）　秩父鉄道株式会社『営業報告書』（1925年上期）13頁。
38）　秩父鉄道株式会社『営業報告書』（1925年下期）14頁。
39）　「奥秩父の延長線一時見合せか」『東京朝日新聞』1925年12月12日、6頁。以下、東京朝日新聞は埼玉県立文書館複製所蔵の埼玉版を利用（東京朝日新聞埼玉版4）。
40）　「秩父鉄道大滝延長線に敷設期成同盟会 関係村長や有志連三峰神社でも応援」『東京朝日新聞』1925年8月6日、6頁（東京朝日新聞埼玉版3）。
41）　「秩父鉄道延長 運動成功らし」『東京日日新聞』1925年8月28日、6頁（東京日日新聞埼玉版41）。
42）　「秩鉄総会 雨か風か 多事なる内容」『東京日日新聞』1926年1月22日、6頁

第 5 章　戦間期秩父鉄道の貨物輸送と地方株主　　　　　　　　　201

(東京日日新聞埼玉版 43)。
43) 同上。
44) 武蔵野鉄道の吾野－秩父間延長線 (18.3 哩) の主な輸送貨物は、石灰石 (313 万トン哩)、木材 (36 万トン哩)、木炭 (27 万トン哩) であった。一日一哩あたり収入では旅客の 34 円に対して貨物は 68 円であったから貨物輸送を主体とする敷設計画であった (「地方鉄道延長線敷設免許申請書」『鉄道省文書 鉄道免許 武蔵野鉄道 巻六』)(1928 年) (平 12 運輸 02987100-本館-3B-014-00) (国立公文書館所蔵)。
45) 「セメント界に危機迫る」『東洋経済新報』1929 年 11 月 23 日、31 頁。
46) 『諸井恒平日誌』1926 年 3 月 29 日。
47) 『諸井恒平日誌』1926 年 7 月 23 日。
48) 「秩父飯能間支線敷設免許申請」1926 年 7 月 20 日、『鉄道省文書 鉄道免許 秩父鉄道 巻七』(1927～28 年) (平 12 運輸 02285100-本館-3B-014-00) (国立公文書館所蔵)。
49) 前掲「セメント界に危機迫る」。
50) 浅野セメント東京支店長の川上高帆によって提示された秩父鉄道との間の運賃改定案は、①武甲－熊谷間の運賃を特約運賃の 1 トンあたり 99 銭 (4 割引) を 84 銭まで低減すること、②4 割低減の特約運賃はそのままに輸送区間を武甲－寄居間に短縮 (1 トンあたり 66 銭) すること、③輸送区間を武甲－羽生間に延長する代わりに特約運賃を 1 トンあたり 95 銭 (5 割引強) にすることであった ([差出＝浅野セメント株式会社東京支店長川上高帆、宛先＝秩父鉄道株式会社] 1927 年 11 月 21 日、『昭和三年 文書庶務』) (秩父鉄道株式会社総務部保存文書 158～161)。
51) 〔差出＝秩父鉄道株式会社、宛先＝浅野セメント株式会社東京支店長川上高帆〕1927 年 11 月 28 日、同上。
52) 〔差出＝浅野セメント株式会社東京支店長川上高帆、宛先＝秩父鉄道株式会社常務取締役柿原亀吉〕1927 年 12 月 28 日、同上。
53) 「秩父鉄延長に開発される沿線 会社側土地買収に石灰採掘権と交換交渉中」『東京朝日新聞』1927 年 12 月 11 日、10 頁 (東京朝日新聞埼玉版 8)。
54) 『諸井恒平日誌』1927 年 10 月 4 日から 7 日にかけての記述。
55) 「秩父の石灰層に採掘権の争奪戦 浅野秩父の両セメント会社と秩父鉄道等の間に」『東京朝日新聞』1928 年 3 月 27 日、10 頁 (東京朝日新聞埼玉版 9)。
56) 飯能－秩父間の敷設免許状は、阿部吾一らによって発起された武甲鉄道に下付されたが、未成のまま失効している。
57) 「発着貨物減量ニ関シテノ意見 上申書」1929 年 6 月 10 日、『昭和四年 文書庶務』(秩父鉄道株式会社総務部保存文書 165～168)。
58) 「嘆願書」、前掲『昭和三年 文書庶務』。
59) 「貸切扱運賃割戻ニ関スル件」、前掲『昭和四年 文書庶務』。
60) 「石原町委託荷扱所取扱手数料ニ関スル件」1930 年 1 月 14 日、同上。

61)　「秩父鉄道の成績」『ダイヤモンド』1929 年 3 月 21 日、40 頁。
62)　前掲渡邉『浅野セメントの物流史』215 頁。
63)　「運賃特約並運賃割戻ノ件」『昭和五年 庶務営業課関係』（秩父鉄道株式会社総務部保存文書 172～177）。
64)　秩父鉄道株式会社『営業報告書』(1930 年上期) 15 頁。
65)　「東京近郊電鉄会社の研究」『東洋経済新報』1930 年 4 月 12 日、42-43 頁。
66)　〔差出＝飯田一郎、宛先＝秩父鉄道株式会社〕『昭和五年 総務技術課関係』（秩父鉄道株式会社総務部保存文書 172～173）。
67)　前掲橋本「セメント連合会」165-167 頁。
68)　「通告書」1931 年 6 月 28 日『昭和六年 庶務・総務課』（秩父鉄道株式会社総務部保存文書 182～183）。
69)　「貨物自動車営業状況調査」1927 年 2 月 23 日、『昭和二年 文書庶務』（秩父鉄道株式会社総務部保存文書 147～150）。
70)　「行田方面ト館林方面トノ昭和橋経由貨物自動車貨物輸送状況取調報告」1929 年 12 月 24 日、前掲『昭和五年 庶務営業課関係』。
71)　「調査事項（運輸交通業部）」1930 年 9 月 16 日、前掲『昭和五年 総務技術課関係』。
72)　同上。
73)　「貨物運賃協議ニ関スル調査事項」1930 年 7 月 5 日、前掲『昭和五年 庶務営業課関係』。この資料は、秩父鉄道が秩父鉄道指定運送組合長の新井嶽に宛てて自動車対策として社線内小口扱貨物の各駅の責任数量と運賃割引率を設定したときに作成されたものである。
74)　同上。
75)　「木材運賃割引願」1930 年 9 月、同上。
76)　「木材貸切運賃一時割引ノ件」1930 年 9 月 22 日、同上。
77)　同上。1930 年 9 月 25 日から同年 12 月末日まで上長瀞発、石原・熊谷着に限り、杉丸太尺〆 4,000 本以上出荷するという条件付きであった。
78)　「嘆願書」同上。
79)　「木材運賃一時割引ニ関スル件」同上。秩父産木材は、東京までの距離の遠さゆえに関東大震災の被災地との取引は多くはなかったものの、「地方筋ノ需要激増」したために 1924 年時点で生産量を増やしていた（農商務省山林局『関東大震災ト木材及薪炭』1924 年、174 頁）。また萩野敏雄によると、京浜市場の木材は、1933 年には内地材が過半数を占めるようになったが、東京から 40 里（およそ 157 キロメートル）以内の近郊材の多くはトラック輸送によったという。したがって、秩父産木材輸送に占める秩父鉄道の割合は決して高くはなかったものと思われる（萩野敏雄『東京木材市場の史的研究――戦前期における』日本林業調査会、1981 年、108 頁）。
80)　「貨物運賃割引ノ件」1930 年 11 月 13 日、前掲『昭和五年 庶務営業課関係』。

81) 「運賃割引御許可願」1931年2月24日、前掲『昭和六年 文書庶務 営業課関係』。
82) 「貨物運賃割引ニ関スル件」1931年2月28日、同上。
83) 秩父鉄道株式会社『営業報告書』(1931年上期) 14頁。
84) 秩父鉄道株式会社『営業報告書』(1937年下期) 14頁。

第6章
戦間期秩父鉄道の経営と三峰神社への路線延伸

はじめに

　前章において、戦間期における秩父鉄道は、秩父セメントのセメント製品などの輸送を精力的に行う一方で、地方株主の要求に応じて運賃割引を通じた地元産品の出荷奨励策を実施していたことを明らかにした。本章では、1920年代から30年代の秩父鉄道による秩父盆地以西の奥秩父地域への路線延伸について、地方株主の関与に注目しながら検討することにしたい。

　1920年代の東京をはじめとする大都市では、郊外の行楽地や遊覧地に物見遊山に出かけることが流行した。とくに人気を集めたところは風光明媚な公園、海岸、山岳（登山、ハイキング）あるいは神社仏閣であったが、こうした流行に商機を見出した鉄道会社は積極的な誘客策を展開した[1]。

　秩父鉄道は、1930年3月に影森（埼玉県秩父郡影森村）－三峰口（同郡白川村）間を延伸した後に、1939年5月に大輪（同郡大滝村）－三峰山頂（同郡同村）への三峰架空索道を開業させた（図6-1）。三峰架空索道の開業は、鉄道と乗合自動車を乗り継ぐことによって三峰神社をはじめとする奥秩父地域を東京の日帰り圏とし、「奥秩父観光客の来秩上相当大きな好影響」をもたらした[2]。

　秩父神社と宝登山神社とともに秩父三社として知られる三峰神社は[3]、『日本書紀』などに記されるように、景行天皇の代に日本武尊が東征の際に、こ

図 6-1　秩父鉄道と周辺鉄道網（1939 年 5 月）

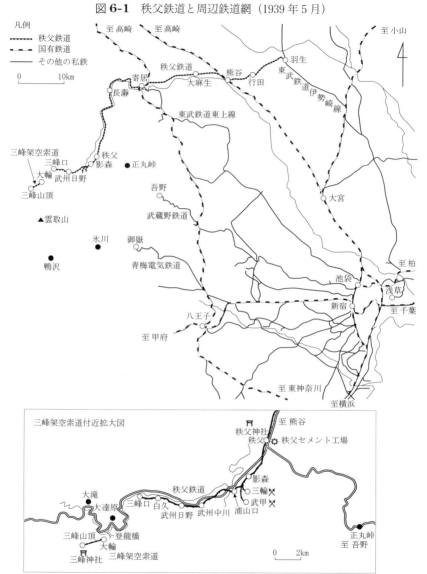

出所）東京市電気局交通調整部『東京地方交通調整諸案集』1941 年、「埼玉県管内図」『埼玉県統計書』（1940 年版）埼玉県総務部統計課、1942 年などから作成。

の地で伊弉諾尊・伊弉冊尊を偲んで創建されたとされる。そして、景行天皇が東国巡行で妙法ヶ岳、白岩山そして雲取山の3つの峰をみて三峰宮と名付けたことが神社名の由来とされている。

　明治末期から大正初期にかけて秩父鉄道の開通によって交通事情の改善がみられた秩父神社や宝登山神社とは対照的に、三峰神社は標高1,102メートルの高地に位置するため参拝に多くの時間と労力を要した。

　三峰神社への交通アクセスを改善するべく行動した人物が、秩父（上武）鉄道の設立当時からの株主の薗田稲太郎であった。薗田は、秩父（上武）鉄道の秩父延伸後において奥秩父地域、とりわけ三峰神社への路線延伸を求め続けた。1939年5月に三峰神社までの所要時間の大幅な短縮を実現した架空索道（ロープウェイ）の開業によって、薗田の念願は果たされたのである。

　鉄道会社と寺社の行動を考察した先行研究では、鉄道による参拝者の増加に期待した寺社が境内の整備を行ったこと、寺社が路線ルートや駅の位置をめぐり鉄道会社に対して働きかけや交渉を行って有利に事を運ぼうとしたことなどが明らかにされている[4]。これらの諸研究では主として鉄道・電鉄会社と寺社の二者間の関係について考察されているのであるが、一方で寺社以外の地方株主との関わりについては必ずしも十分に検討されているわけではない。

　前章までに明らかにしたように、秩父鉄道の株主のなかには少数持ち株であったとしても、自らの利害や思惑を経営者や重役らに対して主張する者がいた。秩父鉄道は路線の延伸を通じて奥秩父地域の産業振興を促進することを事業方針としていたのであるが、株主のなかには秩父セメントのセメント製品などの輸送に特化することを求める者も少なくなかった。奥秩父地域に位置する三峰神社へのアクセスを改善するという秩父鉄道の経営の意思決定過程を理解することは、経営者が自社の経営と地域交通をいかに認識していたのかを明らかにすることでもある。本章では、秩父鉄道の経営と、奥秩父地域に位置する三峰神社の社司であった薗田稲太郎をはじめとする地方株主の行動を明らかにすることを通じて、戦間期における鉄道会社の沿線観光開

発の一端を示すことにしたい。

第1節　奥秩父地域への延伸計画と道路改良

　1917年9月に秩父の隣駅で武甲山麓に位置する影森駅まで延伸すると、秩父鉄道取締役社長の柿原定吉は、さらに奥秩父地域の白久までの延伸計画を発表した。だが、秩父鉄道が着工に踏み切れずにいる間に道路が先に改良されたため、奥秩父地域へは鉄道よりも先に乗合自動車が運行を開始した。まずは、秩父鉄道が延伸に着手できなかった理由、次いで奥秩父地域の交通事情を概観し、そのうえで乗合自動車に対する秩父鉄道の認識を明らかにする。

1　影森－白久間の延伸計画

　1920年2月26日に開催された臨時株主総会において影森－白久間のおよそ6哩（9.65キロメートル）を延伸する議案が可決された。2代目取締役社長の柿原定吉は、「秩父の面積は県の全半に亘り奥秩父の大森林は斧未だ曾て入らず……長瀞中津峡鷲の岩窟の如き『パノラマ』公園となり……交通開拓に随ふてぽかんぽかんと躍り出す」と、木材資源と観光開発の有望性を見出していた[5]。1920年の秩父鉄道は、「株価は七八十円を往来し配当亦一割を下らず」と言われるほど好調な経営を続けており[6]、前章の表5-4で示したように同年上期には12%の高配当を実現していた。柿原定吉は、秩父鉄道の高収益経営を踏まえれば、延伸計画を具体化できると考えていたのである。

　秩父鉄道は、同区間の延伸によって「奥秩父ノ深林ヨリ産出スル木材木炭ノ如キ出荷モ倍々多キヲ加フル」ほか、「三峰神社参詣客ノ如キモ交通ノ便加フルニ従ヒ倍々増加ヲ来ス」ことに期待した[7]。同区間の収支予測によると、貨物収入の2万2,355円に対して旅客収入は3万1,500円であった。旅客数は年間で15万人を見込み、このうちの40％に相当する6万人が三峰神

社への参拝客であると想定していた。ただし、延伸区間の収支計画は、営業収入の5万4,342円に対する営業費を1万4,180円と見積もり、100円の営業収入に占める営業費の割合を示す営業係数を26とする楽観的な内容であった[8]。

ところが、秩父鉄道は、以下の2つの理由によって延伸工事に着手することができなかった。第1に、当時の秩父鉄道では、武甲山麓で採掘される石灰石輸送と、長瀞周辺の荒川渓谷への遊覧客輸送に対応するために、全線の電化工事と各駅構内の改良工事が優先されていた。また、秩父セメントで生産されるセメント製品の輸送を円滑にするため、熊谷－波久礼間を複線化して列車運行本数を増やす計画も検討されていた。そのため、秩父地域の「一部株主」には、影森－白久間の収支計画を疑問視し、「利益の目算もない」と主張して延伸に反対する者がいたのである[9]。

第2に、沿線住民が秩父鉄道の延伸に対して必ずしも協力的でなかったことがあった。1922年11月に秩父鉄道は用地買収のため地権者との交渉を始めた。終点付近の秩父郡白川村と三峰神社社司の薗田稲太郎は、「多年の宿望」がようやく結実するとして秩父鉄道に協力する姿勢をみせた。

1872年4月に秩父郡内で生まれた薗田稲太郎は、大宮郷公立大宮小学校、神田淡路町の共立学校で学んだのち飯田町の皇典講究所で国史と国文を修め、1892年6月に秩父神社社掌、1909年8月に同神社社司に就き、1912年6月には三峰神社社司を兼任した。また、1900年には大宮町学務委員、1914年には日本赤十字社特別社員に名を連ねるなど、社会的な活動にも従事した[10]。薗田は、1899年12月の上武鉄道設立直後からの株主（埼玉県／30株）であり、1921年6月には個人名義で秩父鉄道株を100株（内訳：旧株28株、第1新株22株、第2新株50株）と三峰神社名義で532株（内訳：旧株166株、第1新株100株、第2新株266株）を所有した。

ところが、影森村では「終点としての現在同村（影森村）の繁栄が著しく減殺さる」（括弧内引用者）として「延長延期同盟会」を組織して反対運動を展開した[11]。また、影森村の隣村である中川村議会では、「一段歩平均千

二百円ならでは買収に応ぜぬ決議」を採決し、一段歩の買収価格を 1,000 円以下にすることを表明していた秩父鉄道に対して少しでも有利な条件を引きだそうとしていた[12]。こうして、影森－白久間の延伸工事は、未着工のまま中断したのであった[13]。

2　道路改良と乗合自動車の運行

　秩父盆地以西の交通事情は道路の改修によって改善をみた。1898 年に秩父大宮から大滝村まで開通した県道の秩父三峰道は、1921 年に勾配の緩和と拡幅工事を終えて「馬車荷車は勿論自転車自動車までが楽々と通る」ことができるようになった。「三峰登山道の便利」であることはもちろん、「沿道村をはじめ関係町村交通運輸上その果す福利は実に多大なもの」になったのである[14]。

　秩父町から大滝村までの交通機関は乗合馬車だけであったが、1922 年 2 月には秩父自動車株式会社（以下、秩父自動車と略）が秩父駅前から影森駅前を経由して大滝村までを結ぶ乗合自動車路線を開設した。影森駅前から三峰神社までは、およそ 1 時間の乗合自動車の乗車で大滝村の大輪に至り、そこから 2 時間の登山で到達できるようになった。なお、秩父鉄道と秩父自動車は全くの別会社である。

　1920 年 1 月に設立された秩父自動車は、秩父町－小鹿野町、小鹿野町－長瀞間の 2 路線の乗合自動車を運行した。秩父町から大滝村の間は、高木自動車商会なる事業者も、「乗合営業許可なしにかゝはらず殆ど乗合営業と同様の手段を取」って営業しており、秩父自動車との間で運賃とスピード競争を展開した[15]。1926 年 5 月には三峰自動車会社が、影森駅付近から大滝村まで乗合自動車の運行を開始したため、同区間の乗合自動車は「競争激甚をきはめ」ていた[16]。

　1926 年当時、秩父鉄道と並行する路線をもつ乗合自動車事業者は、秩父自動車と日本自動車運輸株式会社（以下、日本自動車と略）の 2 社があり、それぞれ秩父－影森間と熊谷－行田・大麻生間で鉄道と並行する路線を運行

していた。秩父自動車取締役社長の上石喜平、日本自動車取締役社長の新井嶽は、ともに秩父鉄道の株主であった。

　上石は、1922年上期中に第2新株を600株取得して株主になった後、1925年上期中には1,000株を所有した。また上石は、1927年に秩父町で石灰製品を取り扱う上石商店を開業した人物で、1930年には秩父郡内において秩父石灰工業を起業し、秩父鉄道を利用して石灰製品を出荷、燃料の石炭を調達する荷主でもあった。一方の新井は、1910年上期の時点で普通株9株を所有しており、段階的に買い増しをしながら1922年上期中には128株（内訳：旧株12株、第1新株52株、第2新株64株）を所有した。また、新井は、上長瀞合同運送店の代表でなおかつ秩父鉄道指定運送店組合長として秩父鉄道の貨物業務に携わった。つまり、地元で事業を営み、株主や荷主として秩父鉄道と利害関係をもつ地元資本家が乗合自動車業を経営していたのである。

3　乗合自動車を利用した集客策

　秩父鉄道との並行区間において秩父自動車の所要時間、運賃額そして運行回数は、鉄道のそれより劣っていた[17]。そのため、秩父鉄道は、秩父自動車を経営上の脅威として捉えるのではなく、三峰神社の登山口である大輪に至る唯一の交通機関として旅客への便宜を図るべく連携した。

　秩父鉄道では、主要駅の駅前に乗合自動車向けの無料駐車場を設けていたが、手続きとして当該駅長を介して本社営業課長の承認を取ることを求めていた。秩父自動車は、すでに秩父駅前（大滝方面と小鹿野方面）に2台、影森駅前（大滝方面）に1台を配置する承認を得ていたのであるが、1926年4月になると影森駅にさらに2台を配置する旨の申請書を提出した。すなわち、「三峰参詣旅客等ニテ影森駅ノ輻輳激甚ニ有之候」というように[18]、1台の乗合自動車では旅客の増加に対応しきれなくなっていた。秩父鉄道は、4月から8月末日までに限って影森駅前に配置する乗合自動車を最大3台まで認めることを秩父自動車に伝えた。同年8月22日に秩父自動車は、「三峰登山

客ノ増加ト共ニ乗客多数ニシテ御条件ノ八月三十一日限リニテハ一般電車ノ連絡客ニ不都合ヲ醸シ候」と述べて[19]、影森駅における 3 台の乗合自動車の配置を 11 月末日まで延長する申請を行い、秩父鉄道もそれを承認した。

秩父鉄道営業課は、自社駅前に乗り入れる乗合自動車業者に対して「駅構内従業者心得」を遵守するよう求めていた[20]。すなわち、①駅長の指示に従うこと、②旅客に対して強引に乗車を促さないこと、また運賃以外の金品を請求しないこと、③従業員は旅客に対して親切丁寧に接すること、④従業員は地方の地理に精通していること、⑤従業員は駐車場とその付近を掃除して清潔を保つといった 5 箇条である[21]。また、「期間満了一ヶ月前ニ当社又ハ出願者ヨリ承認ノ継続ニ付別段ノ意思表示ヲ為サヾルトキハ更ニ一箇年間継続スル」とあるように、原則として更新を前提とした[22]。他に、当該駅長を介して運賃を秩父鉄道に届けること、車両の駐車は電車の発着時刻の前後だけに限るといった条件が付されていた[23]。

1919 年と 26 年の年間乗降客数を確認すると、秩父駅はおよそ 23 万人から 33 万人へ 1.4 倍の増加にとどまったのに対して、影森駅はおよそ 5 万人から 11 万人の 2.2 倍の増加をみた。秩父自動車は、影森駅で下車して三峰神社方面に向かう旅客に商機を見出したのであり、秩父鉄道もまた秩父自動車の路線を培養線、つまり支線として位置付けることで集客に利用したのである。

第 2 節　影森－三峰口間の延伸と経営状況の悪化

三峰神社社司の薗田稲太郎は、参拝客を増やすには神社までの交通機関の整備が必須であると考えていたが、恐慌による財界混乱のため断念せざるを得なくなった。まずは、薗田が鋼索鉄道を計画するまでの経緯を概観し、次いで秩父鉄道が建設計画を中断する経緯を明らかにする。そして、1925 年 12 月に秩父鉄道 3 代目取締役社長に就任した諸井恒平による経営状況の悪化への対処を検討することにしたい。

1 三峰神社への登山鉄道計画

　1925年8月になると用地買収に難色を示していた地権者らも秩父鉄道の延伸計画に賛意を表するようになり、影森－白久間の延伸はようやく実現に向けて動きはじめた。同月に延伸区間の中川、白川、大滝の各村長らを中心にして秩父鉄道延長期成同盟会が組織されると、三峰神社社司の薗田稲太郎の後援を受けて「秩父鉄道招致の猛運動」を起こした[24]。各村長と薗田を中心とした地権者への説得活動は順調に進み、1927年10月までに大部分の用地買収と家屋移転を終えた。

　秩父鉄道による影森－白久間の延伸を歓迎したのが薗田であった。鉄道による三峰神社へのアクセスを実現したい薗田は、秩父鉄道延長期成同盟会の結成で延伸の機運の高まりを察知すると、自ら主導して三峰山麓の大輪地区から山頂の神社境内に至る登山鉄道の建設計画を立てた。

　1925年9月に薗田は、奥秩父の国立公園としての可能性を探るために三峰神社を訪れていた林学博士の本多静六に登山鉄道建設の必要性を説いた。これに先立つ、1925年7月には、東武東上線の池袋－寄居間が開業したことで秩父鉄道沿線の長瀞や宝登山神社には、東京からの行楽客・遊覧客が多数来訪するようになっていた[25]。薗田は、鉄道による交通アクセスの改善こそが、奥秩父地域の振興策にとって必要であると考えていたのである。

　本多は、東京丸ノ内の日瑞貿易会社に依頼して大輪から三峰神社までを実地測量させ、およそ30万円の建設費でアプト式登山鉄道を敷設することが技術的に可能であることを薗田に報告した[26]。

　薗田は、秩父鉄道の影森－白久間の延伸と同時に登山鉄道を開業させる意気込みで事業構想を立てた。すなわち、全長1哩24鎖、高さ2,000尺の設備で、30分間隔で定員60名の車両が片道およそ9分で運行するものであった。薗田によると50万円の公称資本金をもって三峰登山鋼索鉄道株式会社を設立し、「多大の賛意を表」した秩父鉄道と三峰神社の講社から出資を募ることで建設資金を調達する計画であった[27]。薗田は、「奥秩父開発の為と参拝者の便を図る意味において多年の懸案でもあり私の一代の事業として万

難を排して断行せねば」ならないと述べ、秩父鉄道に登山鉄道の早期実現を促したのである[28]。

2　三峰架空索道計画の断念

しかし、三峰登山鋼索鉄道株式会社は実際に設立されることはなかった。その代わりに秩父鉄道が、1926年9月1日付で三峰山鋼索鉄道の敷設免許申請書を出願した[29]。三峰山鋼索鉄道は、大輪－三峰山頂間の1哩10鎖（およそ1.8キロメートル）に55万円の建設費を投じて「一般人士ノ参詣ト行楽ノ便ヲ計」ることを目的とした[30]。

これに先立つ1926年8月9日付で秩父鉄道は、白久を起点にして大輪に近い大滝まで、60万円の建設費をもって路線を延伸する敷設免許申請書を出願していた。延伸の目的は、「奥秩父ノ大森林及石灰山脈等幾多ノ利源開発」に加えて、「三峰神社参詣客ノ招致及天然ノ大公園トモ称スヘキ山水自然ノ風光ヲ広ク紹介スル」ことであった[31]。白久－大滝間で予想される年間利用者のおよそ18万人のうち、83％に相当するおよそ15万人が「三峰登山者」であると見積もられた。秩父鉄道では三峰神社へのルートの確立による旅客数の増加が、収益向上をもたらすことに期待したと思われる。

ただし、秩父地域における株主の一部は、難工事の予想される影森－白久間の延伸に対して「少からぬ損失は免れぬ」と批判を続けていた[32]。とはいえ、薗田は上武鉄道設立当時からの株主であり、参拝客の利用増が期待できる三峰神社方面への延伸には、秩父鉄道としてもメリットを見出せる計画であった。

一方の薗田は、以下の内容の書簡を秩父鉄道に送付して三峰登山鋼索鉄道の早期建設を求めた[33]。

　　三峰神社直接関係者タル我等一同ハ日夜神社ノ発展ト繁栄ヲ思念致居
　　候ニ依リ只管交通上其利便焦慮罷在候……我カ三峰神社ヲ隆盛ナラシム
　　ルニハ交通ノ利便ヲ計ルノ外他ニ途無キ事ヲ痛感致候何卒此点ヲ明察レ

ラレ秩父鉄道ノ延長ヲ相俟ツテ三峰登山索道ノ計画ヲ進メラレ東都ヲ中心トスル多数ノ登拝者ニ利便ヲ与ヘ而弥ニ神社ノ繁栄候様御賢慮相仰度……

近年の研究によれば、1920年代半ばには都市部における新中間層を主体とした行楽ブームのなか、成田山には国有鉄道と私鉄の集客作戦によって多くの初詣客が訪れていた[34]。薗田の書簡には、鉄道によるアクセス手段を持たない三峰神社としての焦りが反映されていたと言えよう。

秩父鉄道は、「至極御同感ノコトニテ延長線建設ニ伴フ付帯事業トシテ当然施設スヘキ機関ナリ」と前向きな返答をした[35]。

ところが、1928年2月に影森－白久間の延伸に着工した秩父鉄道は、昭和初期の恐慌に端を発する財界不況の影響を受けて三峰山鋼索鉄道の建設になかなか着手できないでいた。それを見かねた薗田は、「秩父鉄道がなほ着工の見込がなければ」、三峰山鋼索鉄道を「三峰神社単独で計画すると矢の催促をした」[36]。ただし、当時の三峰神社では全国の講社からの寄付金を元手にして本殿と拝殿の大規模改修と秩父宮殿下御成記念館の建設が進められていた[37]。全国の講社や信者に改めて出資を依頼したとしても建設費の半額程度の資金調達にとどまるとの報道もあり[38]、神社単独での着工は必ずしも現実的ではなかったように思われる。

1929年4月に諸井は、三峰登山鋼索鉄道の建設計画を検討するため、常務取締役の柿原亀吉らを京都電灯叡山鋼索線と比叡山空中ケーブル、吉野山旅客索道に派遣した。そして、同年11月には大規模な樹木伐採や路盤造成が不要で、およそ35万円の建設費で済む架空索道方式へと建設方法を変更した[39]。この頃になると、本多もまた、「欧米鉄道最近の新設登山鉄道は大低架空索道である」と述べて、将来的に山岳路線や断崖絶壁地の近距離交通は鋼索鉄道ではなく、安全かつ低廉な建設費と維持費で自然風景を破壊しない架空索道になるであろうと予見するようになっていた[40]。

ただし、国内における架空索道の機械や設備の品質は発展途上であったた

め、国産品と比べて割高ながらも、比叡山空中ケーブルで採用され、安全・安定運行で定評のあったイタリアのセレッティ・タンファーニ社に発注することになった。1930年4月には諸井自身も比叡山空中ケーブルと吉野山旅客索道を乗り比べて前者の方が優れているとの判断を下した[41]。

1930年4月15日の重役会では、薗田の出席のもと三峰架空索道の建設が審議された。薗田が、三峰神社として年間10％の利益保証を秩父鉄道に対して行うと提案し、最終的に年間8％の利益保証を10年間継続することで決着した。

ところが、1930年7月24日に秩父鉄道は、以下の2点の理由から三峰架空索道の建設を断念せざるを得なくなった。1点目は、内務省神社局が、1928年5月に鋼索鉄道の「濫設」によって神社仏閣、神苑、史跡名勝に参拝者と遊覧客が増えたことによる風紀の悪化を問題視し、特段の事情がない限り神社仏閣などへの鋼索鉄道などの建設を認めない方針を定めたことであった[42]。秩父鉄道の建設計画では、三峰参道六丁目付近（山麓側）と馬場平付近（山頂側）に発着場を建設することにしていた。秩父鉄道によると、山麓側の登龍橋と山頂側の三峰神社からそれぞれ一定の距離をとって発着場を設けることで「神社の荘厳をきずつけぬ様に充分に考慮」していた。それでも建設認可は下りず、「徒らに時の至るのを待つの外はなかった」のである[43]。

2点目は、次項において検討するように、秩父鉄道の経営状況が悪化したことであった。諸井は、やむなく三峰架空索道の着工時期を影森－白久間の竣工後に延期することにしたが、最終的に薗田の同意を得て「時局ニ鑑一時見合ス」決定を下したのである[44]。

3 「極力簡易主義」による影森－三峰口の延伸開業

前章の図5-2で示したように、1929年から31年にかけて秩父鉄道の貨物と旅客の輸送量はともに減少に転じた。1927年3月の金融不安に端を発する日本経済の未曾有の恐慌によって、1928年上期の貨物輸送は、「本線主要

貨物タル砂利、石灰石ノ輸送減少」となった[45]。同年下期の旅客輸送は、不況に加えて「遊覧客ノ輻輳スル夏秋ノ候ニ於テ稀有ノ霖雨ニ遭遇」したというように[46]、多客期の天候不良が減収に追い打ちをかけた。

　1928年6月に秩父鉄道は、秩父営林署の許可を得て、東京・山梨・埼玉の府県境に位置する雲取山周辺の国有林内に「我鉄道カ今後ニ於ケル旅客吸収上最モ主要ナル施設」である登山客向けの山小屋と案内標柱を建てた[47]。1929年の夏には、新宿を起終点にして国有鉄道、秩父鉄道、青梅電気鉄道そして乗合自動車を10～20％引きにした割引運賃で乗り継ぎ、奥秩父側の大輪から三峰神社と雲取山を経て奥多摩側の鴨沢までの登山道を1泊から2泊で辿る「三峰山縦走」の回遊乗車券を発売した[48]。さらに、諸井の提案で熊谷において国有鉄道の列車と接続する一部列車を急行列車にすることで秩父方面への速達性を高めるなど、旅客を主体としたサービス向上に努めたにもかかわらず、必ずしも増収には結びつかなかった[49]。

　表5-4から、秩父鉄道の運輸収入の減少にともなう経営への影響を確認すると、1926年下期に12％であった配当率は、1929年下期に8％、30年下期に2.5％への減配になった。1920年代を通じて秩父鉄道は、1926年を除いて利益金に占める配当金の比率、いわゆる配当性向を50～70％で推移させていたのであるが、1929年と翌30年には配当性向を80％以上に上昇させていた。秩父鉄道では、営業収入の減少にあわせて営業費を切り詰めて利益を捻出し、減配しつつも株主配当を維持していたのである。

　諸井は、延伸工事中の影森－白久間にかかる営業費の削減を図った。すなわち、1928年4月の打ち合せの席上で、秩父－白久間の列車運行本数を熊谷－秩父間の半分程度に抑えることと、新たに設置予定の日野、中川、平沢の3駅は、運転上やむを得ない場合を除いて停留場にする「極力簡易主義」による建設方針を提案した[50]。翌年になると営業費削減の度合いをさらに高めて、中間駅を可能な限り設置しない方針のもと、日野と中川については簡易な設備の乗降場にして車内で乗車券類を販売すること[51]、影森－白久間の開業にともない予定していた11名の新規雇用を取り消すことを決めた。

依然として、影森－白久間の延伸に異を唱える「秩父地方の株主」は多く、1928年6月には「影森、白久間の延長のため株価の低落を示したのは社長の重大な過失」であるとして、株主有志による諸井の「排斥運動」で盛り上がっていた[52]。主として山間部である影森－白久間の工事は思うように進まず、建設費は着工時点で予測された80万円から最終的には113万4,000円に膨張していた[53]。

諸井は、自らを鉄道経営の素人であると述べていたが、「株主に対し全責任を負」っていることを自覚していた[54]。諸井は、株主の不満を緩和するために営業費を圧縮することで株主配当を維持したのではないかと思われる。

1930年3月15日に影森－白久（三峰口として開業、以下、三峰口とする）間は開業し、1日あたり12往復の旅客列車と1往復の不定期貨物列車の運行が開始された。同月28日に秩父鉄道は、「三峰登山其他秩父探勝客ノ便宜ノ為メ」、三峰口－大輪間に限り秩父自動車との間で連帯輸送契約を締結した。秩父鉄道では、同区間における乗合自動車の営業権を買収するため秩父自動車との間で交渉を続けてきたのであるが、条件面で折り合いが付かず、物別れに終わっていた[55]。秩父鉄道が、秩父自動車との間で交わした連帯輸送契約の要点は、①三峰口－大輪間の運賃は片道35銭、往復50銭にする、②秩父自動車は、定期列車と臨時列車の発着に合わせて乗合自動車を運行する、③秩父自動車は、秩父鉄道の列車発着時刻に注意して運行するというものであった。

しかしながら、1930年下期の旅客輸送は、「長瀞奥秩父ヲ中心トスル遊覧客ノ激減ハ実ニ顕著」と、その不振が報告された[56]。三峰神社の調査によると、1927年に3万6,162人であった年間の登山客数は、1930年には3万569人（うち三峰神社の参拝客は2万8,710人）に減少した[57]。秩父鉄道では、鉄道省に依頼して夏季と秋季の週末を中心に上野から三峰口までの直通列車を運行するなど誘客策を実施したにもかかわらず、奥秩父地域を訪れる旅客数は減少傾向をみせたのであった。

4 従業員の待遇改善と株主配当の抑制

諸井は、1930年下期の運輸収入が大幅に減少する見込みになることを知ると、人件費の削減に踏み切った。1930年8月11日に諸井は、常務取締役の河野繁一と柿原亀吉を呼び寄せると、50歳以上の高額な賃金を得ている従業員で、なおかつ退職後に生活の困難をきたす可能性が低い者を中心に解雇する方針を伝えた。同年10月には、河野により従業員の年功加給制度の廃止と重役報酬の20％の削減が提案され、諸井の承認を得たうえで実行に移された[58]。

表6-1から、1929年度に453名であった従業員数は、1932年度には418名に減少したことが分かる。また、1カ月あたり平均賃金は、53円から47円へと切り下げられた。諸井は、従業員の生活水準の低下を憂慮して月額の賃金を50円以下にすることに慎重であったが、わずかでも収益を確保するためにはやむを得ぬ判断であった。

その結果、1932年7月7日の夜に、人件費の削減を断行した諸井をはじめとした重役に対して、待遇改善を訴える従業員らがストライキを起こした。各駅の勤務員、運転士、車掌、電路工手ら「現業員二百余名」は、終列車の運行後に寄居町の山崎屋旅館に集まり、「秩父鉄道現業員会」の発会式を執り行った。従業員らは、翌朝の始発4列車に乗務予定の運転士と車掌を会社に戻した後に「秩父鉄道現業員会」の調印式、役員選挙、規則制定、会社側に要求する待遇改善策を検討した。その一方で会社側は、駅長などの管理職によって従業員への説得活動を試みていたが、「秩父鉄道現業員会」代表で熊谷駅勤務の宇野太一により拒絶された。翌8日の貨物列車は運休、旅客列車も一部運休を余儀なくされ、仮にこの状況が数日間続けば秩父鉄道の「損害は莫大なもの」になることが予測された[59]。

重役らによるストライキへの対応は素早く、7月9日の始発から通常運行に戻された。8日の夜に常務取締役の河野と柿原亀吉は、「秩父鉄道現業員会」の代表らに対して会社としての妥協案である「声明書」を示した。その後、山崎屋旅館において従業員らは、「声明書」の内容を吟味した結果、「待

表 6-1　従業員数と1人1カ月あたり平均賃金の推移（1920～43年）

年	従業員数（人）	1人1カ月あたり平均賃金（円）	1人1カ月あたり平均賃金指数	1カ月平均運輸収入指数
1920	187	53	104.1	47.2
21	189	53	105.3	53.0
22	330	49	96.2	67.5
23	332	48	94.4	81.9
24	352	52	102.9	94.5
25	390	51	100.1	102.5
26	412	52	101.8	108.9
27	430	52	102.7	123.6
28	453	52	102.9	112.8
29	453	53	103.8	107.9
30	444	52	101.8	94.6
31	424	48	93.9	85.5
32	418	47	93.2	82.3
33	418	50	99.4	89.7
34	422	51	99.9	100.5
35	428	51	100.4	95.4
36	428	51	100.0	100.0
37	428	52	102.9	110.2
38	405	53	105.3	117.1
39	440	55	107.6	134.9
40	465	56	111.3	162.8
41	486	66	129.1	186.3
42	519	67	130.9	212.3
43	549	76	148.5	250.9

出所）秩父鉄道株式会社『営業報告書』（1920～43年の下期版）、井上啓蔵編『秩父鉄道五十年史』秩父鉄道株式会社、1950年、53頁から作成。
注1）従業員数は各年の下期末時点のもの。
注2）各指数は1936年を100として計算。

遇改善の要求も七八分通り貫徹した」と宣言してストライキを解除したのであった。「声明書」の主旨は、①昇給は会社の業績に応じて公正に行う、②期末手当については業績の好転とともに適切に増額する、③兵役中の賃金は、演習召集に対しては全額支給、動員召集に対しては事情を斟酌する、④精勤休暇は適当な時期に考慮するというものであった[60]。

　表6-1を確認すると、1933年以降には従業員数と1カ月あたり平均賃金

が再び増加に転じており、秩父鉄道の重役らが「声明書」の内容を履行したことが明らかとなる。また、図6-2から、1920年代に利益金の増減に連動していた配当金は、1930年代には必ずしも連動しなくなり、代わりに職員積立金が一貫して増えていることが分かる。職員積立金は、毎期の収益金から積み立てられているものであるが、長期勤続職員や優秀職員への報償金などの原資になった。一方で、表5-4で示すとおり、1930年代を通じて配当率は最高で7％に抑えられ、配当性向も低下しておよそ40〜50％台で推移するようになった。

このような株主利得を制約するような配当政策の転換に対する株主の反応は、史料上確認することができない。ただ、1926年6月に1,305名であった秩父鉄道の株主のおよそ73％に相当する949名が、1933年11月の時点でも株式を所有していた。しかも、この949名の株主のおよそ83％に相当する787名が持ち株数を増やしており、持ち株数を変えなかった117名（12.3％）、持ち株数を減らした45名（4.7％）と比較しても多数であった。

このことから1930年代前半には、秩父鉄道による株主配当の抑制を支持

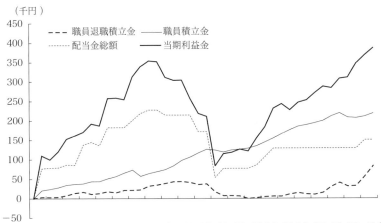

図 6-2　当期利益金・配当金・職員積立金の推移（1920〜40年）

出所）　秩父鉄道株式会社『営業報告書』（1920年上期〜40年下期）から作成。

した株主が大部分を占めるようになったことで、前述した奥秩父地域への路線延伸に対して株価の下落や株主配当の減配の懸念から反対した株主の声は次第に小さくなっていったと考えられる。次節で検討するように秩父鉄道は、武蔵野鉄道の経営動向をみて三峰神社までの架空索道の建設に着手したのであった。

第3節 東京－秩父間の最短ルートの整備と武蔵野鉄道の秩父進出

埼玉県による時局匡救事業の一環で、東京から秩父まで最短距離で結ぶ道路が整備されることになった。そこでまずは、新道工事を概説し、武蔵野鉄道によって秩父への旅客輸送のルートが整備されるまでの過程を明らかにする。次に、秩父鉄道において、再び三峰架空索道建設の機運が高まっていく経緯について、武蔵野鉄道の経営動向を通じて明らかにすることにしたい。

1 正丸峠の新道工事

1932年から34年にかけて政府は、景気対策の公共事業である時局匡救事業を実施し、全国各地で道路や治水、港湾の改良工事などに対して補助金を交付した。1932年12月に起工した飯能－秩父間の県道のうち入間と秩父の郡境に位置する正丸峠も、埼玉県の公共事業として30万円の工費と4年間の工期をもって改良されることになった。

正丸峠がある秩父往還吾野通りは、秩父絹の江戸への輸送ルートとして江戸時代より利用されてきたのであるが、昭和初期に至っても正丸峠を往来するには徒歩か駕籠によらねばならず、輸送上の隘路になっていた。埼玉県は、正丸峠に自動車も通行できる道路を建設することで、「東京秩父間交通の短縮化と秩父開発」を推進し、「秩父地方一帯公園化の計画」を立てた[61]。正丸峠に新道が開通した暁には、「東京方面との時間を現在所要時間より約三分の二短縮する」ことから、産業振興と県債償還のため、吾野－秩父間に県営の乗合自動車を運行する構想も報じられたのである[62]。

2　武蔵野鉄道による秩父自動車の経営支配

　秩父鉄道による影森－三峰口間の延伸は、「奥地の自動車営業に相当大きな打撃」を与えたうえ、「その他の路線も業績不振」というように[63]、秩父自動車を経営難に追いやった。1932年5月12日に秩父自動車は、三峰口－大輪間の往復運賃を50銭から55銭へと値上げしたのであるが、増収をめざす同社の苦肉の策であった[64]。

　それにもかかわらず、同年6月に秩父自動車は人員削減に着手せざるを得なくなり、運転手を解雇したところ、「解雇手当金」の支払いと上石喜平の役職辞任を求める従業員らによるストライキが発生した[65]。ついに翌7月に秩父自動車は、秩父鉄道に対して事業の売却を持ちかけたのである。両社間の協議によって、秩父鉄道は念願であった秩父郡内の乗合自動車路線、すなわち秩父－芦ヶ久保間、寄居－大輪間そして秩父－小鹿野間の3路線の営業権を5万7,500円で買収することになった[66]。

　しかしながら、武蔵野鉄道は「正丸峠の開鑿を見込」んで、「正丸、秩父間の権利獲得」を目論んでおり、同年6月に秩父自動車の株式総数8,000株の過半数にあたる4,500株を買収していた。そのことを根拠にして、秩父自動車の臨時株主総会において秩父鉄道との協議の無効を主張したのである[67]。

　秩父自動車と秩父鉄道の重役らは「非常に狼狽し」、秩父郡選出の埼玉県会議員の石橋要と井上重一郎に仲裁を依頼したのであるが「相当の紛擾を見た」[68]。最終的に、秩父自動車の重役は上石をはじめ全員更迭され、秩父鉄道との間で進められていた事業売却案は白紙撤回となった。秩父鉄道は、三峰口－大輪間を含む秩父郡内での乗合自動車の兼営を諦めるほかなかったのである。

　昭和初期における武蔵野鉄道では、1929年9月に飯能－吾野間を延伸して主に浅野セメントのセメント原料である石灰石の輸送と東京府内から秩父方面へ向かう旅客輸送による収益向上が期待されていた。ところが実際には運輸収入の減少と借入金の利払いの増加によって、1929年下期には無配に転落していた。1930年3月に埼玉県入間郡に本店を置く黒須銀行の設立者

で武蔵野鉄道の株主であった繁田武平は、秩父鉄道と武蔵野鉄道の合併を諸井に持ちかけたのであるが、諸井に断られていた[69]。翌31年には武蔵野鉄道の重役一派を形成していた浅野セメント関係の重役らは、経営不振の責任をとって連袂辞職し、代わりに箱根土地会社を経営する堤康次郎が、同鉄道の大株主になって経営再建に乗り出していた。だが、依然として武蔵野鉄道は、経営難であることに変わりなかった[70]。

秩父自動車の新重役は、取締役社長に山名義高、取締役に小高義一、高野武志、磯田正剛そして松本勝平、監査役に東方友次郎、町田憲治、宮城高次郎そして和久井長治が就いた[71]。山名、小高、東方は、ともに当時の武蔵野鉄道の専務取締役社長、常務取締役、監査役であり、このうち山名と小高は箱根土地会社の関係者であったから、堤の意向を反映しやすくするための重役人事であった。

1933年1月に武蔵野鉄道は、吾野共同自動車組合を買収して、飯能から吾野を経由して正丸峠の南麓に位置する畑井までの乗合自動車を直営化した。これにより、武蔵野鉄道系列の乗合自動車は、吾野-秩父間のうち、正丸峠の区間を除いた吾野-畑井間、芦ヶ久保-秩父間で運行を始めたのである。

3 三峰架空索道建設の具体化

1925年5月に大正天皇の第二皇子である秩父宮雍仁親王が三峰神社を登拝したことをきっかけに参拝者数の増加をみた三峰神社では[72]、麓の大輪から徒歩で2時間の登山を要するアクセスの悪さを再び問題視するようになっていた。1930年代に三峰神社、大滝村さらに埼玉県は、参拝者数を増加させるため自動車専用道路の建設を検討するようになったのである。1935年1月には三峰神社、大滝村、そして武蔵野鉄道の3者が、20万円の工事費用を拠出して自動車専用の登山道路を建設し、武蔵野鉄道が乗合自動車を運行する計画が発表された[73]。

しかしながら、難工事であるうえ、道路の補修作業と乗合自動車事業の経営が「著しく不利」であることが上記3者の間で認識されたため、登山道路

の建設は中止になった[74]。三峰神社は、三峰架空索道を建設する方針に立ち戻ったのであるが、いつになっても着工しない秩父鉄道に苛立っていた[75]。

しかも、武蔵野鉄道が三峰架空索道の建設を「秩鉄に代つて乗出す気配」をみせていた[76]。三峰神社は、「目下極力具体的の敷設計画をすゝめて」おり、「果して秩鉄か武蔵野か成行注目されてゐる」と報じられたように[77]、三峰架空索道を早期に建設できるのであれば、必ずしも秩父鉄道だけに拘らなくなっていた。

1936年8月に正丸峠は、全長14キロメートルにわたって幅員5メートルないし10メートルの新道へと切り替えられた。同年11月15日には武蔵野鉄道の運営する乗合自動車と秩父自動車の乗合自動車が、吾野駅前から秩父町までおおむね60分間隔で1日あたり11往復、所要時間1時間25分で運行を開始した。武蔵野鉄道にとって正丸峠の新道開通が意味することは、峠を境に分断されていた吾野から秩父までの乗合自動車路線が繋がることで、乗り換えを必須としながらも、池袋から三峰神社の登山口の大輪まで自社系列の路線で結ばれることにあった。大輪までの所要時間は、上野から熊谷を経由して秩父鉄道と秩父自動車を乗り継ぐ場合とほぼ同じの3時間半になったのである。

1936年の夏に堤康次郎の工作によって債権者との強制和議を成立させた武蔵野鉄道は、その後の負債整理を経て財務状況を好転させると、日中戦争勃発による景気上昇を背景にして経営環境の改善を進め、運輸成績を向上させた[78]。1938年上期に武蔵野鉄道は、「一般人士ノ銃後保健思想旺盛トナリ山岳方面長距離客ノ増加著シ」く[79]、とくに秩父、長瀞、三峰方面では秩父鉄道と連絡してハイキング客や登山客の誘致に努めたことを報告した。同年11月には、厚生省、鉄道省、東京市観光課などによる「体位向上運動」としての徒歩旅行やハイキング奨励策に乗じて、武蔵野鉄道は正丸峠に定員150人の宿泊施設である厚生道場を建設してハイキング客や登山客への便宜を図った[80]。そして、1938年下期には「ハイキング熱ノ勃興」による旅客収入の増加などによる収益向上を受けて、6％の株主配当を復活させたので

ある[81]。

第4節　三峰架空索道の開業と旅客輸送の伸長

秩父鉄道は、旅客輸送の増加を図るために三峰架空索道の建設に着手した。まずは、秩父鉄道の輸送状況を概観し、次に三峰架空索道の建設計画、さらに三峰架空索道の開業後における秩父鉄道の輸送と経営状況を明らかにすることにしたい。

1　1930年代前半の輸送状況

図5-2から秩父鉄道の運輸収入の推移を確認すると、1932年から40年にかけて貨物収入が旅客収入を上回っていることが分かる。1932年下期には、「財界匡救政策ノ影響ニ依リ……稍恢復ノ曙光ヲ見」たとあるように、時局匡救事業をはじめとする公共事業の増加にともないセメントや石灰石、砂利、砕石といった貨物品目の出荷が増えはじめた[82]。1933年1月には八高北線の開業にともない、寄居と高崎が直結したことで「各地ニ亘リセメントノ出貨著シク活況ヲ呈シ」[83]、同年下期には恐慌以前の運輸収入の水準を超えた。1934年6月に秩父セメントが第3次増設計画を完成させ、月産生産能力を7万トンに高めたことも、秩父鉄道の貨物輸送に好影響をもたらした。1934年下期には「セメント原石、砕石、石炭等ノ大量貨物ヲ始メ影森ニ於ケル日本電気工業ノ『クローム』鉄、同鉱石ノ発着モ亦相当顕著」であったと報告された[84]。

とはいえ、1935年上期には、「原石、石炭等生産原料及社線外輸送ノ石灰砕石ノ著減ヲ来シ」た[85]。とくに石灰砕石は、公共事業などから生じる需要動向に左右されがちであったため、短い周期で輸送量が変動する特徴をもっていた。秩父鉄道は、株主配当と従業員の昇給・手当を継続していくために運輸収入を増やしていく必要があったが、貨物輸送だけに依存することは不確実性をともなっていたのである。

秩父鉄道は、遊覧客、登山客そして団体旅客を誘致して、旅客収入を増やすことに努めた。1934年下期には、「東京方面ヨリ鋭意遊覧客ノ誘致ニ努メタ」ことにより、「団体旅客ノ如キ最モ好成績ヲ挙ゲ」たことが報告された[86]。それにもかかわらず、旅客収入の伸びは低調であった。その理由は、「一般旅客ノ減少」や[87]、「比較的近距離旅客多カリシ為」とされたように[88]、東武東上線や八高北線など秩父鉄道に接続する鉄道路線の開業によって、旅客数と収入の増加が頭打ちになっていたのである。

秩父鉄道は、武蔵野鉄道による秩父自動車の経営支配と、正丸峠の新道開通にともなう乗合自動車の乗り入れによる旅客輸送の減少と減収を危惧した。すなわち、秩父「盆地外との交通に絶対の価値を持つて居た、秩父鉄道は正丸峠のバス開通に依つて、武蔵野電車を通じての東京（池袋）からの最短路を完成し、賃金も安くなつて、其の最も有力なるべき東京からの往復者の大部を奪はれ」るというのである[89]。秩父鉄道は、三峰架空索道を建設・開業することで武蔵野鉄道を利用して来訪するハイキング客や登山客を取り込み、旅客輸送の増加と増収につなげようとしたのである。

2　三峰架空索道の着工

1935年4月に秩父鉄道は、埼玉県知事に大輪－三峰山頂間の架空索道経営を申請した。三峰神社と武蔵野鉄道の動向に触発されたことに加えて、前年における貨物収入の増加による収支状況の好転が、秩父鉄道に三峰架空索道の建設を決断させたのだと思われる。

表6-2の収支予測の通り、三峰架空索道は旅客と貨物の輸送を想定していたが、収入の大部分は旅客輸送によるもので、年間6万4,500円、収入総額は6万6,800円とされた。営業費は3万500円であったから差引益金は3万6,300円、純益金は2万2,300円であった。秩父鉄道は、三峰架空索道の年間利用者数を15万人と見積っていた。前述のとおり、1930年の三峰登山者は3万569人であったから、旅客数の大幅な増加を期待したことになる。

国内の架空索道の機械性能や建設技術も向上しており、設計と機械・鉄鋼

表 6-2 三峰架空索道の収支予測

	平均単価 (円)	数量	総額 (円)
収入			66,800
旅客収入	0.43	150,000 人	64,500
貨物収入	2	1,000 トン	2,000
雑収入			300
支出			30,500
線路維持費			5,700
停留場費			7,300
原動機維持費			8,400
搬器維持費			3,200
諸建物維持費			500
本社費			30,500
益金処分			
差引利益			36,300
法定積立金			2,000
減損積立金			12,000
利益金			22,300

出所）「事業収支目論見書」『昭和十二年 官公署裏申往復書類綴』（秩父鉄道株式会社総務部保存文書 115）。

材製作と組立工事は大阪の安全索道商会に発注した。三峰架空索道は、第一種交走三線式索道として全長 1,659 メートル、高低差 615 メートル、そして起終点の 2 カ所に発着場を設置する計画とされ、建設費は 30 万円と見積られた[90]。以前の計画よりも短距離にするとともに、国産の資材を利用することで建設費の低減を実現した。

臨時資金調整法の公布・施行にともない、秩父鉄道が大蔵大臣と商工大臣に提出した「事業設備新設許可申請書」には、建設資金 30 万円について同年 3 月に住友信託株式会社東京支店との間で借入金調達に関する契約を締結し、将来の増資によって償還する計画であることが示された。また、設備を新設する理由には、「三峰神社ノ年々数万ノ参拝者」と、「数千ヲ算スル奥秩父探勝遊覧者ニ対シ多年ノ要望ヲ満タ」し、「当社全線ノ旅客ヲ増加セシメ既成線ノ増収ヲ計」るためであるとされた[91]。

もっとも、内務省神社局による神社に鋼索鉄道などを敷設することの「霊域冒涜説」は根強かったが、「百方陳情」に努めたところ、1937年2月12日付で認可された[92]。同日付けで示された「命令書」には工事にあたって、半年以内の着工と、1年以内の竣工のほか「風致ヲ破壊セサル様適当ナル措置ヲ為ス」ことが規定された[93]。翌月7日に秩父鉄道は、同年末までに竣工させることを目標にして三峰架空索道の建設に着手した。

1937年6月3日に諸井は、秩父鉄道取締役社長を辞任して新たに設けられた取締役会長職に就いた。後任の4代目取締役社長には柿原亀吉が就いたのであるが、翌年10月19日に死去したために、5代目取締役社長に柿原万蔵（初代取締役社長の柿原万蔵の長男）が就任した。目まぐるしく経営者が入れ替わるなかで三峰架空索道の建設は進められたのである。

3 三峰架空索道開業以後の秩父鉄道の経営

三峰架空索道の建設工事は、「時局ノ影響ヲ蒙リ材料職工人夫等ノ需給ニ相当困難」をきたしたため[94]、45万円の建設費をもって当初の予定から1年ほど遅れた1939年4月に竣工した。その後に各種検査を経て、同年5月1日に開業した。東京市内から三峰神社へは、上野から熊谷まで省線、熊谷から三峰口まで秩父鉄道、三峰口から大輪まで秩父自動車、徒歩で登龍橋を渡ってから三峰山頂まで三峰架空索道を利用することにより、片道およそ3時間半で到達できるようになった。片道2時間の登山を要していた大輪から三峰神社までの移動は、わずか9分間に短縮されたのである[95]。三峰架空索道は、午前7時から午後6時まで1日あたり15往復運行され、運賃は大輪→三峰山頂が60銭、三峰山頂→大輪が50銭、往復利用で90銭であった。

三峰架空索道の開業効果は、すぐに秩父鉄道の旅客輸送に現れた。1939年下期には、早速「三峰登山索道利用ノ登山者激増ト相俟テ記録的好成績ヲ挙ゲ」たことが報告された[96]。翌40年上期には、「三峰登山旅客索道ノ利便汎ク宣伝」されたことで、「新緑時ニ於テ三峰登拝者、ハイキング、団体旅客等ノ著シキ増加」をみた結果[97]、年間の旅客数は300万人を超え（図5-2）、

旅客収入は97万円へと急増した（表5-4）。貨物輸送が、「時局ノ為全般的ニ貨車ノ不足ヲ来タシ輸送力ニ影響ヲ及ボシ貨物輸送ノ大宗タルセメント、同原石、石炭等ニ於テ減少ヲ来シタ」こととは対照的であった[98]。

奥秩父に訪れる人々が増加した要因は、三峰架空索道の開業によって「東都方面の三峰登拝者も、日帰りの行程が可能」になっただけでなく[99]、武蔵野鉄道による積極的な誘客策によるものであった[100]。

1939年4月に秩父鉄道は、武蔵野鉄道からの依頼に応えて新緑時期における長瀞遊覧と宝登山神社、秩父神社そして三峰神社の秩父三社への参拝と心身鍛錬を目的とした東京市内からの割引乗車券を発売した。往路は上野から国有鉄道と秩父鉄道経由で三峰口まで、三峰架空索道で三峰神社を往復し、復路は三峰口から秩父鉄道で秩父、秩父自動車と武蔵野鉄道直営の乗合自動車経由で飯能、武蔵野鉄道で池袋に戻る回遊ルートであった[101]。発売金額の3円90銭は、正規運賃の4円44銭のおよそ12%引きであった。秩父鉄道は、武蔵野鉄道とともに乗合自動車と国有鉄道を引き込むことで奥秩父にハイキング客や登山客を誘致し、旅客収入を増加させたのである。

表5-4で示すように、秩父鉄道索道部の収支は、収入の多くを索条や搬器の償却金に充てたためゼロかマイナスを計上していたが、1939年以降の秩父鉄道は貨客収入の増加によって収益を向上させ、1939年下期には5年ぶりに7%への増配と、従業員の昇給（表6-1）をあわせて実現した。

なお、秩父鉄道自動車部は、1936年に熊谷－寄居間で乗合自動車を運行していた寄居自動車株式会社の経営権を買収して設立した部門であった。寄居自動車が経営難に陥った際に他会社に買収されるのを防ぐことが目的であったため、経営難を解消することはできなかった。1941年9月にはガソリン燃料規制強化の国策に応じることを理由に秩父鉄道自動車部は営業休止になり、その後に事業を清算した。

1941年2月14日に取締役会長の諸井は、病状の悪化のため死去した。同年下期には、「季節・団体旅客ハ輸送制限ニ依リ若干抑制」された一方で、「沿線乗合自動車ノ運休ニ因リ社線内旅客並ニ工場通勤者ハ著敷増加」し

た[102]。秩父鉄道は、ハイキングや登山客と「時局産業関係ノ工場」への通勤客の輸送に対応することで、旅客収入を増加させたのであった[103]。

おわりに

　本章では、秩父鉄道による奥秩父地域への延伸について、同社の経営と株主で三峰神社社司であった薗田稲太郎に焦点を当てて検討した。秩父鉄道の株主であった薗田は、重役に対して一貫して奥秩父地域への路線延伸と三峰山鋼索鉄道（三峰架空索道として実現）の建設を求めた。本書でたびたびみられた、鉄道を利用して事業や生業を発展させようと目論む株主が、鉄道会社の経営方針に対して自らの利害や思惑を主張するという構図を確認することができた。一方で、奥秩父地域への延伸計画について、高い収益性を期待できないと考える株主がいたのも確かであった。ましてや、ほぼ三峰神社へのアクセスのみを目的とする三峰架空索道の建設には、秩父地域の株主でさえ消極的な態度を示す者もいたのである。

　諸井は、関西地域における架空索道の先行事例を調査することで、薗田の要求に応えようとしたのであるが、内務省神社局が建設認可に消極的であったことと秩父鉄道の経営悪化にともない、三峰架空索道の建設計画を中断せざるを得なくなったのである。

　1930年代初頭の秩父鉄道は、従業員によるストライキを契機にして、株主配当の抑制と賃金・手当といった従業員の待遇を改善するべく、さらなる収益向上に努めなければならなかった。そのようななかで、時局匡救事業による正丸峠の新道開通にともない武蔵野鉄道の経営する乗合自動車が秩父地域に乗り入れてきたことは、収益向上をめざす秩父鉄道にとって無視できない問題であった。秩父鉄道は、地方株主である薗田の要求というよりも、むしろ株主配当の抑制と従業員の待遇改善のために収益を高めるという経営上の要請に応えるべく、さらなる奥秩父地域への延伸を目論む武蔵野鉄道のインセンティブを抑制しながら、武蔵野鉄道を利用して来訪する東京方面から

の旅客を取り込むために三峰架空索道の建設に着手したのであった。

注
1) 鈴木勇一郎「郊外行楽地の盛衰」奥須磨子・羽田博昭編『都市と娯楽――開港期〜1930年代』(首都圏叢書5)日本経済評論社、2004年、217-242頁、奥原哲志「京王電気軌道株式会社による沿線行楽地の開発――沿線案内図からの検討」奥・羽田編同上書、243-271頁、平山昇「明治・大正期の西宮神社十日戎」国立歴史民俗博物館『国立歴史民俗博物館研究報告』第155集、2010年、151-172頁(のち、平山昇『鉄道が変えた社寺参詣――初詣は鉄道とともに生まれ育った』(交通新聞社新書049)交通新聞社、2012年、第5章に収録)。また、大都市郊外の奥多摩が郊外行楽地として開発されていく経緯を明らかにした成果に梅田定宏「大都市装置としての「帝都天然公園」――奥多摩の開発をめぐって」(鈴木勇一郎・高嶋修一・松本洋幸編著『近代都市の装置と統治――1910〜30年代』(首都圏史叢書7)日本経済評論社、2013年、281-320頁)がある。
2) 井上啓蔵編『秩父鉄道五十年史』秩父鉄道株式会社、1950年、39頁。
3) 三峰神社の「峰」の字は異体字の「峯」と表記するのが一般的であるが、本書では「峰」の字に統一して表記する。
4) 山口悠「高尾山ケーブルカーの建設」『八王子市史研究』第2巻、2012年、13-25頁。卯田卓矢「比叡山への鋼索鉄道建設における延暦寺の動向」『交通史研究』第84巻、2014年、40-59頁。
5) 斉藤直蔵『柿原万蔵翁伝』柿原万蔵翁頌徳会、1939年、63頁。
6) 同上、64頁。
7) 「延長線敷設免許申請書」1920年2月17日、『大正八年 大正十三年 官公署往復其他重要書類』(秩父鉄道株式会社総務部保存文書71)。
8) 「影森白久間運輸数量表」同上。
9) 「愈秩父鉄道延長断行」『東京日日新聞』1926年4月2日、6頁(東京日日新聞埼玉版44)。
10) 「履歴書」1928年10月20日、『昭和四年 社寺部 官幣社』(昭2175)(埼玉県立文書館所蔵)。
11) 「地主側応ぜず 秩父線の延長難」『東京日日新聞』1923年5月26日、3頁(東京日日新聞埼玉版32)。
12) 同上。
13) 前掲『秩父鉄道五十年史』24頁。
14) 「三ヶ年に十万円を費した秩父三峰道竣成」『東京日日新聞』1922年4月24日、3頁(東京日日新聞埼玉版28)。
15) 「三峰自動車依然競争 其筋の取締非難」『東京日日新聞』1923年5月15日、5頁(東京日日新聞埼玉版32)。

16）「三峰自動車が激烈な競争となる」『東京日日新聞』1926年5月29日、12頁（東京日日新聞埼玉版44）。
17）「旅客自動車営業状況調書」『昭和二年 文書庶務』（秩父鉄道株式会社総務部保存文書79）。
18）「停車場構内使用願」1926年4月25日、『大正十五年 文書庶務』（秩父鉄道株式会社総務部保存文書77）。
19）「停車場構内駐車願」1926年8月22日、同上。
20）「親鼻駅構内ニ自動車駐車場承認ノ件」1926年4月25日、同上。
21）「駅構内従業者心得」1926年2月10日、同上。
22）「寄居駅構内自動車駐車場ノ件」1926年2月10日、前掲『大正十五年 文書庶務』。
23）同上。
24）「秩父鉄道大滝延長線に敷設期成同盟会 関係村長や有志連三峰神社でも応援」『東京朝日新聞』1925年8月6日、6頁（東京朝日新聞埼玉版3）。
25）恩田睦「遊覧地・長瀞の形成と秩父鉄道」篠崎尚夫編著『鉄道と地域の社会経済史』日本経済評論社、2013年、81-128頁。
26）「工費三十万円で秩父三峰に登山電車 日瑞貿易会社の手で目下測量中」『東京朝日新聞』1925年9月22日、6頁（東京朝日新聞埼玉版3）。
27）「我国第一の秩父ケーブルカー 全長1マイル20チェーンふもとから頂上まで9分」『東京朝日新聞』1925年12月27日、10頁（東京朝日新聞埼玉版4）。
28）「三峰登山電車愈々実施 事務所を開設」『東京日日新聞』1926年4月18日、8頁（東京日日新聞埼玉版44）。
29）「秩父三峰山ケーブルカー 秩父鉄で免許着工 工費は三十五万円」『東京朝日新聞』1929年1月31日、12頁（東京朝日新聞埼玉版12）。
30）「三峰山鋼索鉄道敷設免許申請書」1926年9月1日、『鉄道省文書 鉄道免許 秩父鉄道 巻七』（1927～28年）（平12運輸02285100-本館-3B-014-00）（国立公文書館所蔵）。
31）「白久大滝間延長線敷設免許申請」1926年8月9日、同上。
32）「秩父鉄道延長 運動成功らし」『東京日日新聞』1925年8月28日、6頁（東京日日新聞埼玉版41）。
33）〔差出：県社三峰神社社司薗田稲太郎、宛先：秩父鉄道株式会社諸井恒平〕1927年10月6日、前掲『昭和二年 文書庶務』。
34）平山昇『初詣の社会史――鉄道が生んだ娯楽とナショナリズム』東京大学出版会、2015年、223-229頁。
35）〔差出＝秩父鉄道株式会社、宛先＝三峰神社社司薗田稲太郎、氏子総代〕1927年10月12日、同上。
36）前掲「秩父三峰山ケーブルカー」。
37）1928年に秩父神社の社格が県社から国幣社に昇格した際に、薗田稲太郎は同神

社の宮司に任命されたことで、兼任していた県社三峰神社の社司の資格を失うことになった。そこで、三峰神社が例外的な取り扱いを求めたことで薗田の兼任が認められたのであるが、その理由のひとつに奥秩父の交通問題を解決できる人材が他にいないというものであった。三峰神社としても薗田に期待していたことが分かる（「国幣社宮司県社社司兼補ニ関スル件」1928 年 12 月 27 日、『昭和四年 社寺部 県社以下神社』（昭 2168）（埼玉県立文書館所蔵））。

38) 前掲「秩父三峰山ケーブルカー」。
39) 『諸井恒平日誌』1929 年 4 月 8 日。
40) 本多静六『温泉場の経営法』日本温泉協会、1931 年、48-49 頁。
41) 『諸井恒平日誌』1930 年 4 月 10 日。
42) 「史蹟名所地に鉄道敷設は禁物 自然の風色を破壊す 施設取締方針決定す」『弘前新聞』1928 年 5 月 12 日、1 頁。
43) 前掲『秩父鉄道五十年史』35 頁。
44) 『諸井恒平日誌』1930 年 7 月 24 日。
45) 秩父鉄道株式会社『営業報告書』（1928 年上期）15 頁。
46) 秩父鉄道株式会社『営業報告書』（1928 年下期）15 頁。
47) 「小屋敷貸付願」『昭和三年 官公署稟申往復書類綴』（秩父鉄道株式会社総務部保存文書 83）。
48) 「三峰奥多摩回遊券発売申請ノ件」『昭和四年 官公署稟申往復書類綴』（秩父鉄道株式会社総務部保存文書 85）。
49) 『諸井恒平日誌』1929 年 7 月 14 日。
50) 『諸井恒平日誌』1928 年 4 月 2 日。
51) 『諸井恒平日誌』1929 年 1 月 9 日。
52) 「秩鉄社長に排斥の声 秩父郡内の株主連から」『東京日日新聞』1928 年 6 月 12 日、8 頁（東京日日新聞埼玉版 64）。
53) 1928 年 9 月に秩父鉄道は、「人跡未踏ト称セラル、奥秩父ノ開拓ニ資スベク今ヤ工事至難ナル影森、白久間ノ延長線敷設ニ多額ノ資金ヲ投シ或ハ関東ノ霊場三峰登山鉄道ヲ企画スル等弊社ノ使命達成ニ向テ最善ノ惜マサランコト」と述べている。秩父地域への延伸を計画する他の鉄道会社の出願を聞知した秩父鉄道が鉄道大臣に宛てて陳情した内容であるが、影森－白久間の延伸と三峰登山鉄道の建設にともなう資金負担が無視できないことが窺える（「陳情書」1928 年 9 月 19 日、前掲『昭和三年 官公署稟申往復書類綴』）。
54) 『諸井恒平日誌』1928 年 5 月 20 日。
55) 『諸井恒平日誌』1930 年 1 月 31 日。
56) 秩父鉄道株式会社『営業報告書』（1930 年下期）13 頁。
57) 「最近五ヶ年間登山者人員調」『昭和六年 官公署稟申往復書類綴』（秩父鉄道株式会社総務部保存文書 91）。
58) 『諸井恒平日誌』1930 年 10 月 18 日。

59)「全線に怠業気分辛うじてゼネストを免る注目される昨夜の会合」『東京日日新聞』1932 年 7 月 9 日、12 頁（東京日日新聞埼玉版 113）。
60)「円満に解決す」『東京日日新聞』1932 年 7 月 10 日、12 頁（東京日日新聞埼玉版 113）。
61)「正丸峠開鑿と秩父の公園化」『東京日日新聞』1933 年 5 月 25 日、12 頁（東京日日新聞埼玉版 123）。
62)「県債償還を目論む事業いろいろ」『東京日日新聞』1933 年 5 月 27 日、12 頁（東京日日新聞埼玉版 123）。
63) 前掲『秩父鉄道五十年史』38 頁。
64)「乗合自動車連帯運輸契約条項改訂ノ件」1932 年 5 月 12 日、『昭和七年 庶務営業課関係』（秩父鉄道株式会社総務部保存文書 93）。
65)「副社長への反感から秩父乗合罷業」『東京日日新聞』1932 年 6 月 26 日、12 頁（東京日日新聞埼玉版 112）。
66)「秩父バス権利問題どうやら妥協」『東京日日新聞』1933 年 8 月 12 日、12 頁（東京日日新聞埼玉版 126）。
67) 同上。
68) 前掲『秩父鉄道五十年史』39 頁。
69)『諸井恒平日誌』1930 年 3 月 25 日。
70) 由井常彦編著『堤康次郎』（第 3 章 16「武蔵野鉄道の支配と再建」）リブロポート、1994 年、228-243 頁（老川慶喜執筆部分）。
71)「秩父バス問題円満に解決」『東京日日新聞』1933 年 9 月 3 日、12 頁（東京日日新聞埼玉版 127）。
72)「三峰山の頂上へ「舗装道路」がお目見得」『東京日日新聞』1935 年 1 月 11 日、8 頁（東京日日新聞埼玉版 143）。
73) 同上。
74) 前掲『秩父鉄道五十年史』36 頁。
75)「鉄索の架設か」『東京日日新聞』1935 年 5 月 17 日、12 頁（東京日日新聞埼玉版 147）。
76) 同上。
77) 同上。
78) 前掲「武蔵野鉄道の支配と再建」235-240 頁。
79) 武蔵野鉄道株式会社『営業報告書』（1938 年上期）5 頁。武蔵野鉄道の決算は、上期（1 月 1 日〜6 月 30 日）と下期（7 月 1 日〜12 月 31 日）である。
80) 武蔵野鉄道株式会社『営業報告書』（1938 年下期）6 頁。また、戦時期におけるツーリズムについては、高岡裕之「観光・厚生・旅行——ファシズム期のツーリズム」（赤澤史朗・北河賢三編『文化とファシズム——戦時期日本における文化の光芒』日本経済評論社、1993 年、9-52 頁）も参照されたい。
81) 武蔵野鉄道株式会社『営業報告書』（1939 年下期）9 頁。

82)　秩父鉄道株式会社『営業報告書』(1932 年下期) 12 頁。
83)　秩父鉄道株式会社『営業報告書』(1933 年上期) 12 頁。
84)　秩父鉄道株式会社『営業報告書』(1934 年下期) 13 頁。
85)　秩父鉄道株式会社『営業報告書』(1935 年上期) 12 頁。
86)　前掲秩父鉄道『営業報告書』(1934 年下期) 12 頁。
87)　秩父鉄道株式会社『営業報告書』(1931 年下期) 12 頁。
88)　秩父鉄道株式会社『営業報告書』(1935 年下期) 12 頁。
89)　關英夫「秩父盆地に於ける交通運輸の変遷」『地理』第 2 巻、1939 年、67-68 頁。
90)　「事項書」『昭和十二年 官公署稟申往復書類綴』(秩父鉄道株式会社総務部保存文書 115)。
91)　「事業設備新設許可申請書」、同上。
92)　前掲『秩父鉄道五十年史』36 頁。
93)　「命令書」前掲『昭和十二年 官公署稟申往復書類綴』。
94)　秩父鉄道株式会社『営業報告書』(1938 年上期) 8 頁。
95)　「三峰ケーブルカー開通式」『東京日日新聞』1939 年 4 月 29 日、8 頁 (東京日日新聞埼玉版 187)。
96)　秩父鉄道株式会社『営業報告書』(1939 年下期) 12 頁。
97)　秩父鉄道株式会社『営業報告書』(1940 年上期) 14 頁。
98)　同上。
99)　前掲『秩父鉄道五十年史』37 頁。
100)　老川慶喜『鉄道と観光の近現代史』(河出ブックス 107) 河出書房新社、2017 年、168-173 頁。
101)　「旅客運賃割引認可申請」1939 年 4 月 13 日、『昭和十四年 官公署稟申往復書類綴』(秩父鉄道株式会社総務部保存文書 120)。
102)　秩父鉄道株式会社『営業報告書』(1941 年下期) 13 頁。
103)　秩父鉄道株式会社『営業報告書』(1942 年上期) 12 頁。

終章

要約と総括

　最後に、本書の検討・分析によって明らかにされたことをあらためて要約したうえで戦前期における秩父（上武）鉄道の経営展開と秩父の地域発展との関連について総括し、今後の展望についても述べておくことにしたい。

1　要約と総括

　本書では、設立期から昭和戦前期にかけての秩父（上武）鉄道の経営展開について、経営者や株主などの人的な要素に注目しながら企業統治と資金調達のあり方といった論点を検討してきた。

　本書において検討してきた内容は以下のように要約できる。上武鉄道は、日清戦争前後に現出した企業設立ブームをともなう好景気（第二次企業勃興期）の1893年10月に秩父郡と大里郡の地元有志者と、柿沼谷蔵に代表される在京資本家の構想が具体化したものであった。地元有志者は地域振興に期待して出資したのであるが、鉄道敷設の許認可権をもつ鉄道局への出願書類を作成したのは日本鉄道会社の幹部職員である村上彰一だった。上武鉄道の設立活動において、地元有志者よりも村上が重要な役割を果したことは、鉄道会社を起業するには一定の技術的知識や収支予測のノウハウをもった者が主導権を握らなければならないことを示すものであった。

　村上は、出願書類を作成しただけでなく発起人会において沿線地域間の利害調整役を果たした。村上をはじめとする日本鉄道会社の関係者は、沿線地域とのしがらみをもたないため、建設費や収支予測といった経営的な観点に

立った発言を通じて議論を主導することができた。村上は、技術的な困難がなく採算の見込める熊谷－秩父大宮間の鉄道敷設を主張し、地元有志者の同意を得て同区間の敷設免許を出願したのであった。

　このことから第一次企業勃興期までに設立された私設鉄道では、村上のように鉄道建設の技術的・経営的な知識を一通り理解し、技術者との人脈をもつ鉄道実務者が育成されており、第二次企業勃興期に設立された鉄道会社に起業のノウハウを伝えていたことが明らかになった。

　ただ、一方で敷設区間を限定したことは、経路外となった地域の発起人の撤退を招くことになった。折しも景況悪化と重なったことで在京資本家も相次いで出資を取りやめたため、上武鉄道は主に沿線地域から出資を募ることになったのである（第1章）。

　上武鉄道の初代取締役社長に就いた柿原万蔵は、重役から出資を募る一方で、秩父地域をはじめとする埼玉県内に散在する零細資本を掘り起こすことで建設資金を調達した。10株以下の株式を所有する地方零細株主が出資者の大部分を占めた背景には、一時的な企業設立ブームに乗じて出資の可否を判断する在京資本家には頼らずに、利害をともにする地元有志で鉄道建設を進めようとする経営判断があった。

　一方で、地方零細株主の出資動機は、必ずしも経済外的な強制や株主配当金の獲得だけではなく、自らが鉄道を利用する事業を興すことにあった。砂利採取販売業、石灰製造業、製材業などの地域産業に関わる者や、三峰神社社司などの有志らは株主に名を連ね、経営の節目において経営者や重役に対して自らの利害を主張した。上武鉄道が資金難のため工事中断に陥った際にも、秩父地域の地方零細株主らは、地元の有力者や重役の関係者も巻き込んだ「ワッショ連」なるグループを形成し、一貫して早期の秩父延伸を主張したのであった。上武鉄道を秩父に延伸することは、渋沢栄一によって有望視された武甲山麓の石灰石資源の開発を実現することでもあったため、経営者や重役も異論はなかった。上武鉄道は、当初計画された東京信託会社からの融資ではなく、渋沢からの資金援助によって延伸工事を再開させた。本書が

明らかにしたことは、鉄道会社の経営者は地域利害からの「自立」ではなく、地方零細株主の利害や主張を巧みに利用して出資を引き出し、鉄道の延伸を実現したことであった（第2章）。

　1900年から07年にかけて柿原万蔵が取締役社長であった時期は、株主からの株式払込金の支払いが遅滞しがちであった。上武鉄道の重役は、自ら保有する株式など有価証券を担保品にして地元銀行からの借入金調達で建設費を工面した。地元銀行の重役を兼務する上武鉄道の重役らにとっては融資を得やすいというメリットがある反面で、小規模経営であったために少額の資金を短期かつ高金利で繰り返し借り入れざるを得ないデメリットがあった。そのため、上武鉄道では熊谷－波久礼間を延伸させたところで資金難が決定的になり、工事中断を余儀なくされたのである。これは、一見すると地域経済からの非効率な資金調達に固執した結果であると言えるが、しかしながら当時の重役は自らの人脈を最大限に活用していたのである。

　2代目取締役社長に就いた柿原定吉は、まず地元銀行との貸借関係を清算して未払込株式を整理し、次いで工事を再開させるべく旧知の間柄であった諸井恒平の伝手で渋沢栄一から融資の約束を取りつけ、優先株の発行を通じて中央の資本を引き込んだ。渋沢は、郷里である埼玉県の工業化を願うなか、秩父盆地南端の武甲山麓で採掘できる石灰石資源を開発することに上武鉄道の有望性を見出した。すなわち、石灰石資源を利用した近代産業としてセメント工業を秩父に興すことに成算を見出したのである。こうした渋沢の構想がもとになり、秩父地域の産業振興は、それまでの伝統的な在来産業ではなく、セメント工業という近代産業によって成し遂げられることになった。上武鉄道にとって渋沢からの資金援助は、資金調達の大部分を株主からの払込資本金に頼りつつも、多額の資金を長期かつ低金利で調達する契機となった。

　1918年8月に埼玉県で最大の資本規模をもつ金融機関として武州銀行が設立されると、柿原定吉は、同行の発起人を経て監査役に就任し、秩父地域という範囲にとどまっていた人脈を拡げることで秩父鉄道の融資元となる金融機関を模索した。その一端は、貨客輸送の増加にともなう全線の電化工事

と設備改良工事の建設費に充てるため、武州銀行と第一銀行から借入金を調達したことに示されている。秩父（上武）鉄道では、経営者ないし重役の個人的な人脈が資金調達先や調達手段を規定しており、柿原定吉は大規模な設備投資を実現させるべく、中央財界との人脈づくりに努めた。もちろん、秩父におけるセメント生産の実現が、秩父鉄道の収益を向上させるとして中央資本を引き付けたからであるが、こうして銀行や生命保険会社などの金融機関から多額の資金を低金利かつ長期借入できる途が拓かれた。戦前期の秩父（上武）鉄道では、株式については地方株主に、また社債については地元の中小銀行や中央の金融機関から調達することで調達元の棲み分けを図ったのである。

　地元銀行以外からの金融機関から借入金を調達するには、秩父鉄道の収益性を高めることが何よりも重要であった。柿原定吉は、渋沢の構想を具体化させるべくセメント会社の計画・設立を主導した諸井恒平とともに工場用地の確保をめぐり尽力したのであるが、セメント工業の発展が貨物の輸送需要を増やすことで、秩父鉄道の収益を向上させると考えたのである（第3章）。

　1920年代の秩父鉄道は全線の電化だけでなく、北武鉄道の吸収合併による路線拡大を実現した。北武鉄道は、北埼玉地域とりわけ足袋工業で知られる行田の交通事情を改善するため、羽生－熊谷間の鉄道敷設を計画したのであるが、出資を得ることができずにいた。行田には馬車鉄道が運行していたこと、北埼玉地域では幾多の鉄道建設が計画されたにもかかわらず具体化した例が少ないことから、足袋業者は鉄道会社に関心を向けなかったのである。北武鉄道の重役のなかには東武鉄道の重役を兼ねる者もいたのであるが、沿線地域において株式引き受け運動を展開することはなかった。その後、北武鉄道は沿線地域出身の指田義雄と出井兵吉を重役に加えて、彼らを中心にして株式引き受け運動を行ったものの、足袋業者の出資を取り付けることができず、敷設免許状を失効させた。

　柿原定吉は、こうした北武鉄道の経営姿勢に対して重役の熱意と行動不足を批判した。柿原定吉をはじめ秩父鉄道の重役らは、会社設立に際しての株

主の確保は決して容易なことではなく、株式募集のために重役が駆け回ることが何よりも大切だと考えていたのである。このことは、秩父鉄道から後発会社である北武鉄道への起業にかかるノウハウの授受になった。

指田が中心になって北武鉄道の敷設免許状を再出願したことを契機に、秩父鉄道はそれまでの傍観者としての態度を一変させ、経営に積極的に介入するようになった。北武鉄道への出資に加えて重役を送り込むことで早期延伸を促したのである。秩父鉄道は、秩父におけるセメント生産を念頭に置き、北武鉄道の熊谷－羽生間を経由して東武鉄道に乗り入れることで東京市内（浅草）に至るセメント製品の輸送ルートを構築しようとしたのであった。

出井を中心とした株式引き受け運動が功を奏して北武鉄道は足袋業者からも出資を得ることができた。秩父鉄道の重役らは、北武鉄道の経営に関与することで延伸工事と電化工事を進めた。そして、北武鉄道を合併したのちに、羽生－熊谷間を開業させたのである（第4章）。

秩父セメントが、秩父駅近傍に立地する工場でセメント生産を開始すると、秩父鉄道の貨物輸送量と収入は増加した。秩父鉄道の3代目取締役社長に就いた諸井恒平は、秩父鉄道と秩父セメントの間での株式の持ち合いと重役の兼任によって両社間に利害の一致した関係を作り出した。秩父鉄道は、秩父セメントで生産されたセメント製品を輸送することで、株主配当率を上昇させるほど収益を向上させた。

秩父セメントの旺盛な生産活動を可能にした要因は、以下の3点であった。第一に秩父セメントが外国製の最新技術による生産設備を擁して他社と比較して低コストで高品質のセメント製品を生産できたこと、第二に秩父セメントがカルテル組織であるセメント連合会の「アウトサイダー」にとどまり、生産制限を受けずにセメント製品を出荷できたこと、そして第三に秩父鉄道が特約運賃を設定することで低廉な運賃で輸送できたことである。第三の点について、秩父鉄道は自社線内だけでなく、乗り入れ先の東武鉄道に対しても低廉な運賃を設定させることで東京市内までの輸送コストを低減させた。また、セメント製品だけでなく石灰石、セメント焼成用燃料さらに空き容器

に対しても運賃割引を実施し、徹底した輸送コストの低減を図った。このような秩父鉄道の運賃低減策が、秩父セメント製品の強みである低価格・高品質を実現する一因になったのである。その一方で、浅野セメント工場に向けた石灰石輸送は、浅野セメント側との運賃改定の交渉が不調に終わったことで輸送量を減少させた。

1920年代末から30年代初頭にかけて日本経済に打撃を与えた昭和金融恐慌と昭和恐慌にともなう財界混乱の影響を蒙った秩父鉄道は経営不振に陥った。すると、秩父地域では製材業者と石灰製造業者を中心とした荷主や指定運送店——彼らは株主であった——が、自らが取り扱っている貨物に対しても秩父セメントと同様に運賃を低減するよう主張した。貨物自動車の台頭による木材運賃の下落は、運送店の経営にとっても打撃であった。株主のなかには、諸井に対して不信感をもつ者も現れたのである。

諸井は、安定的に収益をもたらす秩父セメントで生産されたセメント製品の輸送を前提にして、木材や石灰製品などの地元産品についても貨物自動車や他産地品との価格競争に対抗できるような運賃割引を適用することで出荷を奨励したのであった（第5章）。

1920年代には郊外における鉄道網の拡充を前提とした都市における行楽ブームによって、人々は郊外の行楽地や遊覧地、神社仏閣などに訪れた。三峰神社社司の薗田稲太郎は、秩父（上武）鉄道の株主として奥秩父地域への鉄道延伸と三峰神社へのアクセスを簡便にするための登山鉄道（のちに架空索道＝ロープウェイ方式に変更となる）計画を持ちかけるだけでなく、沿線地域における鉄道延伸運動を支援した。1930年3月に影森－三峰口間の開業をみたものの、三峰神社への登山鉄道計画は中断状態になった。昭和初期の恐慌に端を発する財界混乱にともなう秩父鉄道の業績悪化と、その後における従業員らによるストライキによって、諸井は株主配当だけでなく従業員の賃金引き上げといった待遇改善にも配慮しなければならなくなったからである。

埼玉県の時局匡救事業による秩父・入間の両郡境における正丸峠の新道工

事は、東京方面から秩父方面への新しい交通ルートの開設となった。武蔵野鉄道は、堤康次郎による経営再建を進めるなかで主に秩父地域を営業範囲とする秩父自動車の経営権を買収すると、乗合自動車で秩父地域への乗り入れを果たした。秩父鉄道は、薗田の要求というよりは、むしろ秩父地域への乗り入れを果たした武蔵野鉄道の奥秩父地域への延伸のインセンティブを抑制しつつ、武蔵野鉄道を利用して来訪する遊覧客・行楽客のニーズに応えて収益を得るために三峰架空索道を建設したのであった。秩父鉄道索道部の収支はゼロないし欠損を計上するほど低調なものであったが、1940年以降における秩父鉄道の旅客輸送は活況を呈し、貨物収入を上回るほどの収益をあげたのである（第6章）。

　それでは次に、秩父（上武）鉄道の経営展開と地域発展について人的な要素に注目して総括したい。

　日本鉄道の幹部職員であった村上彰一や、地元有志者であった柿原万蔵ら経営者・重役は、上武鉄道の輸送品目として秩父における伝統的な在来産業である絹織物業と蚕糸業、そして天然資源である木材などに着目していた。しかし、渋沢栄一が、諸井恒平と山中隣之助による調査と本多静六の助言を踏まえて有望視したのは、石灰石を原料とする近代産業であるセメント工業であった。渋沢の構想は、秩父地域をセメント工業によって発展させることであった。諸井恒平は、煉瓦業界の動向を踏まえて本多静六の助言を聞いて秩父セメントを設立することで渋沢の構想を具体化させた。秩父の武甲山麓で採掘した石灰石を主原料にして秩父駅近傍の工場で生産されたセメントは、秩父鉄道によって輸送され、東京市内をはじめ各地に出荷・販売された。戦間期の秩父地域では、渋沢の構想とそれを具体化させた諸井によって、伝統的な在来産業である絹織物業や蚕糸業から近代産業であるセメント工業へと主要産業が転換したのであった。

　もちろん、伝統的な在来産業がすぐに衰退したわけではなかった。絹織物業や製材業そして織物整理業といった諸産業が、戦前期を通じて工場数を増加させたのは序章（表序-1）で示した通りである。諸井は、秩父鉄道をセメ

ント製品の輸送機関として位置付けて安定的な収益を確保する一方で、製材業者などの主張を受け入れて地元産品の出荷を奨励し、他方で長瀞や奥秩父地域への旅客誘致を実施した。秩父鉄道と秩父セメントは、単に秩父地域に拠点を置く一企業にとどまらず、両社の経営によって秩父地域の産業発展と観光振興が促されたのであった。

2 今後の展望

最後に、今後の展望について述べておくことにしたい。

本書の分析・検討が、戦前期にとどまったことを踏まえ、今後は戦時期や戦後における鉄道会社の経営展開について議論することをあげておきたい。明治期に設立され、今日に至るまで国有化や大きな路線廃止がなされていない秩父鉄道は、戦時期や戦後における鉄道経営や地域交通のあり方を考察する格好の素材になり得るからである。

管見の限り、わが国の戦後における地域交通を検討した個別事例研究の論点は、地域住民の関与やまちづくりとの関連[1]、国・自治体による規制緩和や公的支援制度などの政策のあり方[2]、あるいはインフラ設備の管理と運行・運営を担う組織を分離する、いわゆる上下分離方式といった経営形態のあり方など多様である[3]。もちろん、こうした研究動向は、地域交通をめぐる議論をより豊かにする一面をもっているのであるが、その反面で地域交通の経営展開という論点は必ずしも十分に議論されていないように思われる。地域交通の経営実態を検討したうえでなければ、たとえば旅客誘致や補助金のあり方を議論したとしても説得力を生まないのではないだろうか。

こうした関心による研究成果としては、高嶋修一による戦後の栗原電鉄・宮城中央交通を扱った研究があるほか[4]、筆者もすでに終戦直後における弘南鉄道の経営と電化・延伸の問題を扱った研究、弘前電気鉄道の経営と都市計画を検討した研究、そして下北交通大畑線の経営と通学輸送を検討した研究を発表している[5]。今後は、先行研究における多様な論点を整理することで、鉄道だけでなくバス、船舶、航空も含めた戦後における地域交通の経営

展開のあり方について議論していくことにしたい。

注
1) たとえば、佐藤信之『コミュニティ鉄道論』交通新聞社、2007年、辻本勝久『交通基本法時代の地域交通政策と持続可能な発展——過疎地域・地方小都市を中心に』白桃書房、2011年、とくに第8章。古平浩『ローカル・ガバナンスと社会的企業新たな地方鉄道経営』追手門学院大学出版会、2014年。関谷次博『費用負担の経済学地方公共交通の歴史分析』学文社、2014年、とくに第4章第2節、94-104頁。
2) たとえば、福田晴仁『ルーラル地域の公共交通——持続的維持方策の検討』白桃書房、2005年、堀内重人『地域で守ろう！鉄道・バス』学芸出版社、2012年、森本知尚『公共交通の過去と未来』御茶の水書房、2012年。
3) たとえば、宇都宮浄人『鉄道復権——自動車社会からの「大逆流」』新潮社、2012年。
4) 戦後の宮城中央交通（栗原電鉄）の経営を細倉鉱山や乗合自動車との関わりで検討した研究として高嶋修一「宮城中央交通の「自鉄分離」問題——大資本傘下の地方交通経営と労資関係」『青山経済論集』青山学院大学経済学会、第67巻1号、2015年、71-102頁、同「ポスト高度成長期の地方鉄道存廃問題と地域利害——宮城県・栗原電鉄を事例に」『立教経済学研究』立教大学経済学研究会、2016年、51-72頁がある。
5) 恩田睦「弘南鉄道の経営と電化・延伸——終戦直後の地方私鉄」鉄道史学会『鉄道史学』第32号、2014年、3-16頁、同「弘前電気鉄道の建設と国土開発計画」弘前大学経済学会『弘前大学経済研究』第38号、2015年、90-109頁、同「下北交通大畑線の開業と廃止にみる地域公共交通——高校生の通学輸送を中心に」立教大学経済学研究会『立教経済学研究』第69巻5号、2016年、73-94頁。

あとがき

　本書は、2010年11月に立教大学へ提出し、翌年3月に博士（経済学）の学位を授与された博士学位申請論文「戦前期秩父鉄道の経営史的研究——近代日本の企業経営と経営者・株主」をベースに加筆修正し、さらに学位取得後に執筆した第5章と第6章を加えたものである。初出は以下のとおりである。

　序　章　書き下ろし
　第1章　「上武鉄道の設立活動と鉄道実務者」『人文社会論叢』社会科学篇、弘前大学人文学部、第31号、2014年2月
　第2章　「上武鉄道の経営展開と地方零細株主」『立教経済学研究』立教大学経済学会、第63巻第2号、2009年10月
　第3章　「戦前期秩父鉄道にみる資金調達と企業者活動——借入金調達を中心に」『経営史学』経営史学会、第45巻3号、2010年12月
　第4章　「大正期地方鉄道の開業と地方企業者活動——北武鉄道会社の事例」『立教経済学論叢』立教大学大学院経済学研究会、第73号、2009年9月
　第5章　書き下ろし
　第6章　書き下ろし
　終　章　書き下ろし

　このほかに、第6章に関連する論考として「遊覧地・長瀞の形成と秩父鉄道」（篠崎尚夫編著『鉄道と地域の社会経済史』日本経済評論社、2013年）がある。

　本書はささやかな小著ではあるものの、筆者にとってはじめての専門書で

あり、とくに 2006 年の大学院博士課程後期課程入学以降に発表した研究成果を中心にまとめたものである。研究に取り組んでから早くも 10 年以上の月日が経ってしまったのは私の怠惰な性格ゆえのものであるが、こうして単著の本として出版するに至るまでには本当に数えきれないほど多くの方々のお世話になった。

　明治学院大学経済学部経済学科に入学後、学部 1、2 年のときの私は、ろくに勉強をしない誠にけしからぬ学生であった。だが、学部 3 年のときに受講した黒澤昌子先生の日本経済論の講義はとても興味深く、珍しくも皆勤で出席した。黒澤先生の講義は単位取得が困難であると言われており、実際の定期試験は持ち込み可にもかかわらず難しかったと記憶している。ほとんど板書をしない講義であったため、私は友人と 2 人で毎回の講義を録音し、講義後には自主的な勉強会を開いて徹底的に復習した。その甲斐があって定期試験では「ほぼ満点」をとることができた。経済学部生にもかかわらず日本経済や世界経済のことがまるで理解できていないことへの焦りが背景にあったように思うが、この経験を通じて主体的に学ぶことの大切さ、地道に積み上げることで得られる達成感を知ることができた。

　とはいえ、私にとって大学院なるものは雲の上の存在であり、そこに進学することなど考えつきもしなかった。なにしろ、ゼミナールに所属せず、講義の終了とともにアルバイトに精を出す典型的な文系大学生であった筆者は、稼いだアルバイト代で揃えた撮影機材一式を担ぎ、いわゆる「撮り鉄」として北海道から九州に至るまで、少しずつ数を減らしていた国鉄型車両の撮り歩きを趣味、というより生き甲斐にしていたのである。

　それでも、黒澤先生がゼミ生でもない私に大学院進学を熱心に勧め、推薦状まで書いてくださったこと、一緒に勉強した友人が大学院進学に向けて行動に移していたことが誘い水となって、学部 4 年になってようやく大学院進学を決心した。黒澤先生のご専攻とは異なる分野に進んでしまったが、先生の講義を受けたことは私にとって本当に有益なことであった。若手研究者の著書の「あとがき」を読むと、しばしば学部生時代から大学院進学を自ら意

あとがき

識して勉強や卒業論文を執筆したという記述を目にすることがあるが、私の場合はまったくの成り行きまかせで研究の世界に足を踏み入れたのである。

　明治大学大学院経営学研究科博士前期課程に入学した私は、高橋正泰先生の研究室に所属したのであるが、学部生時代の不勉強が災いして早くも行き詰った。経営学の基礎知識すら覚束ない私は、まさにゼロからのスタートになったのである。学部生向けの経営学のテキストを自習しながら高橋先生の演習で交わされる議論についていけるよう勉強の日々を送った。このとき、安部悦生先生の経営史、佐々木聡先生の日本経営史の演習に参加させていただいたことは、経営史に興味をもつきっかけとなった。佐々木先生の演習で阪急電鉄の小林一三、西武鉄道の堤康次郎、そして小田急電鉄の利光鶴松の企業者活動を学んだときに、趣味としていた鉄道をテーマにした研究があることを知り、まさに目から鱗であった。その後なんとか研究テーマを決め、資料調査と分析・検討を繰り返して修士論文を書き上げた。人生初となる学術論文の執筆であったため苦労も大きかったが、高橋研究室の諸先輩方による丁寧な添削・アドバイスのおかげで未熟ながらもまとめることができた。安部先生の演習に参加していた近藤光氏、坂本旬氏、高橋清美氏、佐々木先生の演習に参加していた井岡佳代子氏、岡田陽介氏、早川佐知子氏には今でもお世話になっている。本間与之氏からは崩し字史料の読み方の基礎を教えていただいた。

　私にとって博士前期課程の修了はひとつの転機であった。佐々木先生から鉄道会社の経営史研究に本格的に取り組むには老川慶喜先生の指導を受けるべきであるとのアドバイスをいただいていたが、そもそもこのまま研究者の道に進むべきかどうか私自身で分からなくなっていた。修士論文の執筆で散々苦労したのだから博士論文なんてとんでもないというのが偽らざる気持ちであった。当時、明治大学大学院商学研究科の兼任講師として来られていた老川先生の演習に出席していた私は、失礼を顧みずこのことを打ち明けた。老川先生は、せっかく修士論文をまとめたのだからもう少し頑張ってみたらどうかと励ましてくださり、「私の仕事にしようとしていたのだけれど、埼

玉県立文書館には秩父鉄道の経営史料があるからこれを使って研究してみなさい」とまで仰ってくださった。私は、老川先生の人柄や史料や研究に対する姿勢をみて、先生のもとで研究者の道に進むことを決意したのである。

　この頃になると全国的な高速道路網・新幹線網の整備、夜行高速バスや格安航空路線の充実がみられるようになり、私の「撮り鉄」としての被写体である国鉄型車両、とくに非電化ローカル線の貨物列車や長距離運行の客車列車の多くが姿を消していた。そのため、研究に打ち込める時間は大幅に増えていったのであるが、博士論文をまとめる作業は予想を超える苦労の連続であった。

　立教大学での老川先生の演習には先輩の小野浩氏、同期の清水太陽氏、後輩の中村慎一朗氏、西谷直樹氏だけでなく他研究室や他大学の大学院生が集っており、とくに粟倉大輔氏、杉山里枝氏、大矢悠三子氏、小緑一平氏、藤井英明氏との議論は刺激になった。また、同じ院生室で机を並べて勉強した鈴木和哉氏、髙橋俊一氏、谷達彦氏、樋口和宏氏、藤野裕氏とは互いの研究のアイディアについて語り合い、ときに励まし合うこともあった。研究者としての将来がまったく見通せないなか、会計史、経営学、財政学、会計学を専攻する同世代の大学院生と気軽にコミュニケーションを取れたことは楽しくも貴重な経験であった。

　私の筆の遅さは老川先生を呆れさせるほどで、立教大学に入学して3年間は一編の論文すら完成させることができなかった。あぁ、やはり私に研究は向いていないのだなと何度も挫けそうになり、一度は退学すら考えたのであるが、老川先生はご多忙にもかかわらず、いつも「論文を一本書くまでは頑張ってみろ」と仰せになり、丁寧かつ具体的なアドバイスをくださった。「史料を素直に読むこと」や「ストーリーを意識して書くこと」といったお言葉は今なお強く意識するようにしている。老川先生との数えきれないほどの個別指導と原稿のやり取りを経て完成した論文が第1回鉄道史学会住田奨励賞を受賞したときには、飛び上がらんばかりに嬉しかった。そして何よりも研究に対する自信にもつながったように思う。先生、あのときの3年間指

導し続けてくださり本当にありがとうございました。

　博士論文の予備審査会では池上岳彦先生、小林純先生、島西智輝先生、須永徳武先生、中島俊克先生、谷ヶ城秀吉先生から具体的なアドバイスをいただいた。須永先生、中島先生、外部審査員の橘川武郎先生には博士論文審査の副査としてご指導いただいた。

　学会活動においても多くの先生方のお世話になった。私が最初に入会した鉄道史学会では岡部桂史先生、高宇先生、坂口誠先生、篠崎尚夫先生、鈴木勇一郎先生、高嶋修一先生、中川洋先生、中村尚史先生、松本和明先生、湯沢威先生、渡邉恵一先生、河村徳士氏から多くのことを学んだ。経営史学会、社会経済史学会、渋沢研究会では発表の機会を与えていただいた。とくに、大島久幸先生、加藤健太先生、齊藤直先生、島田昌和先生、三木理史先生からは研究に対する貴重なアドバイスをいただいた。

　大学院修了後、最初の勤務先になった立教大学経済学部では、貴重な教育経験と恵まれた研究環境を得ることができた。助教としての２年間を田中聡一郎氏と同じ研究室で過ごしたことで私自身の研究のペースを確立できたように思う。はじめての専任担当として赴任した弘前大学人文社会科学部では、研究を進めるのに十分な時間と予算が与えられた。青森県という慣れない土地で教育、学部運営業務、地域貢献と研究を両立させることはそれなりに大変であったが、地方に身を置くことで本書のテーマである地方・地域と中央の関係や地域振興のあり方を改めて考えるきっかけにもなった。同僚の先生方、事務職員の方々に助けられて本書を完成させることができたのだと思う。

　現在、筆者が勤務する明治大学商学部では主に都市・地域交通論を担当している。これまでの経済史・経営史研究で得られた知識・知見を活かして、戦後の鉄道、バス、船舶事業などの都市交通・地域交通が抱える経営問題について考察を深めていきたい。

　研究を進める過程ではいくつかの図書館・資料館などを利用させていただいた。国立国会図書館、国立公文書館、東京大学経済学部図書室、名古屋大学経済学図書室、法政大学図書館、明治大学図書館、明治学院大学図書館、

立教大学図書館、埼玉県立図書館、埼玉県立文書館、渋沢史料館、秩父市立図書館、秩父市教育委員会そして秩父鉄道株式会社総務部から得られた資料閲覧・収集の機会に深謝申し上げる。また、弘前大学附属図書館を通じて、複写や取り寄せをお願いした資料については何度も担当者のお手を煩わせた。

本書の刊行に際しては、日本経済評論社代表取締役社長の柿﨑均氏ならびに同社編集部の梶原千恵氏に大変お世話になった。出版事情が厳しいなか、私が突然持ち込んだ出版計画に対して「以前からのお約束ですから」と快く出版を引き受けていただき、私の怠慢にも辛抱強くお付き合いくださった両氏には心から感謝申し上げる。

最後に、私事にわたって恐縮であるが、これまで私の研究を温かく見守ってくれた母・篤子、妹・有美に感謝したい。とりわけ母への感謝の念は言葉では言い表すことはできない。父との離婚後、女手ひとつで母は私と妹を育ててくれたほか、私の大学院進学にも理解を示し応援してくれた。奇しくも祖父の故尾形浩（1942年経済学部卒）、母（1976年文学部卒）そして私は3世代続いて立教大学の出身者となった。本書を母に捧げられることを心より嬉しく思う。

2018年11月

恩田　睦

索引

[事項索引]

あ行

吾野　183-4, 196
吾野共同自動車組合　224
浅野セメント　114, 139, 155, 168, 170, 183-4, 188, 223, 242
安全索道商会　228
英吉利法律学校　148
池袋　225
浦和商業銀行　108
青梅電気鉄道　217
大里郡　51, 147
大滝村　210, 224
大達原　184
大宮東京道　25
大宮町　51
大森商店　186
大輪　210, 217, 224-5, 229
小川銀行　110
奥秩父　178, 207, 218, 230
忍商業銀行　142
忍馬車鉄道　140
忍町　141, 143, 148, 154, 158

か行

柿原商店　73, 103, 110-1, 186
影森駅　114, 151, 169, 181-2, 212
影森村　209
金崎　69, 72, 78
株式担保金融　95
上長瀞合同運送店　195, 211
鴨沢　217
貨物自動車　194, 198
川俣　38
川俣鉄道　38, 143
企業勃興　10
北埼玉郡　5, 38, 141, 147
北埼玉鉄道　39, 143

絹織物　8, 25
九州鉄道　24
行田足袋同業組合　156
行田電灯　142
熊谷町　51, 57, 148, 154, 192
熊谷大宮道　25, 59
熊谷銀行　103, 106-7, 122
熊谷合同運送倉庫　186-7
熊谷鉄道　34, 143
熊谷木材会社　186
熊羽鉄道　39
雲取山　217
軽便鉄道法　78, 112

さ行

埼玉県　7
埼玉鉄道　27, 143
蚕糸　8
私設鉄道条例　28
私設鉄道法　55, 101, 112
上武鉄道　23, 27, 39, 47, 54, 65, 82, 108, 238
正丸峠　222, 224-5, 227
白久　182
末野　59
西武銀行　118
西武商工銀行　73, 103, 106-7, 110
セメント連合会　159, 165, 189, 198, 241

た行

武川村　106
館林町　26, 33, 35
第一銀行　77, 111-2, 118, 121, 124, 128, 240
第一生命保険　121, 127
大分セメント　168
地域利害　15
秩父駅　131, 169, 181, 212
秩父往還吾野通り　222
秩父大宮　82

秩父絹織物共同販売　83
秩父銀行　59, 103, 107, 118
秩父郡　4, 8, 24, 29, 51, 71-2, 110
秩父自動車　210, 218, 223, 243
秩父神社　207, 230
秩父新道　25
秩父石灰工業　196
秩父セメント　8, 19, 118, 129, 139, 159, 165, 169, 174, 176-7, 180, 184, 187, 226, 241
秩父鉄道　1, 98, 112, 115-6, 121, 125-6, 139, 154, 158, 165, 174, 176, 181, 183, 187, 195, 214, 218, 226, 229-30
秩父鉄道株主有志大会　192
秩父鉄道現業員会　219
秩父鉄道指定運送店　186-7, 211
秩父三峰道　210
秩父木材　83
地方名望家　11
地方零細株主　18, 49, 55, 101
中央鉄道　143
帝国生命保険　127
帝国鉄道協会　193
鉄道院　62, 147
鉄道実務者　24, 26, 41
鉄道抵当法　69, 121
東京毛織物　167
東京車輛製造所　107
東京商業会議所　148
東京信託　68-70, 77
東武鉄道　38, 69, 139, 143, 157-8, 181, 195, 240
東武東上線　169, 187, 196, 213, 227
東洋生命保険　123, 127-8
利根鉄道　143

な行

内務省神社局　216, 229
長瀞　131, 178, 209, 213, 230
浪速銀行　77, 112, 118
日本運輸　28
日本興業銀行　68, 121, 131
日本工業倶楽部　169
日本自動車運輸　210
日本鉄道　26-7, 33, 237

日本煉瓦製造　76, 166
日本煉瓦セメント　168
乗合自動車　210-1, 217

は行

波久礼　62-3, 68, 110, 183
畑井　224
八高北線　226-7
羽生駅　159
羽生町　142, 154, 159
板東鉄道　143
比企銀行　110
比企郡　29, 110
武甲駅　114
武甲山　76, 111, 151, 183
藤谷淵　78
武州銀行　121-2, 124, 128, 239
北武鉄道　115, 129, 139, 141, 143, 146, 149, 155, 240
宝登山　78
宝登山神社　207, 213, 230

ま行

三峰架空索道　19, 205, 216, 225, 227, 229, 243
三峰山鋼索鉄道　214-5
三峰神社　19, 185, 205, 207, 213, 217-8, 224-5, 229-30, 242
武蔵水電　154, 167
武蔵電化　168
武蔵野鉄道　183-4, 223-5, 227, 230, 243

や行

安田銀行　68
寄居銀行　58, 103, 105-7
寄居自動車　230
寄居町　58, 219

ら行

両毛鉄道　29
臨時資金調整法　228

わ行

ワツシヨ連　73-4, 81, 238

［人名索引］

あ行

青木栄一　49
秋山藤三郎　56-7, 59, 65-6
浅田正文　144
浅野総一郎　167
浅野泰治郎　170
阿部孝助　28
阿部武司　10, 14
綾部利右衛門　167
新井健吉　58, 65
新井佐市　59, 73, 81
新井壽郎　5
新井嶽　186, 195, 211
飯田一郎　189
伊古田豊三郎　74
石井寛治　10, 16
石井里枝　13, 48
石川四郎　184
石島儀助　150, 154
石嶋与平治　33
石橋要　81, 223
磯田正剛　224
出井兵吉　149, 151, 158, 240
稲村貫一郎　103
井上重一郎　223
伊牟田敏充　49, 66, 95
入江治一郎　149
岩崎一　68
植田小太郎　56, 103
宇野太一　219
老川慶喜　4, 23, 47, 62, 98, 139
大川平三郎　123, 166
大沢専蔵　156
大谷源造　54
大友幸助　168-9
大橋浅五郎　186
大森喜右衛門　24, 52, 71, 103
大森長次郎　73-4, 170
岡崎邦輔　28

岡崎哲二　13, 16, 47
岡田忠彦　122
小倉常吉　130, 169
尾高次郎　122-3, 166
小高義一　224
小野義真　27
小原敬博　170

か行

柿沼谷蔵　25, 36, 40, 237
柿原亀吉　170, 184, 215, 219, 229
柿原定吉　70, 74, 80, 99, 111-2, 122, 130, 151,
　　　155, 167, 170, 173, 181, 208, 239-40
柿原竹三郎　24
柿原万蔵　24, 51, 57, 65, 103, 109, 183, 238, 243
笠原円蔵　33
笠間靖　36
片岡豊　17
上石喜平　196, 211, 223
神原伊三郎　32
吉羽昌太郎　149
久喜文重郎　170
楠本武俊　168, 170
栗原定五郎　103
小泉寛則　28, 54, 109
河野繁一　219
小島精一　28
小室良七　33

さ行

斉藤源太郎　81
斉藤直蔵　23, 68, 71, 73, 77, 81
斉藤平作　141, 144
斎藤安雄　170
酒井助次郎　74
坂田広三郎　180
指田義雄　130, 148, 157-8, 170, 240
佐藤梅太郎　193
佐羽吉右衛門　28
柴田愛蔵　122

渋沢栄一　8, 75-6, 111, 114, 122, 166-7, 170, 238-9, 243
渋沢敬三　123, 188
杉甲一郎　32
杉下為吉　149
杉原栄三郎　144
鈴木新太郎　156
鈴木兵右衛門　166
鈴木六郎　130, 168, 170
薗田稲太郎　19, 182, 207, 209, 213, 242

た行

高須鷟　33
高野武志　224
高野林太郎　59, 74
高村直助　10
武智直道　68
田島竹之助　149, 155, 166
田中新蔵　58
谷本雅之　10
秩父宮雍仁親王　224
千代田徳次郎　156
塚口慶三郎　167, 170
津久居彦七　33
津田興二　68
堤康次郎　224-5, 243
鶴田勝三　167
出牛充二郎　73, 109, 170
寺西重郎　16

な行

中沢嘉蔵　81
長島恭助　123
永田甚之助　123
中根長治　193
中村郁次郎　77
中村隆英　14
中村尚史　12, 24, 41, 48
中村房五郎　74, 77, 112, 155
南条新六郎　29, 36
新田多十郎　66
根津嘉一郎　143, 158, 170, 189
野田正穂　17, 56, 95

野中広助　144, 149

は行

橋本喜助　156
波多野承五郎　68
花井俊介　11
早川千吉郎　68
繁田武平　224
東方友次郎　224
深谷辰次郎　170
福島七兵衛　24, 52, 54, 74
藤田善作　66
堀越寛介　144
本多静六　166, 213, 243
本間英一郎　34

ま行

増田清助　149
増田明六　170
町田憲治　224
松岡三五郎　149
松本勝平　224
松本源次郎　81
松本真平　122, 154
松本平蔵　25, 54, 56, 151
侭田勝次郎　142, 149
峰才三郎　142, 149
宮城高次郎　224
宮前藤十郎　24, 51, 71, 73, 81
宮本又郎　14
三輪善兵衛　170
村上彰一　26, 33, 36, 39, 50, 237, 243
村山半　33, 37
森三七吉　156
諸井恒平　8, 75-6, 111, 130, 155, 165-6, 169, 173, 175, 181, 230, 241, 243
諸平五郎　195

や行

矢野恒太　130, 189
山田鼓太郎　80
山田武次　73-4
山中勇　170

山中隣之助　76, 80, 111, 167, 243
山名義高　224
湯本新蔵　103
湯本友蔵　25, 54
吉川義幹　32, 36
吉田順夫　144, 149
吉野伝治　144
米山熊次郎　33, 173, 183

わ行

若林慶次郎　65
和久井長治　224
和田豊治　167, 170
渡辺勝三郎　170
渡邉恵一　159

【著者略歴】

恩田　睦（おんだ　むつみ）
1980 年　神奈川県横浜市生まれ
2003 年　明治学院大学経済学部卒業
2005 年　明治大学大学院経営学研究科博士前期課程修了
2011 年　立教大学大学院経済学研究科博士後期課程修了、博士（経済学）
現在　　明治大学商学部専任講師

主要業績：「遊覧地・長瀞の形成と秩父鉄道」篠崎尚夫編著『鉄道と地域の社会経済史』日本経済評論社、2013 年、「弘南鉄道の経営と電化・延伸：終戦直後の地方私鉄」『鉄道史学』第 32 号、2014 年、「くま川鉄道と沿線住民の協働による観光客誘致」『運輸と経済』第 75 巻 12 号、2015 年。

近代日本の地域発展と鉄道
秩父鉄道の経営史的研究

2018 年 11 月 15 日　第 1 刷発行　　定価（本体 5000 円＋税）

著　者　恩　田　　　睦
発行者　柿　﨑　　　均

発行所　株式会社　日本経済評論社
〒 101-0062　東京都千代田区神田駿河台 1-7-7
電話 03-5577-7286　FAX 03-5577-2803
URL：http://www.nikkeihyo.co.jp/

装幀＊渡辺美知子　　　印刷＊藤原印刷・製本＊誠製本

乱丁落丁本はお取替えいたします。　　Printed in Japan
Ⓒ ONDA Mutsumi 2018　　　　ISBN978-4-8188-2512-3

・本書の複製権・翻訳権・上映権・譲渡権・公衆送信権（送信可能化権を含む）は、㈱日本経済評論社が保有します。
・JCOPY〈㈳出版者著作権管理機構　委託出版物〉
本書の無断複写は著作権法上での例外を除き禁じられています。複写される場合は、そのつど事前に、㈳出版者著作権管理機構（電話 03-3513-6969、FAX 03-3513-6979、e-mail: info@jcopy.or.jp）の許諾を得てください。

近代日本の社会と交通
近代日本の鉄道構想　　　　　　　　老川慶喜　　本体 2500 円

埼玉鉄道物語
　　―鉄道・地域・経済―　　　　　　　老川慶喜　　本体 2800 円

戦前期日本の地方企業　　　　　　　　石井里枝　　本体 4800 円

日本鉄道史像の多面的考察
　　　　　　　　　　　宇田正・畠山秀樹編著　　本体 6000 円

鉄道と地域の社会経済史　　　　篠崎尚夫編著　　本体 6000 円

巨大企業と地域社会
　　―富士紡績会社と静岡県小山町―　　筒井正夫　　本体 8300 円

近代日本の地方事業家
　　―萬三商店小栗家と地域の工業化―
　　　　　　　　　　　井奥成彦・中西聡編著　　本体 8500 円

日本経済評論社